Die zehnte Prophezeiung von Celestine

James Redfield

Die zehnte Prophezeiung von Celestine

Aus dem Amerikanischen von Mascha Rabben

WILHELM HEYNE VERLAG
MÜNCHEN

Titel der amerikanischen Originalausgabe: The Tenth Insight. Holding the Vision
Die Originalausgabe erschien bei Warner Books, New York

Umwelthinweis:
Dieses Buch wurde auf chlor- und säurefreiem Papier gedruckt.

Umschlaggestaltung: Art & Design Norbert Härtl, München
Satz: Leingärtner, Nabburg
Druck und Bindung: Wiener Verlag, Himberg
Printed in Austria

ISBN 3-453-09748-3

Für meine Frau
und Inspiration Salle Merrill Redfield

Inhalt

Anmerkung des Autors

Diese Abenteuergeschichte ist eine Parabel, wie auch *Die Prophezeiung von Celestine,* ein Versuch, den spirituellen Gesinnungswandel in unserer Zeit zu beschreiben. In beiden Büchern ging es mir in erster Linie darum, eine neuartige Lebensanschauung zu vermitteln, ein sogenanntes *Realitätsbild,* in dem bislang ungewöhnliche Wahrnehmungen, Gefühle und Phänomene eine tragende Rolle spielen, weil ich und viele andere inzwischen zu der Überzeugung gelangt sind, daß diese Wahrnehmungsweisen unser Dasein beim Übergang in das dritte Jahrtausend in zunehmendem Maße bestimmen.

Meiner Ansicht nach besteht unser größter Irrtum in der Annahme, daß die menschliche Spiritualität bereits hinlänglich verstanden und etabliert worden ist. Der gesamten Kulturgeschichte kann man entnehmen, daß sich unser Wissen und unsere Fähigkeiten unaufhörlich fortentwickelt haben. Nur individuelle Meinungen bleiben festgelegt und dogmatisch. Die Wahrheit ist dynamischer, weitaus lustvoller, und wenn es uns gelingt, die alten Vorstellungen loszulassen, entdecken wir neue Wahrheiten, die sich im Zusammenhang mit anderen Sichtweisen ebenfalls ständig weiterentwickeln und Formen annehmen, die irgendwann klar genug sind, um eine entscheidende Wende im Leben eines Menschen auszulösen.

Wir gehen einen gemeinsamen Weg, bei dem jede Generation eindeutig auf den Leistungen der vorangegangenen aufbaut, nur ist uns das Ziel dieses Weges entfallen. Heute wird jeder von uns herausgefordert, sich daran zu erinnern, wer er oder sie in Wirklichkeit ist und was wir gemeinsam auf dieser Erde hervorbringen wollen. Ich sage nicht, daß es leicht sein wird, bin jedoch fest davon überzeugt, daß wir jedes Hindernis und jede persönliche Schwierigkeit überwinden können, wenn wir das Beste von allen herkömmlichen Traditionen erhalten und unserem Gespür für das Wunderbare und Schicksalhafte folgen.

Damit will ich das Ausmaß der Probleme, mit denen die Menschheit noch fertig werden muß, in keiner Weise trivialisieren, sondern nur darauf hinweisen, daß alle auf ihre ureigene Art mit der Lösung dieser Probleme verknüpft sind. Wenn wir bewußt bleiben und das Mysterium des Lebendigseins gebührend würdigen, wird uns klar, daß wir uns am richtigen Platz und in genau der richtigen Position befinden, ... um alles zu verändern.

James Redfield, Frühjahr 1996

Danksagung

Ich möchte jedem, der an der Enstehung dieses Buches beteiligt war, sehr herzlich danken, besonders Joann Davis von Warner Books für ihre fortlaufende Betreuung und Albert Goulden für seinen guten Rat. Und nicht zuletzt meinen Freunden in den Blue Ridge Mountains, die das Feuer niemals erlöschen lassen.

Danach sah ich,
und siehe, eine Tür war aufgetan im Himmel,
und die erste Stimme,
die ich mit mir hatte reden hören
wie eine Posaune, die sprach:
Steig herauf, ich will Dir zeigen,
was nach diesem geschehen soll.
Alsbald wurde ich vom Geist ergriffen.
Und siehe, ein Thron stand im Himmel,
und auf dem Thron saß einer.
Und der da saß, war anzusehen
wie der Stein Jaspis und Sarder;
und ein Regenbogen war um den Thron,
anzusehen wie ein Smaragd.
Und um den Thron
waren vierundzwanzig Throne,
und auf den Thronen
saßen vierundzwanzig Älteste,
mit weißen Kleidern angetan.
Und ich sah einen neuen Himmel
und eine neue Erde;
denn der erste Himmel
und die erste Erde sind vergangen.

Offenbarungen des Johannes

Bildliche Vorschau

Ich trat an den Rand des Felsvorsprungs und blickte gen Norden auf die Landschaft unter mir. Vor mir ausgebreitet lag ein weitläufiges Bergtal der Appalachen von sechs bis sieben Meilen Länge, ungefähr fünf Meilen Breite und von atemberaubender Schönheit. Ein Fluß schlängelte sich längs durch das Tal, an grünen Flächen offenen Wiesenlands vorbei und zwischen dichten, herbstlich bunten Wäldern hindurch. Dies waren alte Wälder mit Bäumen, die Hunderte von Metern in die Höhe ragten.

Ich warf einen kurzen Blick auf die handgezeichnete Landkarte in meiner Hand. Alles in diesem Tal entsprach der Darstellung genau: die steile Klippe, auf der ich jetzt stand, der Pfad, der ins Tal hinabführte, die Wiesen und der Fluß, selbst die sanft anschwellenden Hügelketten im Hintergrund. Es *mußte* sich um den Platz handeln, den Charlene auf ihrer flüchtigen Skizze dargestellt hatte. Aber was hatte sie dazu bewogen? Das Stück Papier war in ihrem Büro gefunden worden. Aber warum war Charlene so plötzlich verschwunden?

Mehr als ein Monat war vergangen, seit Charlene ihre Kollegen in dem Forschungsunternehmen, wo sie arbeitete, zum letztenmal kontaktiert hatte, und als Frank Carter, ein enger Mitarbeiter, endlich auf die Idee gekommen war, mich anzurufen, klang seine Stimme deutlich alarmiert.

»Wir wissen, daß sie gern ihre eigenen Wege geht«, hatte er gesagt. »Aber so lange ist sie noch nie verschwunden, schon gar nicht, wenn sie feste Termine mit langjährigen Klienten hatte. Da stimmt etwas nicht.«

»Wie kamen Sie darauf, mich anzurufen?« fragte ich.

Daraufhin beschrieb er den Inhalt eines Briefes, der in Charlenes Büro gefunden worden war. Ich hatte ihn vor Monaten an Charlene geschickt, um ihr meine Erlebnisse in Peru zu schildern. Carter erklärte, daß ein Zettel dabeigelegen habe, auf dem mein Name und meine Telefonnummer standen.

»Ich rufe jeden Bekannten von ihr an, dessen Nummer ich finden kann«, fügte er hinzu. »Aber bis jetzt weiß scheinbar keiner, was los ist. Aus dem Brief ging hervor, daß Sie mit ihr befreundet sind, und so habe ich gehofft, Sie hätten vielleicht etwas von ihr gehört.«

»Tut mir leid«, sagte ich. »Ich habe seit vier Monaten nicht mehr mit ihr gesprochen.«

Während ich die Worte aussprach, kam es mir selbst unwahrscheinlich vor, daß inzwischen soviel Zeit vergangen sein sollte. Kurz nach dem Eintreffen meines Briefes hatte Charlene eine längere Nachricht auf meinem Anrufbeantworter hinterlassen, in der sie ihre Erregung über die Entdeckung der Erkenntnisse zum Ausdruck brachte und die Geschwindigkeit hervorhob, mit der sich dieses Wissen jetzt offenbar verbreitete. Dann fiel mir ein, daß ich Charlenes Botschaft zwar mehrfach angehört, sie aber nie zurückgerufen hatte, weil ich meinte, es auf später verschieben zu können – auf den nächsten Tag vielleicht, oder den übernächsten, wenn ich innerlich bereit dazu wäre. Ein solches Gespräch, so meinte ich, verlangte eine klare Zusammenfassung des Inhalts und ausführliche Erklärungen zum Manuskript, und dazu benötigte ich noch etwas Zeit zum Nachdenken, denn ich hatte die Ereignisse noch nicht verdaut.

In Wahrheit war mir der Sinn der Prophezeiungen natürlich weiterhin nur teilweise verständlich. Sicher, die Fähigkeit, mich mit einer inneren, spirituellen Energie zu verbinden, war mir erhalten geblieben, was ein großer Trost war, wenn ich daran dachte, daß meine Liebesaffäre mit Marjorie endgültig beendet war und ich den größten

Teil meiner Zeit nun allein verbrachte. Auch hatte ich weiterhin die Fähigkeit, meine Eingebungen, Träume und die Leuchtkraft eines Raumes oder einer Landschaft bewußt zu erleben. Dennoch war die Tatsache, daß schicksalhafte Fügungen sich von Natur aus nur sporadisch ergeben, zum Problem für mich geworden.

Ich konnte mich beispielsweise mit Energie auffüllen und damit die momentan dringlichste Frage in meinem Leben aufspüren, worauf mir gewöhnlich ein klares Bild eingegeben wurde, das mir zeigte, was ich tun und wohin ich mich wenden sollte, um der Antwort auf die Spur zu kommen. Aber selbst wenn ich meinen Eingebungen entsprechend gehandelt hatte, geschah nur selten etwas Bedeutungsvolles, und ich konnte beim besten Willen keine Botschaft oder sonderliche Fügung wahrnehmen.

Dies galt speziell in Fällen, wo die Intuition mir aufgetragen hatte, einen Bekannten zu besuchen, einen Freund oder jemanden, mit dem ich häufig zu tun hatte. Hin und wieder entdeckten wir dann vielleicht einen neuen Ansatzpunkt des gemeinsamen Interesses, aber ebenso häufig wurde meine Initiative trotz stärkster Energiezufuhr von meiner Seite rundweg abgeschmettert, oder – noch schlimmer – unser anfänglicher Eifer entgleiste und wurde schließlich unter einer Flut unberechenbarer Irritationen und Gefühle begraben.

Solche Fehlschläge hielten mich zwar nicht davon ab, den Prozeß fortzuführen, doch war mir inzwischen klargeworden, daß etwas fehlte, wenn ich die Erkenntnisse auf lange Sicht in die Praxis umsetzen wollte. In Peru war ich vom Strom der Ereignisse getragen worden und hatte zumeist spontan reagiert – mit einer Art von Urvertrauen, das aus nackter Verzweiflung geboren wird. Wieder daheim angekommen und mit meiner gewohnten Umgebung konfrontiert, nicht selten von ausgesprochenen Skeptikern umgeben, kam mir offenbar die notwendige Erwartungshaltung abhanden bzw. der feste Glaube, daß meine Eingebungen wirklich zu etwas führen könnten. Womöglich hatte ich einen bedeutenden Teil des Wissens wieder vergessen … oder noch gar nicht entdeckt.

»Ich weiß einfach nicht mehr, was ich machen soll«, hatte Charlenes Kollege gesagt. »Ich glaube, sie hat eine Schwester irgendwo in New York. Sie wissen nicht zufällig, wie man sie erreichen kann? Oder kennen Sie irgend jemanden, der ihre Nummer wissen könnte?«

»Es tut mir leid«, wiederholte ich. »Ich habe keine Ahnung. Charlene und ich haben gerade erst begonnen, unsere alte Freundschaft wieder aufzuwärmen. An ihre Verwandten erinnere ich mich nicht, und wer ihre jetzigen Freunde sind, weiß ich auch nicht.«

»Also, ich glaube, ich melde die Sache jetzt der Polizei, es sei denn, Sie haben einen besseren Vorschlag.«

»Nein, aber ich glaube, das lassen wir lieber noch. Gibt es sonst noch irgendwelche Hinweise auf ihren möglichen Aufenthaltsort?«

»Nur eine Art Skizze; möglicherweise eine Ortsbeschreibung. Es ist schwer zu sagen.«

Später hatte er mir die besagten Papiere aus Charlenes Büro per Fax geschickt, darunter auch die flüchtige Zeichnung von sich kreuzenden Strichen und Zahlen mit vagen Markierungen am Rand. Und nachdem ich in meinem Schreibzimmer die Ziffern der Zeichnung mit den Nummern der Landstraßen in einem Straßenatlas verglichen hatte, stieß ich auf ein Gebiet weiter südlich, das der Skizze exakt zu entsprechen schien.

Kurz darauf hatte ich Charlene plötzlich sehr deutlich vor mir gesehen: dasselbe Bild, das sich mir damals in Peru schon aufgedrängt hatte, als ich von der Existenz einer Zehnten Erkenntnis hörte. War ihr Verschwinden in irgendeiner Weise mit dem Manuskript verknüpft?

Ein leichter Windhauch strich über mein Gesicht, und ich ließ meinen Blick erneut über die Landschaft unter mir schweifen. Ganz links in der Ferne, am äußersten Westrand des Tales, konnte ich eine Reihe von Hausdächern ausmachen. Das *mußte* die Stadt sein, die auf Charlenes Zeichnung mit einem Gewirr von Strichen angedeutet wurde. Während ich zur Straße zurücklief und in meinen Wagen kletterte, steckte ich das Papier wieder in meine Westentasche.

Die Stadt selbst war winzig – eine Einwohnerzahl von zweitausend Seelen, wie man dem Schild bei der ersten und einzigen Ampel des Ortes entnehmen konnte. Die Mehrzahl der Geschäftsgebäude lag an der einzigen Hauptstraße, die am Ufer des Flusses entlangführte. Ich rollte an der Ampel vorüber, entdeckte kurz darauf ein Motel unmittelbar am Waldrand, wo sich ein Eingang in das dahinterliegende Naturschutzgebiet befand, und steuerte den Wagen in eine Parklücke direkt vor einem Anbau mit Restaurant und Bar. Mehrere Leute gingen soeben in das Restaurant, unter ihnen ein hochgewachsener Mann mit brauner Haut und pechschwarzem Haar, der einen gewaltigen Rucksack trug. Er drehte sich zu mir um, und für einen Moment hatten wir Blickkontakt.

Ich stieg aus, schloß das Auto ab und beschloß dann, einer Ahnung folgend, zuerst einmal in das Restaurant zu gehen, bevor ich ein Zimmer im Motel buchte. Drinnen waren fast alle Tische leer – ein paar Männer in Wanderkluft hockten an der Bar, und die kurz vor mir angekommene Gruppe hatte in einer Eßnische Platz genommen. Niemand beachtete meinen suchenden Blick; erst als ich weiter in den Raum vordrang, trafen meine Augen erneut mit denen des dunkelhaarigen Mannes zusammen. Er bewegte sich auf das hintere Ende des Raumes zu, lächelte unbestimmt, hielt meinem Blick für eine weitere Sekunde stand und trat dann durch den Rückausgang ins Freie.

Ich folgte ihm. Er stand etwa sechs Meter vor mir und beugte sich über seinen Rucksack. Seine Kleidung bestand aus Jeans, einem Cowboyhemd und Stiefeln; ich schätzte ihn auf etwa fünfzig Jahre. Hinter ihm warf die späte Nachmittagssonne lange Schatten auf die hohen Bäume und das Gras, und kaum hundert Meter weiter begann der Fluß seine Reise hinunter ins Tal.

Er lächelte, schaute zu mir auf und sagte: »Na, bist du auch ein alter Pilger?«

»Ich suche nach einer Freundin von mir«, begann ich. »Irgendwie kommt es mir vor, als könnten Sie mir helfen.«

Er nickte bedächtig und studierte dabei eingehend meine Erscheinung. Beim Nähertreten stellte er sich als David Lone Eagle vor und erklärte mir dann, als wäre die Information von unmittelbarer Bedeutung, daß er ein direkter Nachfahre der Indianer sei, die dieses Tal ursprünglich besiedelt hatten. Nun erst fiel mir die lange Narbe in seinem Gesicht auf; sie erstreckte sich von seiner linken Augenbraue bis hinunter zum Kinn. Die einstige Verletzung hatte den Augapfel offenbar nur haarscharf verfehlt.

»Wie wär's mit einem Kaffee?« sagte er langsam. »In dem Saloon da servieren sie zwar gutes Perrier, aber lausigen Kaffee.« Mit einer Kopfbewegung deutete er auf eine Stelle nahe am Fluß, wo ein kleines Zelt zwischen drei üppigen Pappeln stand. Da sich Dutzende von Spaziergängern in der Nähe aufhielten und den Weg entlangwanderten, der über eine Brücke in den Nationalpark führte, schien mir keine sonderliche Gefahr zu bestehen.

»Sehr gern«, sagte ich. »Trinken wir einen Kaffee.«

An seinem Rastplatz angekommen, setzte David einen kleinen Gaskocher in Gang, füllte einen Topf mit Wasser und setzte ihn auf das Feuer.

»Wie heißt deine Freundin?« fragte er schließlich.

»Charlene Billings.«

Er hielt inne, schaute mich durchdringend an, und während unsere Blicke aufeinandertrafen, schob sich ein deutliches Bild von ihm aus einer anderen Zeit vor mein inneres Auge. Er war jünger, in eine Hirschledertracht gekleidet und saß vor einem prasselnden Lagerfeuer. Die Streifen einer Kriegsbemalung zogen sich über sein Gesicht. Um ihn herum hatte sich ein Kreis von Menschen versammelt, die meisten davon Indianer, aber auch zwei Weiße, eine Frau und ein schwergewichtiger Mann. Es war eine heftige Diskussion im Gange. Einige wollten Krieg führen; andere sprachen sich für eine friedliche Lösung des Konflikts aus. Ungeduldig fuhr er dazwischen und verspottete die Friedensstifter. »Wie könnt ihr nur so naiv sein?« herrschte er sie an. »Nachdem wir ein ums andere Mal belogen und betrogen worden sind?!«

Die weiße Frau schien seinen Ingrimm zu verstehen, bat ihn aber flehentlich darum, sie ausreden zu lassen. Sie war ganz sicher, daß ein Krieg verhindert und das Tal vor Angriffen geschützt werden könne, solange die spirituelle Medizin nur stark genug sei. Er schmetterte ihr Argument mit einem Satz ab, wies alle in der Runde zurecht und sprang auf sein Pferd, um davonzureiten. Die meisten der Anwesenden folgten ihm.

»Du hast einen guten Riecher«, verkündete David plötzlich und riß mich damit aus meinem Traum. Er breitete eine handgewebte Decke zwischen uns aus und bot mir einen Platz darauf an. »Ich habe von ihr gehört.«

Dann blickte er mich fragend an.

»Ich mache mir Sorgen um Charlene«, erklärte ich. »Niemand weiß, wo sie abgeblieben ist, und nun möchte ich sicherstellen, daß alles in Ordnung mit ihr ist. Außerdem müssen wir miteinander reden.«

»Über die Zehnte Erkenntnis?« fragte er lächelnd.

»Woher weißt du das?«

»Nur eine Vermutung. Nicht jeder, der in dieses Tal kommt, fühlt sich allein von der Schönheit des Waldes angezogen. Viele sind hier, um über die Erkenntnisse zu sprechen. Es heißt sogar, daß die Zehnte irgendwo hier verborgen ist. Einige behaupten sogar zu wissen, was in der Zehnten Erkenntnis steht.«

Er wandte sich ab und hängte eine mit Kaffee gefüllte Teekugel in das brodelnde Wasser. Etwas an seinem Tonfall verriet mir, daß er mich prüfen wollte, wahrscheinlich um herauszufinden, ob ich wirklich der war, der ich zu sein vorgab.

»Wo ist Charlene?« fragte ich.

Sein Finger deutete in Richtung Osten. »Im Wald. Ich habe deine Freundin nie gesprochen, aber eines Abends habe ich mitbekommen, wie sie sich in dem Restaurant vorgestellt hat, und seitdem habe ich sie noch ein paarmal gesehen. Zum letztenmal vor ein paar Tagen; sie wanderte allein durch das Tal, und so, wie sie bepackt war, würde ich sagen, daß sie wahrscheinlich noch immer draußen in der Wildnis ist.«

Ich blickte in die angedeutete Richtung. Aus meiner momentanen Perspektive wirkte das Tal gigantisch, erstreckte sich in unabsehbare Weiten.

»Hast du eine Ahnung, wo sie hingegangen sein könnte?«

Er starrte mich einen Moment lang an. »Wahrscheinlich in Richtung Sipsey Canyon. Das ist die Schlucht, wo sie eine der *Öffnungen* gefunden haben.« Mit wachen Augen beobachtete er meine Reaktion.

»Öffnungen?«

Er lächelte geheimnisvoll. »Ja, du hast richtig gehört: die Öffnungen in den Dimensionen.«

Ich neigte mich vor, denn ich erinnerte mich an mein Erlebnis in den Ruinen von Celestine. »Wie viele wissen inzwischen schon davon?«

»Nur sehr wenige. Bis jetzt handelt es sich lediglich um Gerüchte, Informationsbruchstücke und ansonsten reine Intuition. Keiner hat bisher irgendein Schriftstück in die Hand bekommen. Die meisten suchen hier nach der Zehnten Erkenntnis, weil sie synchronistisch an diesen Platz geführt werden, und weil sie sich ernsthaft bemühen, die ersten neun Erkenntnisse zu verwirklichen, auch wenn sie sich darüber beschweren, daß die Fügungen sie eine Zeitlang eindeutig leiten und dann irgendwann einfach *aufhören.*« Er lachte kurz auf und fuhr fort: »Aber an dem Punkt befinden wir uns alle, nicht wahr? Bei der Zehnten Erkenntnis geht es um ein Verständnis der Gesamtheit dieser Überlieferungen – die Wahrnehmung rätselhafter Fügungen, das wachsende spirituelle Bewußtsein auf Erden, das Verschwinden von Dingen, wie es in der Neunten Erkenntnis beschrieben wird … All das wird von dem höheren Standpunkt der anderen Dimension erklärt, damit wir begreifen, warum alles so und nicht anders verläuft, und mit mehr Einsatz daran teilnehmen können.«

»Und woher willst du das wissen, David?« gab ich zurück.

Er warf mir einen stechenden Blick zu und herrschte mich an: »Ich weiß es!«

Einen weiteren Moment lang blieb sein Ausdruck grimmig, dann erhellte sich sein Gesicht unvermittelt, und er griff nach dem Topf, um den Kaffee in zwei Becher zu gießen. Nachdem er mir einen Becher in die Hand gedrückt hatte, begann er von neuem: »Meine Vorfahren haben seit Tausenden von Jahren in diesem Tal gelebt und immer geglaubt, daß dieser Wald eine heilige Stätte ist, ein Ort auf halbem Wege zwischen der oberen Welt und der mittleren Welt hier auf Erden. Mein Volk hat gefastet und das Tal auf der Suche nach Visionen durchwandert. Wir haben um Einblick in unsere innewohnenden Talente gebeten, um Medizin, um den Weg, der uns vorherbestimmt ist.

Mein Großvater hat mir von einem Schamanen erzählt, der einem weit entfernten Stamm angehörte. Dieser Schamane hat meinen Leuten beigebracht, wie sie einen Zustand der Reinheit, so nannte er es, erreichen können. Genau von diesem Platz hier hat er meine Leute ausgesandt, nur mit einem einzigen Messer ausgerüstet, und ihnen gesagt, daß sie so lange laufen sollen, bis die Tiere ihnen ein Zeichen geben, dem sie folgen müßten, bis sie das erreicht hätten, was wir ›die heilige Öffnung zur oberen Welt‹ nennen. Hatten sie genügend Verdienste erworben, sich also von ihren niederen Gefühlen gereinigt, dann hieß es, daß sie durch die Öffnung zu unseren Vorfahren hindurchgelassen würden, in ein Reich, wo sie sich nicht nur an die eigenen Visionen *erinnern* könnten, sondern auch an die *globale Vision*.

Nun ja, das hatte natürlich ein Ende, als der weiße Mann kam. Mein Großvater selbst wußte bereits nicht mehr, wie man dort hingelangt, und ich weiß es auch nicht. Wir müssen alles noch einmal herausfinden, wie jeder andere auch.«

»Du bist hier, weil du nach der Zehnten suchst, nicht wahr?« fragte ich.

»Ja ... natürlich! Obwohl ich anscheinend nichts anderes fertigbringe, als den alten Bußgang zu gehen und mich in Vergebung zu üben.« Seine Stimme war wieder schärfer geworden, und es kam mir mittlerweile vor, als spräche er mehr zu sich selbst als zu mir.

»Sobald ich einen entscheidenden Schritt tun will, stoße ich auf einen Teil in mir, der die Bitterkeit und den Zorn über das, was meinem Volk angetan wurde, nicht überwinden kann. Und eine Besserung unserer Lage ist auch nicht abzusehen. Wie ist es möglich, daß man uns das Land stiehlt, uns abschlachtet und schließlich unsere ganze Lebensweise vernichtet?! Warum wird so etwas zugelassen?«

»Ich wünschte, das alles wäre nicht passiert«, murmelte ich.

Er starrte auf den Boden und grunzte plötzlich amüsiert. »Das glaube ich dir. Und trotzdem packt mich die nackte Wut, wenn ich daran denke, wie dieses Tal verhunzt worden ist.«

Er schwieg und zeigte dann unvermittelt auf seine linke Gesichtshälfte. »Meine Narbe ist dir sicher gleich aufgefallen. Den Kampf, bei dem das passiert ist, hätte ich ohne weiteres vermeiden können. Ein paar Cowboys aus Texas hatten etwas zuviel getrunken, und ich hätte mich abwenden können. Aber die Wut hat es mir nicht erlaubt.«

»Steht dieses Tal denn nicht zum größten Teil unter Naturschutz, genau wie der Wald?« fragte ich.

»Ungefähr die Hälfte davon, nördlich des Flusses, aber die Politiker drohen unentwegt mit einem Verkauf der Ländereien, oder wenigstens damit, es zur Nutznießung und Besiedelung freizugeben.«

»Und was ist mit der anderen Hälfte? Wem gehört die?«

»Früher war dieses Gebiet zum größten Teil im Besitz von Einzelpersonen, aber seit neuestem versucht ein Konzern aus dem Ausland die Grundstücke nach und nach aufzukaufen. Wir wissen nicht, wer dahintersteckt, nur daß manchen Grundbesitzern hier schon gewaltige Summen angeboten worden sind.«

Er blickte zur Seite und begann dann von neuem: »Mein Problem ist, daß ich die letzten dreihundert Jahre verändern möchte. Ich finde es eine Unverschämtheit, daß die Europäer dieses Land besiedelt haben, ohne die geringste Rücksicht auf die bereits anwesenden Völkerstämme zu nehmen. Das ist schlichtweg kriminell. Ich wollte, es wäre anders gekommen – als läge es in meiner Gewalt, die

Vergangenheit zu berichtigen. Unsere Lebensanschauung war wertvoll. Wir hatten etwas über den Wert des *Erinnerns* gelernt. Das war die bedeutende Botschaft meines Volkes, und wir hätten sie den Europäern vermittelt, wenn sie zugehört hätten. «

Während er sprach, entstanden erneut Bilder in meinem Geiste. Zwei Menschen – ein älterer Indianer und dieselbe weiße Frau wie zuvor – sprachen miteinander am Ufer eines kleinen Baches. Hinter ihnen lag ein unberührter, dichter Wald. Nach einer Weile kamen weitere Indianer dazu und lauschten der Unterredung.

»Wir können diese Wunden heilen!« insistierte die Frau.

»Ich fürchte, unser Wissen reicht nicht aus«, widersprach der Indianer, aber sein Gesichtsausdruck verriet höchsten Respekt vor der Frau. »Die meisten anderen Häuptlinge sind bereits weggezogen.«

»Das sehe ich nicht ein. Denke an unsere früheren Unterredungen! Du selbst hast gesagt, daß wir alles heilen können, wenn der Glaube stark genug ist.«

»Ja«, antwortete er. »Aber dieser Glaube ist eine Gewißheit, und diese entspringt dem Wissen um das, was sein soll. Die Vorfahren *wissen* es, aber unter uns weilen nicht mehr genug Lebende, die dieses Wissen erlangt haben.«

»Ist es nicht möglich, das Wissen jetzt noch zu erlangen?« rief die Frau in einem flehenden Ton. »Wir müssen es wenigstens versuchen!«

Meine Gedanken wurden unterbrochen, als mehrere uniformierte Forstbeamte auftauchten, die sich auf der Brücke auf einen älteren Mann zubewegten. Er hatte kurzgeschnittene graue Haare und trug Anzughosen zu einem gestärkten Oberhemd. Es schien, als zöge er ein Bein beim Gehen leicht nach.

»Siehst du den Mann da mit den Forstleuten?« fragte David.

»Ja«, sagte ich. »Was ist mit ihm?«

»Den sehe ich hier schon seit zwei Wochen herumlaufen. Sein Vorname ist Feyman, soweit ich weiß. Den Nachnamen habe ich noch nicht mitgekriegt.« David beugte sich zu mir vor und raunte, als würde er mir zum ersten Mal vollauf vertrauen: »Hör zu, da ist etwas sehr Merkwürdiges im Gange. Seit ein paar Wochen kommt es mir vor, als würden die Forstschutzleute alle Wanderer zählen, die den Nationalpark betreten. Das haben sie noch nie getan, und gestern erzählte mir jemand, daß sie das Ostende des Waldes vollkommen abgesperrt haben. Da hinten gibt es Plätze, die zehn Meilen von der nächsten Straße entfernt sind. Du kannst dir vorstellen, daß kaum ein Mensch jemals so weit in die Wildnis hineinläuft. Manche von uns haben sehr merkwürdige Geräusche aus dieser Richtung wahrgenommen.«

»Was für Geräusche?«

»Eine Art Dissonanz. Aber die meisten können den Ton nicht hören.«

Unversehens war er aufgesprungen und baute sein Zelt ab.

»Was ist denn los?« fragte ich.

»Ich kann hier nicht länger bleiben«, entgegnete er. »Ich muß ins Tal gehen.«

Kurz darauf unterbrach er seine Tätigkeit und schaute mich durchdringend an. »Hör mal«, sagte er. »Ich muß dir was sagen. Der Mann auf der Brücke, dieser Feyman ... Ich habe deine Freundin ein paarmal mit ihm zusammen gesehen.«

»Und? Was haben die beiden getan?«

»Nur miteinander gesprochen, aber ich sage dir, da stimmt etwas nicht.« Er wandte sich ab und packte weiter zusammen.

Ich sah ihm einen Moment lang schweigend zu. Ich hatte keine Ahnung, was ich von dieser Situation halten sollte, doch fühlte ich, daß er recht hatte, wenn er davon ausging, daß Charlene irgendwo dort unten im Tal war. »Warte«, sagte ich schnell. »Ich hole meine Ausrüstung und komme mit, wenn es dir recht ist.«

»Nein«, antwortete er ohne Zögern. »Dieses Tal muß jeder Mensch alleine erfahren. Ich kann dir jetzt nicht weiterhelfen. Ich muß meine eigene Vision finden.« Ein schmerzlicher Ausdruck lag auf seinem Gesicht.

»Kannst du mir bitte beschreiben, wo dieser Canyon ist?«

»Du folgst dem Flußlauf für ungefähr zwei Meilen. Dann stößt du auf einen kleinen Gebirgsbach, der von Norden kommt und in den Fluß mündet. Diesem Bach folgst du für eine weitere Meile. Er führt dich direkt zum Eingang von Sipsey Canyon.«

Ich nickte und wandte mich zum Gehen, aber er packte mich am Arm.

»Weißt du«, sagte er leise, »du kannst deine Freundin wiederfinden, wenn du deine Energie anhebst. Im Tal gibt es bestimmte Plätze, die dir dabei behilflich sein können.«

»Die Öffnungen in den Dimensionen?« fragte ich.

»Genau. Dort kannst du die Perspektive der Zehnten Erkenntnis einnehmen, aber um solche Plätze zu finden, mußt du die wahre Natur deiner Intuitionen verstehen, und begreifen, wie diese geistigen Bilder *aufrechterhalten* werden können. Achte auf die Tiere ringsumher, dann erinnerst du dich vielleicht daran, was du in diesem Tal zu suchen hast ... und warum wir alle hier zusammenkommen. Aber sei vorsichtig, und paß auf, daß die Forstleute dich nicht beim Betreten des Waldes beobachten.« Er dachte einen Moment nach. »Ein Freund von mir treibt sich ebenfalls in der Wildnis dort herum, sein Name ist Curtis Webber. Wenn du Curtis triffst, dann sag ihm, daß du mit mir gesprochen hast und daß ich ihn irgendwann finden werde.«

Er schenkte mir ein kaum merkliches Lächeln, dann wandte er sich wieder dem Zeltabbau zu.

Zu gern hätte ich ihn gefragt, was er mit seiner Anspielung auf die wahre Natur der Intuition und das Beobachten der Tiere gemeint hatte, aber er vermied jeden Augenkontakt und konzentrierte sich einzig auf das Zusammenpacken.

»Danke«, sagte ich.

Er winkte vage mit einer Hand.

Leise schloß ich die Tür des Motelzimmers hinter mir ab und schlüpfte hinaus in das Mondlicht. Die kalte Luft und die innere

Anspannung ließen meinen Körper erschauern. Was veranlaßte mich eigentlich, hier herumzulaufen? Es gab weder Beweise für Charlenes Aufenthalt in diesem Tal noch Anhaltspunkte für Davids Argwohn. Und doch hatte ich ein Gefühl im Bauch, daß etwas nicht stimmte. Ich hatte stundenlang hin und her überlegt, ob ich den Sheriff des Ortes benachrichtigen sollte. Aber was hätte ich ihm sagen sollen? Daß eine Bekannte von mir vermißt wurde und jemand gesehen hatte, wie sie sich freiwillig in den Wald begab, wo sie nun vielleicht in Gefahr schwebte, wobei all dies lediglich auf einer vagen Skizze beruhte, die meilenweit entfernt von hier gefunden worden war? Für eine systematische Durchsuchung des gesamten Nationalparks würden Hunderte von Beamten gebraucht, und mir war klar, daß die Polizei ein solches Unternehmen ohne stichhaltige Gründe gar nicht erst in Angriff nehmen würde.

Ich blieb stehen und warf einen Blick auf den dreiviertel vollen Mond, der sich über die Baumwipfel erhob. Mein Plan war, den Fluß ein kleines Stück östlich von der Forstwache zu überqueren und dann den Wanderweg ins Tal zu nehmen. Ich war davon ausgegangen, daß der Mond mir den Weg beleuchten würde; ich hatte allerdings nicht damit gerechnet, daß sein Licht alles im Umkreis von etwa hundert Metern gut sichtbar machte.

Ich ging am Rand des Restaurants entlang und lief zu der Stelle, wo David campiert hatte. Keine Spur mehr von seinem Rastplatz. Er hatte sogar trockene Blätter und Tannennadeln auf den Boden gestreut, um jeden Hinweis auf seinen Rastplatz zu verwischen. Wollte ich meinem Plan folgen, mußte ich etwa vierzig Meter im freien Blickfeld der Forstwache hinter mich bringen. Das Gebäude lag jetzt direkt vor mir. Durch ein Seitenfenster erkannte ich zwei uniformierte Beamte; sie waren in ein Gespräch vertieft. Dann stand einer der Ranger von seinem Sitz auf und nahm den Telefonhörer ab.

Ich duckte mich, streifte meinen Rucksack über die Schultern, lief durch den aufgewühlten Kieselsand das Flußufer hinunter und platschte dann ins Wasser, wo mir zahlreiche glatte Felsbrocken und verrottete Baumstämme als Fußbrücke dienten. Ringsumher toste das Orchester der alarmierten Baumfrösche und Grillen. Ich blickte mich noch einmal zu den Beamten um; sie unterhielten sich miteinander, offenbar ohne mein Vorüberschleichen bemerkt zu haben. An der tiefsten Stelle reichte mir das Wasser bis zu den Oberschenkeln, aber ich hatte den kaum fünfzehn Meter breiten Strom in wenigen Sekunden überquert und Deckung in einem kleinen Tannengehölz genommen.

Vorsichtig bewegte ich mich ostwärts, bis ich den Wanderweg gefunden hatte, der ins Tal hinabführte. Weiter nach Osten hin verlor sich der Pfad in undurchdringlicher Dunkelheit, und als ich in diese Richtung starrte, stiegen erneut Zweifel in mir auf. Was mochte es mit jenem mysteriösen Geräusch auf sich haben, das David solche Sorgen bereitete? Worauf würde ich in dieser Finsternis dort draußen noch stoßen?

Dann schüttelte ich die Angst ab. Selbstverständlich mußte ich weitersuchen, was nicht hieß, daß ich keine Kompromisse machen durfte. So marschierte ich nur eine halbe Meile weit und bog dann ein gutes Stück vom Wege ab, direkt in das Dickicht des Waldes hinein, um eine Stelle zu finden, wo ich mein Zelt aufschlagen und den Rest der Nacht verbringen konnte. Ich war heilfroh, meine nassen Stiefel ausziehen und trocknen lassen zu können. Es war sicher klüger, bei Tageslicht weiterzugehen.

Als ich im Morgengrauen erwachte, dachte ich an Davids kryptische Bemerkung über das *Aufrechterhalten* meiner Intuitionen. Noch während ich dort im Schlafsack lag, überprüfte ich mein eigenes Verständnis von der Siebten Erkenntnis und dachte speziell an die Einsicht, daß das Zusammentreffen von Fügungen einer bestimmten Struktur folgt. Diese Erkenntnis erklärt, daß wir die Kontrolldramen aus unserer Vergangenheit aufgeben müssen und daraufhin imstande sind, die bis dahin vernachlässigten unterschwelligen Fragen über unsere spezielle Situation klarer wahrzunehmen, wie Fragen über unsere Karriere, unsere Beziehungen, wo wir uns niederlassen sollen und was uns auf unserem Weg weiterbringt. Danach müssen wir jedoch weiterhin wach bleiben, damit uns durch Ahnungen, Eingebungen, Gefühlsregungen ein Eindruck über die Richtung vermittelt wird, in die wir gehen sollen, oder was wir tun und mit wem wir sprechen sollen, um eine Antwort zu erhalten.

An diesem Punkt angelangt, müßte sich, laut Manuskript, eine Fügung ereignen, die hinreichend erklärt, warum wir den Drang verspürt haben, ausgerechnet diesen Weg zu gehen – eine Fügung, die unsere ursprüngliche Frage in ein neues Licht rückt und uns auf wundersame Weise weiterbringt. Was würde das »Aufrechterhalten« der Intuitionen zu diesem Prozeß beitragen?

Ich schälte mich aus meinem Schlafsack, öffnete die Zeltklappe und spähte nach draußen. Da mir nichts Ungewöhnliches auffiel, kroch ich hinaus in die frische Herbstluft und stapfte zum Fluß zurück, wo ich mein Gesicht im kalten Wasser wusch. Danach packte ich meine Sachen und marschierte weiter gen Osten, kaute an einem mitgebrachten Granola-Frühstücksriegel und hielt mich ansonsten so gut wie möglich hinter den hohen Bäumen verborgen, die das Flußufer säumten.

Nach etwa drei Meilen überkam mich eine spürbare Welle der Angst und Nervosität; mein Körper fühlte sich auf der Stelle so erschöpft an, daß ich mich hinsetzte und den Rücken gegen einen Baumstamm lehnte, um meine Konzentration auf die Umgebung zu richten und innere Kraft zu sammeln. Der Himmel war wolkenlos; die Strahlen der Morgensonne tanzten durch die Baumwipfel und rings um mich her auf den Boden. Mein Augenmerk fiel auf eine kleine, etwa drei Meter von mir entfernte Grünpflanze mit gelben Blüten, und so konzentrierte ich mich auf ihre Schönheit. Das Pflänzchen stand bereits im vollen Sonnenlicht und erschien mir gleich viel leuchtender, sein Blattwerk war von noch satterem Grün als zuvor. Seine Blüten trieben mir eine Duftwolke entgegen, die sich mit dem modrigen Geruch alten Laubs und schwarzer Erde vermischte.

Gleichzeitig drang von den Bäumen weit oben im Norden der Schrei mehrerer Krähen an mein Ohr. Die Stärke und Fülle dieses Krächzens war erstaunlich, aber seltsamerweise konnte ich den genauen Aufenthaltsort der Vögel nicht ausmachen. Während ich mich auf das Lauschen konzentrierte, drangen Dutzende von anderen Geräuschen zum erstenmal vollauf in mein Bewußtsein: der morgendliche Chor der Singvögel in den Bäumen über mir, das Brummen einer Hummel zwischen den Gänseblümchen am Fluß, das Gurgeln des Wassers, wenn es auf Steine und herabgefallene Äste prallte ... und noch etwas – kaum vernehmbar – ein tiefes, dissonantes *Summen*. Ich stand auf und blickte mich um. Was war das für ein Geräusch?

Rasch setzte ich meinen Rucksack wieder auf und wanderte nach Osten. Das Rascheln meiner Tritte auf dem toten Laub zwang mich, hin und wieder stehenzubleiben und mit größter Intensität hinzuhorchen, um dieses Summen weiterhin wahrnehmen zu können. Es war eindeutig da. Vor mir wich der Wald jetzt einer Wiesenlandschaft, und ich wanderte für etwa eine halbe Meile durch bunt blühende Wildkräuter und kniehohes Salbeigras. Der Wind strich in sanften Wellen über die Spitzen der Gräser, und als ich fast an den Ostrand der Wiese gekommen war, sah ich einige Brombeerbüsche neben einem umgestürzten Baum wuchern. Die Büsche kamen mir märchenhaft schön vor, und so trat ich näher, um sie genauer zu betrachten. Dabei drängte sich mir die Vorstellung auf, daß sie mit reifen Brombeeren beladen waren.

Während ich ein paar der wenigen tatsächlich vorhandenen Beeren pflückte, hatte ich ein intensives Gefühl des Dejà vu. Meine Umgebung kam mir plötzlich so vertraut vor, als wäre ich schon einmal in diesem Tal gewesen, als hätte ich hier schon einmal Brombeeren gepflückt. Wie konnte das möglich sein? Ich setzte mich auf einen umgefallenen Baumstamm und steckte mir die schwarzblauen Früchte langsam in den Mund. Unterdessen stieg ein weiteres Bild in mir auf: ein kleiner Bergsee, mit kristallklarem Wasser gefüllt, und im Hintergrund mehrere Wasserfälle, die über terrassenförmige Felsplatten in den See stürzten. Auch dieser Ort schien mir seit langem vertraut zu sein, jedenfalls in meiner Vorstellung. Erneut beschlich mich ein Angstgefühl.

Ohne Vorankündigung sprang ein Tier geräuschvoll aus dem Gebüsch heraus und rannte, während ich erschreckt zusammenzuckte, etwa zehn Meter in Richtung Norden, um dann abrupt stehenzubleiben. Da sich die Kreatur in dem hohen Gras verborgen hielt, hatte ich keine Ahnung, um welches Tier es sich handelte. Ich konnte seinen Weg lediglich anhand der Bewegungen im Gras verfolgen. Nach einigen Minuten rannte es ein paar Meter nach Süden zurück, verhielt sich wieder sekundenlang regungslos und hastete dann zehn oder zwanzig Meter nordwärts, um wieder innezuhalten. Es mußte sich wohl um ein Kaninchen handeln, obwohl sein Verhalten mir sehr sonderbar vorkam.

Ich behielt die Stelle, wo ich das Tier zum letztenmal ausgemacht hatte, für weitere fünf oder sechs Minuten im Auge, dann machte ich mich behutsam auf den Weg dorthin. Als ich bis auf zwei Meter an die Stelle herangekommen war, sprang es auf und floh weiter nach Norden. Kurz bevor es in der Ferne verschwand, konnte ich gerade noch den weißen Schwanz und die Hinterläufe eines riesigen Karnickels erkennen.

Schmunzelnd ging ich weiter und folgte dem Wanderweg in Richtung Osten, ließ die Graslandschaft hinter mir und kam in ein dichtbewachsenes Waldgebiet. Dort angelangt, entdeckte ich einen schmalen Wasserlauf, der von links in den Fluß mündete. Das mußte der Bach sein, den David mir beschrieben hatte, soviel stand fest. Von hier aus sollte ich mich nun nach Norden wenden, doch gab es leider keinen Fußweg, der in die Richtung führte, und, schlimmer noch, das Unterholz zu beiden Seiten des Baches war ein undurchdringliches Geflecht von Nesseln und Dornenhecken, durch das ich mich noch nicht einmal mit einem Buschmesser hätte kämpfen können. Also mußte ich die ganze Strecke zurück zu der Wiese laufen, um einen Umweg zu finden.

Ich marschierte am Waldrand entlang zurück und hielt Ausschau nach einer Lücke im unwegsamen Unterholz. Zu meinem Erstaunen gelangte ich schließlich wieder an genau die Stelle, wo das Kaninchen seine Spuren im Gras hinterlassen hatte, und folgte dieser Spur, bis ich den Bach wiedergefunden hatte. Hier wich das Dornengewirr teilweise zurück, so daß ich mir einen Weg in ein Waldstück mit höheren, älteren Baumbeständen bahnen konnte, durch das ich dem Bachlauf direkt nach Norden folgte.

Nach einem Fußmarsch von etwa einer Meile sah ich die Ausläufer eines Gebirges in der Ferne auftauchen, die sich zu beiden Seiten des Baches erhoben. Als ich näher herangekommen war, wurde mir klar, daß diese Hügel eine Schlucht bildeten und daß weiter vorn der scheinbar einzige Zugang zu diesem Canyon lag.

Dort angelangt, setzte ich mich neben einen wilden Hickorybaum und inspizierte die Landschaft. Zu beiden Seiten des Baches erhoben sich die über zwanzig Meter hohen Kalksteinwände steil in die Luft und bildeten eine tiefe, von ringförmigen Hügelketten umgebene Schlucht von vielleicht zwei Meilen Breite und mindestens vier Meilen Länge. Die erste halbe Meile war mit spärlichem Buschwerk und harten Gräsern bewachsen. Ich dachte an den Summton und lauschte für die nächsten fünf oder zehn Minuten mit gespitzten Ohren, aber er hatte offenbar ausgesetzt.

Schließlich holte ich meinen kleinen Butankocher aus dem Rucksack und zündete den Brenner an, füllte eine kleine Pfanne mit Wasser und schüttete den Inhalt einer Tüte gefriergetrockneten Gemüses hinein. Eine Weile rührte ich in der Pfanne und betrachtete die Dampfschwaden, die sich kräuselnd in die Luft erhoben und mit dem nächsten Windhauch wieder verschwanden. Bilder stiegen vor meinem inneren Auge auf: wieder der gleiche See und die Wasserfälle. Doch diesmal war ich persönlich anwesend und kletterte die Felsen hinauf, als wollte ich jemanden begrüßen. Ich schüttelte die Vision ab. Was sollte ich damit anfangen? Diese Bilder wurden immer aufdringlicher. Erst hatte ich David in einer anderen Zeit gesehen, jetzt diese Wasserfälle.

Eine Bewegung im Canyon schreckte mich auf. Mein Blick richtete sich auf den Bach und hinter ihm auf einen einzelnen Baum in etwa neunzig Metern Entfernung, der bereits fast alle Blätter verloren hatte. Jetzt war er übersät mit schwarzen Vögeln, die wie übergroße Krähen aussahen. Einige flatterten gerade zu Boden. Es mußte sich wohl um die Vögel handeln, deren Krächzen mir vorher schon aufgefallen war. Während ich sie ins Auge faßte, erhob sich die ganze Schar unvermittelt in die Luft und umkreiste den Baum mit theatralischem Geschrei. Wie zuvor stand die Lautstärke ihres Geschreis in keinem Verhältnis zu ihrer Entfernung; sie klangen viel näher.

Ein Brodeln und Zischen lenkte meine Aufmerksamkeit wieder auf den Kocher. Überquellende Gemüsebrocken tropften in die Flamme. Mit einem Handtuch packte ich den Griff der Pfanne, mit der anderen Hand drehte ich das Gas aus. Nachdem sich das Brodeln beruhigt hatte, setzte ich den Kocher erneut in Gang und warf einen Blick zurück auf den Baum. Die Krähen waren verschwunden.

Eilends verschlang ich meine Mahlzeit, säuberte das Geschirr, packte ein und wanderte dann tiefer in die Schlucht. Sobald ich die Steilwände hinter mir gelassen hatte, nahm ich die Farben sehr viel intensiver wahr. Der Salbei wirkte wie in Gold gefaßt, und zum ersten Mal fiel mir auf, daß Hunderte von Wildblumen dem Boden schneeweiße, gelbe und orangefarbene Tupfer aufsetzten. Von den Klippen im Osten trug der Wind mir den Duft wilder Azaleen zu.

Obwohl ich dem nach Norden führenden Bachlauf folgte, behielt ich den hochgewachsenen Krähenbaum zu meiner Linken im Auge. Als er genau westlich von mir zu sehen war, fiel mir auf, daß der Bach plötzlich breiter wurde. Ich bahnte mir einen Weg zwischen Weidenbäumen und Rohrkolben hindurch und sah dann, daß ich an einem kleinen See angelangt war, der nicht nur den Bach speiste, dem ich folgte, sondern auch ein zweites Rinnsal, welches weiter im Südosten einen Knick machte. Zuerst dachte ich, den Bergsee aus meinen Visionen gefunden zu haben, aber es gab weit und breit keine Wasserfälle.

Weiter vorn erwartete mich noch eine Überraschung: Nördlich des Sees war keine Spur mehr von dem Bach zu erkennen. Aber woher kam all dieses Wasser? Erst jetzt dämmerte es mir, daß der See und der Bach, der mich hierhergeführt hatte, einer einzigen unterirdischen Quelle entspringen mußten, die an dieser Stelle an die Oberfläche trat.

Zwanzig Meter weiter zu meiner Linken sah ich eine leichte Anhöhe, auf der drei Platanen wuchsen, jede mit einem Stamm von mehr als einem halben Meter Durchmesser – ein hervorragender Platz, sich zu besinnen. Ich ging hin, setzte mich auf die Erde zwischen den Bäumen und lehnte mich gegen einen der Stämme. Aus dieser Perspektive hatte ich die beiden anderen Platanen zwei bis drei Meter vor mir, und ich konnte sowohl nach links schauen, wo der Krähenbaum stand, als auch nach rechts, wo ich die Bachquelle im Auge hatte. Die Frage war, wo ich von hier aus weitergehen sollte. Schließlich konnte ich tagelang hier herumirren, ohne je eine Spur von Charlene zu entdecken. Und was sollte ich mit den Bildern anfangen, die sich mir zuvor aufgedrängt hatten?

Ich schloß die Augen und versuchte, das Bild des Sees mit den Wasserfällen heraufzubeschwören, erinnerte mich jedoch nicht mehr an die exakten Details, sosehr ich mich auch bemühte. Nach einer Weile gab ich auf und blickte nur sinnend über die Gräser und Wildblumen hin, um mit dem Blick schließlich an den beiden Platanen direkt vor mir hängenzubleiben. Ihre Stämme waren mit den schuppigen Fetzen einer dunkelgrau und weiß gefleckten Borke umhüllt, durch die sich bräunliche bis hell bernsteinfarbene Streifen zogen. Während ich mich auf diese Naturschönheiten konzentrierte, kamen mir die Farben immer intensiver vor, schillernder, auch transparenter. Ich atmete tief durch und blickte wieder über Gras und Blumen hinweg. Der Krähenbaum leuchtete besonders stark.

Ich nahm meinen Rucksack und machte mich auf den Weg zu dem Baum. Unmittelbar schoß mir das Bild des Sees mit den Wasserfällen wieder durch den Kopf. Diesmal versuchte ich mir das gesamte Bild in Erinnerung zu rufen. Der See war jetzt größer, fast viertausend Quadratmeter groß. Er wurde an seinem hinteren Ende von Wasserfällen gespeist, die sich über eine Reihe steil ansteigender Terrassen ergossen. Zwei kleinere Wasserfälle stürzten sich aus etwa sechs Metern Höhe in den See, aber der größte von ihnen fiel über eine Steilwand von mehr als fünfzehn Metern. Wieder hatte ich den Eindruck, auf den See zuzusteuern, weil ich dort jemanden treffen wollte.

Das Geräusch eines Fahrzeugs zu meiner Linken ließ mich abrupt stehenbleiben. Ich duckte mich hinter ein kleines Gestrüpp. Ein grauer Jeep kam aus dem Wald links von mir und fuhr südöstlich in Richtung der Wiesenlandschaft. Ich versuchte, das Abzeichen der Forstwache auf dem Jeep zu erkennen, aber der Wagen trug zu meiner Verwunderung keinerlei Kennzeichen. Direkt vor meinen Augen, kaum zwanzig Meter entfernt von meinem Versteck, hielt der Wagen. Durch das Blattwerk konnte ich einen einzelnen Mann ausmachen. Er suchte die Gegend mit einem Feldstecher ab. Lautlos legte ich mich flach auf die Erde und atmete kaum. Forstschutzgesetze verboten sämtlichen Privatfahrzeugen den Eintritt in die entlegeneren Gebiete des Nationalparks. Wer mochte dieser Mann sein?

Der Wagen fuhr wieder weiter und verschwand kurz darauf hinter den Bäumen. Ich richtete mich auf und horchte noch einmal auf das Summen. Weiterhin kein Anzeichen davon. Ich überlegte, ob ich in das Städtchen zurückkehren sollte, um die Suche nach Charlene von dort aus zu organisieren. Aber tief im Inneren wußte ich, daß es keine Alternative gab. Ich schloß die Augen und dachte an Davids Empfehlung, die Eingebungen unverwandt aufrechtzuerhalten, woraufhin es mir endlich gelang, das komplette Bild des Sees mit den Wasserfällen im Kopf zu behalten. Während ich aufstand und wieder auf den Krähenbaum zuging, versuchte ich, die Einzelheiten des Bildes mit mir zu tragen.

Unvermittelt vernahm ich den schrillen Ruf eines anderen Vogels: ein Habicht zu meiner Linken, weit hinter dem Baum. Ich konnte gerade noch seine Umrisse erkennen, dann bog er nach Norden ab.

Ich erhöhte mein Schrittempo, um den Habicht so lange wie möglich im Auge zu behalten.

Das Auftauchen des Raubvogels hatte meine Energie merklich erhöht. Selbst nachdem er hinter dem Horizont verschwunden war, schritt ich kraftvoll in die von ihm gewiesene Richtung aus und legte dabei weitere anderthalb Meilen auf dem felsigen Hügelland zurück. Auf der Spitze der dritten Hügelkette angekommen, hielt ich jäh inne, denn ich hörte ein Rauschen in der Ferne, das wie rasch fließendes Wasser klang. Nein, es war das Geräusch von *herabstürzendem* Wasser.

Vorsichtig kletterte ich den Abhang hinab und gelangte dann in eine tiefe Schlucht, die ein neuerliches Dejà vu in mir hervorrief. Ich stieg den nächsten Hügel hinauf, und dort, auf der anderen Seite des Kamms, lag der See, in den sich mehrere Wasserfälle ergossen, und zwar genau so, wie ich es mir vorgestellt hatte, abgesehen davon, daß alles viel größer und noch herrlicher war als in meiner Vision. Der See umspannte fast achttausend Quadratmeter und lag in einem enormen Becken aus teilweise überhängenden Felsen. Sein kristallklares Wasser schimmerte leuchtend blau in der Nachmittagssonne. Riesige Eichenbäume wuchsen zu beiden Seiten des Beckens, die wiederum von einer vielfarbigen Ansammlung aus kleineren Ahornbäumen, Tupelobäumen und Weiden umgeben waren.

Am anderen Ende des Sees tosten ununterbrochen weiße Gischtfontänen inmitten von Dunstschwaden, wobei der Schaum noch durch das ständige Herabprasseln der zwei kleineren Wasserfälle aufgemischt wurde. Ich bemerkte, daß der See keinen sichtbaren Abfluß hatte. Von hier aus lief das Wasser lautlos unter der Erde weiter und ging in den Quell über, der den kleineren See beim Krähenbaum speiste.

Während ich die Schönheit dieses Platzes in mich aufnahm, verstärkte sich das Gefühl des Dejà vu. Alle Geräusche, alle Farben und der Ausblick, den ich von diesem Hügel hatte, kamen mir absolut bekannt vor. Ich war hier schon einmal gewesen. Aber wann?

Ich lief hinunter zum See und trank von seinem Wasser, wanderte dann einmal ganz um ihn herum, und kletterte zu den Kaskaden hinauf, um die Gischt jedes einzelnen Wasserfalls auf mein Gesicht sprühen zu lassen. Dann stand ich auf der Spitze eines Felsbrockens und streckte die Hände aus, um die Bäume weiter oben zu berühren. Ich wollte mit diesem Platz verschmelzen. Zu guter Letzt streckte ich mich auf einer der Felsplatten zwölf Meter über dem See aus und ließ mir die späte Sonne auf die geschlossenen Augenlider scheinen. In dem Augenblick durchflutete mich eine weitere altbekannte Regung – eine tiefe Wärme und Andacht, wie ich sie seit Monaten nicht mehr empfunden hatte. Um ehrlich zu sein, ich hatte dieses Gefühl und seine Eigenheit völlig vergessen, obwohl es mir jetzt ganz natürlich vorkam. Dann öffnete ich die Augen und drehte mich rasch um, weil ich wußte, wem ich jetzt gleich begegnen würde.

Rückschau auf den Weg

Auf einem Steinbrocken direkt über meinem Kopf, halb verborgen hinter einem Felsvorsprung, stand Wil, die Hände in die Hüften gestemmt, ein breites Grinsen im Gesicht. Er wirkte leicht unscharf, und so blinzelte ich angestrengt mit den Augen und konzentrierte mich auf ihn, woraufhin sein Gesicht ein wenig deutlicher wurde.

»Ich wußte, daß du hierherkommen würdest«, verkündete er, während er leichtfüßig von dem Felsen kletterte und mit einem Sprung neben mir zum Stehen kam. »Ich habe auf dich gewartet.«

Ehrfürchtig starrte ich ihn an. Wil zog mich an sich, umarmte mich. Sein Gesicht und die Hände leuchteten ein wenig, ansonsten wirkte er jedoch durchaus normal.

»Ich kann es nicht fassen, daß du hier bist«, stammelte ich. »Was ist passiert, seitdem du dich in Peru in nichts aufgelöst hast? Wo warst du?!«

Mit einer Geste bedeutete er mir, ihm gegenüber auf der Felsplatte Platz zu nehmen.

»Das erkläre ich dir alles später«, begann er. »Zuerst muß ich wissen, was dir seitdem widerfahren ist. Welche Umstände haben dich in dieses Tal geführt?«

Ich erzählte ihm die Einzelheiten von Charlenes Verschwinden, von der Landkarte und meiner Begegnung mit David Lone Eagle. Wil wollte genau wissen, was David gesagt hatte, und so berichtete ich ihm alles, was mir von unserer Unterhaltung im Gedächtnis geblieben war.

Wil beugte sich zu mir herüber und sagte: »Er meinte also, daß es bei der Zehnten Erkenntnis um die Fähigkeit geht, die spirituelle Wiedergeburt auf der Erde im Licht der anderen Dimension zu betrachten? Und um ein Verständnis der wahren Natur unserer Eingebungen?«

»Ja«, sagte ich. »Stimmt das?«

Er schien einen Moment nachzudenken, dann fragte er: »Was hast du erlebt, seitdem du in dieses Tal gekommen bist?«

»Ich habe von Anfang an vor meinem inneren Auge Bilder gesehen«, antwortete ich. »Manche von vergangenen Zeiten, aber dann tauchten wiederholt Visionen von diesem See hier auf. Ich habe alles gesehen: die Felsformationen, die Wasserfälle, selbst daß irgend jemand hier auf mich wartet, obwohl ich nicht erkennen konnte, daß du es warst.«

»Und wo warst du in deiner Vision?«

»Es kam mir vor, als näherte ich mich fortwährend diesem Platz.«

»Mit anderen Worten, du hast eine *potentielle Zukunft* von dir gesehen.«

Ich blinzelte ihn an. »Wie meinst du das?«

»Im ersten Abschnitt der Zehnten geht es, wie David schon sagte, darum, unsere Intuitionen besser zu verstehen. Bei den ersten neun Erkenntnissen erfährt man Intuitionen in Form von flüchtigen Ahnungen oder einem vagen Gespür für das Kommende. Aber wenn wir uns eingehender mit diesen Phänomenen vertraut machen, können wir die Grundlage unserer Intuitionen erfassen. Denke an Peru zurück; dort hast du Eingebungen in Form von Bildern gehabt, die dir sagten, was passieren würde, nicht wahr? Bilder von dir selbst und anderen Personen an einem spezifischen Ort, wo ihr bestimmte Dinge getan habt – Visionen, die dich an diese Plätze geführt haben. Daher wußtest du auch, wann du zu den Ruinen von Celestine gehen mußtest, stimmt's?

Hier, in diesem Tal, geschieht wieder genau dasselbe. Du hast im

Geist ein Bild von einem möglichen Ereignis empfangen – die Entdeckung der Wasserfälle, wo du jemanden triffst – und warst in der Lage, deine Vision auszuleben, die Fügung zu verwirklichen, die uns *beide* an diesem Ort zusammenführen konnte. Hättest du die Bilder als sinnlos abgetan oder den Glauben daran verloren, daß die Wasserfälle tatsächlich existieren, wäre dieses synchrone Zusammenspiel nie zustande gekommen, und dein Leben wäre platt geblieben.« Er lächelte und fuhr dann fort: »Aber du hast die Bilder ernst genommen; du hast sie *festgehalten*.«

»David sprach davon, daß man die Intuitionen aufrechterhalten soll«, warf ich ein.

Wil nickte.

»Und was ist mit den anderen Visionen?« fragte ich. »Die Szenen aus früheren Zeiten? Und die Sache mit den Tieren, denen man folgen soll? Wird das alles in der Zehnten Erkenntnis erwähnt? Hast du das Manuskript gesehen?«

Wil wischte meine Fragen mit einer Handbewegung fort. »Zuerst möchte ich dir etwas über meine Erfahrungen mit der anderen Dimension erzählen – dem Existenzbereich des *Jenseits*, wie ich ihn nenne. Sobald es mir gelang, mein Energieniveau in Peru beizubehalten«, begann er, »ungeachtet der Tatsache, daß der Rest von euch Angst bekam und sich nicht auf der höheren Schwingungsebene halten konnte, fand ich mich in einer Welt von unglaublicher Schönheit und klarer Formgebung wieder. Wohlgemerkt, ich befand mich weiterhin am selben Platz, und doch war alles anders für mich. Die Welt war illuminiert …, auf eine Weise ehrfurchtgebietend, die ich noch immer nicht beschreiben kann. Für eine lange Zeit bin ich einfach in dieser unglaublichen Welt herumgewandert und erlangte dabei sogar noch höhere Schwingungsebenen – bis ich etwas sehr Erstaunliches herausfand. Ich konnte mich überall auf diesen Planeten hinwünschen, und zwar einfach, indem ich mir ein Ziel vor Augen hielt. So bin ich an jeden Ort gereist, der mir in den Sinn kam, um nach dir, Julia und den anderen zu suchen, aber es gelang mir nie, irgendeinen von euch zu finden.

Und irgendwann entdeckte ich eine weitere Fähigkeit. Wenn ich mir ein vollkommen leeres Feld vorstellte, konnte ich den Planeten verlassen und in ein Reich der reinen Ideen gelangen. Dort konnte ich alles erschaffen, was mir in den Sinn kam, und zwar einfach, indem ich es mir vorstellte. Ich schuf Meere und Gebirge, herrliche Landschaften, Bilder von Menschen, die sich genauso verhielten, wie ich es wünschte, und alles erdenkliche andere. Und alles war genauso wirklich, wie irgend etwas hier auf Erden.«

Er besann sich und fuhr dann fort: »Aber am Ende wurde mir klar, daß eine gedanklich konstruierte Welt keine wahre Erfüllung bieten kann. Es befriedigte mich nicht, einfach aufs Geratewohl vor mich hin zu schaffen. Nach einer Weile kehrte ich nach Hause zurück, um darüber nachzudenken, was ich eigentlich in diesem Leben wollte. Zu der Zeit konnte ich meinen Level noch so weit herunterschrauben, daß ich fähig war, Gespräche mit Menschen zu führen, die ein gewisses Bewußtseinsniveau mitbrachten. Ich konnte essen und schlafen, obwohl ich es nicht länger brauchte. Schließlich erkannte ich, daß ich vergessen hatte, wie spannend es ist, sich weiterzuentwickeln und Fügungen zu erleben. Ich war inzwischen bereits so losgelöst, daß ich diese Dinge für selbstverständlich hielt, was jedoch verkehrt war, denn in Wirklichkeit manipulierte ich viel zuviel und war vom Wege abgekommen. Auf diesem Energieniveau kann man seinen Weg sehr leicht verlieren, weil man alles unmittelbar durch reinen Willen erzeugt.«

»Wie bist du damit klargekommen?« fragte ich.

»Ich bin in mich gegangen und habe mich um eine tiefere Verbindung mit der innewohnenden Gotteskraft bemüht, so, wie wir es immer getan haben. Das war alles, was ich tun mußte; meine Vibrationen steigerten sich danach sogar noch, und ich empfing neue Eingebungen. Du bist mehrmals in meinen Visionen aufgetaucht.«

»Ja? Was habe ich gemacht?«

»Ich konnte es nicht deutlich sehen; das Bild war zu verschwommen. Aber jedesmal, wenn ich an die Eingebung dachte und sie mir konsequent vor Augen hielt, gelangte ich in einen mir noch unbekannten Bereich des Jenseits, in dem ich auch andere Seelen wahrnehmen konnte oder, genauer gesagt, Gruppen von Seelen. Obwohl ich nicht direkt mit diesen Wesen sprechen konnte, schnappte ich doch immer einige vage Einzelheiten über ihre Gedanken und ihr Wissen auf.«

»Haben sie dir Auskunft über die Zehnte Erkenntnis gegeben?« fragte ich.

Er schluckte und schaute mich dann an, als wollte er eine Bombe platzen lassen. »Nein. Die Zehnte Erkenntnis ist nie schriftlich niedergelegt worden.«

»Was? Sie gehört nicht zum Originalmanuskript?«

»Nein.«

»Existiert diese Erkenntnis überhaupt?«

»O ja, sie existiert. Aber nicht in der irdischen Dimension. Diese Erkenntnis ist noch nicht bis zum körperlichen Existenzbereich vorgedrungen, weil sie bisher nur im Jenseits nachvollzogen werden kann. Erst wenn genug Menschen auf der Erde fähig sind, diese Informationen intuitiv zu erfassen, nehmen sie halbwegs nachvollziehbare Formen an, so daß irgend jemand das Wissen in Worte fassen kann. Das gilt nicht nur für die ersten neun Erkenntnisse, sondern für sämtliche spirituellen Schriften und Texte der Welt. Dabei handelt es sich durchweg um Wissen, das zuerst im Jenseits existiert hat, aber irgendwann deutlich genug in der physischen Dimension wahrgenommen wurde, daß ein Mensch es aufgreifen konnte, der für die schriftliche Manifestation gesorgt hat. Nicht umsonst bezeichnen wir solche Schriften als ›göttliche Inspirationen‹.«

»Und warum dauert es so lange, bis jemand die Zehnte Erkenntnis aufgreift?«

Wil schüttelte den Kopf. »Ich weiß es nicht. Die Seelengruppe, mit der ich kommuniziert habe, wußte es offenbar, aber ich konnte ihr Wissen nicht ganz nachvollziehen, weil meine Energie nicht hoch genug war. Aber es hat etwas mit der Angst zu tun, die eine Kultur empfindet, wenn ihre Gesellschaft von einer materiellen Lebensanschauung zu einem transformierten, geistigen Weltbild übergeht.

»Dann bist du der Ansicht, daß die Zehnte dabei ist, zu uns vorzudringen?«

»Ja. Die Seelengruppen haben gesehen, daß sich die Zehnte momentan Zutritt verschafft, Stück für Stück, überall auf der Welt und in dem Maß, wie wir die übergeordnete Perspektive einnehmen können. Das wiederum setzt voraus, daß wir das Jenseits als einen tatsächlich vorhandenen Existenzbereich akzeptieren. Rein zahlenmäßig müssen genügend Leute für dieses Wissen offen sein, genau wie bei den ersten neun Erkenntnissen, sonst kann die Angst nicht überwunden werden.«

»Weißt du, worum es bei dem Rest der Zehnten geht?«

»Ja, anscheinend reicht es nicht aus, die ersten neun Erkenntnisse zu begreifen. Wir müssen herausfinden, wie wir das von den Prophezeiungen beschriebene Schicksal verwirklichen sollen. Aber das wird erst dann möglich, wenn wir erkennen, auf welche Weise die körperliche Seinsebene mit dem Jenseits verbunden ist. Wir müssen den Geburtsvorgang – woher wir kommen – auf völlig neue Weise begreifen sowie ein umfassenderes Verständnis von dem erlangen, was die Menschheit erreichen will.«

Ein Gedanke schoß mir durch den Kopf. »Augenblick mal, Wil. Du hast doch eine Kopie der Neunten Erkenntnis in der Hand gehabt, nicht? Was stand da über die Zehnte?«

Wil beugte sich noch weiter vor. »Ich habe dir gesagt, daß die ersten neun Erkenntnisse die Realität einer geistig-seelischen Evolution beschreiben, sowohl im persönlichen Bereich als auch im kollektiven, aber wenn wir diese Erkenntnisse tatsächlich wahrmachen, ausleben und dieses Schicksal erfüllen wollen, brauchen wir ein umfassenderes Verständnis dieser Vorgänge, eine Zehnte Erkenntnis. Und diese muß uns die Realität der spirituellen Evolution auf Erden nicht nur aus der Perspektive der irdischen Dimension vor Augen führen, sondern auch aus der Perspektive des Jenseits. Die Zehnte besagt, daß uns eines Tages klar wird, warum die Dimensionen vereint werden sollen ..., warum der Mensch diese historische Aufgabe erfüllen muß, und daß dieses Verständnis, wenn es einmal von der Kultur übernommen worden ist, zum gewünschten Endergebnis führt. Die Angst wurde ebenfalls erwähnt; dazu wurde gesagt, daß gleichzeitig mit dem Aufkommen eines neuen spirituellen Bewußtseins auch eine Polarisierung der Bevölkerung stattfinden würde, bei der eine angsterfüllte Opposition alles daransetzen wird, unsere Zukunft mit Hilfe von neuartigen Technologien, die bereits entdeckt worden sind, nach ihrem Gutdünken zu gestalten – wobei diese technologischen Errungenschaften gefährlicher sind als die nukleare Bedrohung. Die Zehnte Erkenntnis löst das Problem dieser Polarisierung.«

Er hielt unvermittelt inne und deutete mit dem Kinn gen Osten. »Hörst du das?«

Ich horchte, hörte aber nur das stetige Wasserrauschen.

»Was?« fragte ich.

»Das Summen.«

»Das habe ich vorher schon mehrmals gehört. Was ist das?«

»Ich bin mir nicht sicher. Aber es macht sich auch in der anderen Dimension bemerkbar. Die Seelen, mit denen ich Kontakt hatte, reagierten höchst beunruhigt auf diese Tonfrequenz.«

Während Wil sprach, stieg ein klares Bild von Charlene in mir auf.

»Meinst du, daß dieses Summen etwas mit den neuen Technologien zu tun hat?« fragte ich, noch immer etwas irritiert.

Wil antwortete nicht. Mir fiel auf, daß er abwesend wirkte.

»Die Freundin, nach der du suchst«, begann er. »Hat sie blonde Haare? Und große Augen ..., ausgesprochen durchdringend im Ausdruck?«

»Ja.«

»Eben habe ich ein Bild von ihrem Gesicht gesehen.«

Ich starrte ihn an. »Ich auch.«

Er drehte sich um und schaute die Wasserfälle an. Ich folgte seinem Blick. Die schäumend weiße Gischt bildete einen majestätischen Hintergrund für unser Gespräch. Ich spürte, wie mein Körper mit Energie angefüllt wurde.

»Bis jetzt hast du noch nicht genug Energie«, sagte Wil. »Aber da dieser Platz so stark ist, meine ich, daß wir uns nur gemeinsam auf das Gesicht deiner Freundin konzentrieren müssen und wir dann vielleicht zusammen in die andere Dimension gelangen können. Möglicherweise finden wir dort heraus, wo sie steckt und was in diesem Tal vor sich geht.«

»Bist du sicher, daß ich das kann?« erkundigte ich mich zögernd. »Vielleicht solltest du erst mal allein da hingehen, während ich hier auf dich warte.« Sein Gesicht wurde bereits etwas unschärfer.

Wil schenkte mir ein strahlendes Lächeln, legte seine Hand auf meinen unteren Rücken und ließ Kraft in mich hineinfließen. »Siehst du nicht, wie sinnvoll es ist, daß wir hier zusammengeführt worden sind?« fragte er. »Die menschliche Gemeinschaft ist gerade im Begriff, die andere Daseinsebene wahrzunehmen und die Zehnte zu erfassen. Wenn du mich fragst, haben wir jetzt eine hervorragende Gelegenheit, das Jenseits gemeinsam zu erforschen. Das ist wirklich eine schicksalhafte Fügung.«

In dem Moment hörte ich den Summton im Hintergrund anschwellen, trotz der ständig tosenden Wasserfälle. Ich spürte den Summton sogar in meinem Solarplexus.

»Das Summen wird immer stärker«, sagte Wil. »Wir müssen jetzt gehen. Ich habe den Eindruck, daß Charlene in Gefahr schweben könnte.«

»Wie gehen wir in die andere Dimension?«

Wil rückte noch näher an mich heran, ohne seine Hand von meinem Rücken zu nehmen. »Wir müssen das Bild heraufbeschwören, das wir von deiner Freundin gesehen haben.«

»Es geistig aufrechterhalten?«

»Ja, wie gesagt, wir lernen gerade, unsere Eingebungen besser zu verstehen und ihnen tatsächlich zu trauen. Natürlich möchte jeder, daß alles sich wie von selbst fügt, aber der Mehrzahl von uns ist die intuitive Wahrnehmungsart neu. Und außerdem leben wir in einer Kultur, die noch weitgehend den alten Skeptizismus an den Tag legt, also verlieren wir das notwendige Vertrauen in unsere Intuition. Gleichzeitig sehen wir aber auch, daß unsere Eingebungen sich dann bestätigen, wenn wir ihnen unsere volle Aufmerksamkeit widmen. Wenn wir die Details der Zukunftsvision, die uns vorgeführt wird, untersuchen, das Bild bewußt im Hinterkopf behalten und daran glauben *wollen* – dann geschieht das Vorausgeahnte mit größerer Wahrscheinlichkeit.«

»Mit anderen Worten, wir benutzen unseren Willen, um das Vorausgeahnte herbeizuführen.«

»Nein. Erinnere dich an meine Erfahrungen im Jenseits. Dort kannst du durch bloße Willenskraft herbeiführen, was auch immer du haben willst, aber es erfüllt und befriedigt dich letzten Endes nicht. In der irdischen Dimension gilt das gleiche Gesetz, nur bewegt sich die Materie unendlich viel langsamer. Hier können wir fast alles, was wir uns wünschen, durch gezielte Willensanstrengungen hervorbringen, aber die tiefere Befriedigung stellt sich auch hier erst ein, wenn wir uns auf das Wesentliche besinnen, uns Gott anvertrauen und unserer Intuition folgen. Nur dann benutzen wir unseren Willen, um unsere Bestimmung zu erfüllen. Damit werden wir zu Mitschöpfern der Ursprungsquelle, aus der alles, alles hervorgeht. Siehst du, warum dieses Verständnis der Ausgangspunkt der Zehnten Erkenntnis ist? Wir lernen, unsere Vorstellungskraft auf dieselbe Weise einzusetzen, wie sie im Jenseits benutzt wird, und damit nähern wir uns der anderen Dimension an, was wiederum dazu beiträgt, daß der Abstand zwischen Himmel und Erde verringert wird.«

Ich nickte, denn es leuchtete mir vollkommen ein. Dann atmete ich mehrmals tief durch, und Wil verstärkte den Druck seiner Hand auf meinen Rücken und sagte, ich solle mir Charlenes Gesicht in allen Einzelheiten vor Augen führen. Einen Moment lang geschah gar nichts, doch dann spürte ich einen jähen Energieschub, der mich vorwärtstrieb und mit enormer Beschleunigung fortwirbelte.

Mit wahnsinniger Geschwindigkeit raste ich durch einen vielfarbigen Tunnel. Ich war bei vollem Bewußtsein und wunderte mich nur, warum ich keine Angst hatte, denn im Grunde empfand ich ein

Wiedererkennen, eine Zufriedenheit und Seelenruhe, als wäre ich schon einmal hier gewesen. Als ich zum Stillstand kam, fand ich mich in einer warmen, weißen Lichtregion wieder. Ich schaute mich nach Wil um und sah, daß er links hinter mir stand.

»Da bist du ja«, sagte er und lächelte mich an. Seine Lippen bewegten sich nicht, und doch konnte ich seine Stimme ganz deutlich vernehmen. Seine körperliche Erscheinung war unverändert geblieben, wenn man davon absah, daß alles an ihm von innen her leuchtete.

Ich streckte meine Hand nach ihm aus und bemerkte dabei, daß mein Körper ebenfalls von Licht durchdrungen war. Als ich Wil berührte, spürte ich ein Kraftfeld, das seinen Arm im Abstand von mehreren Zentimetern umgab. Ich griff fester zu und sah schließlich ein, daß ich nicht in dieses Energiefeld eindringen konnte; ich stieß seinen Körper lediglich weiter von mir fort.

Unterdessen explodierte Wil förmlich vor Vergnügen. Er wirkte dabei so komisch, daß ich selber lachen mußte.

»Erstaunlich, nicht wahr?« fragte er.

»Wir sind auf einer höheren Schwingungsebene als damals bei den Ruinen von Celestine«, stellte ich fest. »Weißt du, wo wir sind?«

Wil schwieg, sein Blick schweifte durch unsere Umgebung. Offenbar befanden wir uns in einer Umwelt mit räumlichen Dimensionen, denn mein Gefühl für unten und oben war durchaus vorhanden, nur hingen wir regungslos im Raum und konnten weit und breit keinen Horizont ausmachen, denn das weiße Licht verteilte sich vollkommen gleichmäßig in alle Richtungen.

Schließlich erklärte Wil: »Dies ist ein Beobachtungspunkt. Ich war einmal kurz hier, nachdem ich dein Gesicht gesehen hatte, und sah eine Gruppe von Seelen.«

»Was haben sie hier gemacht?«

»Die Leute beobachtet, die nach dem Tode herübergekommen sind.«

»Wirklich? Du meinst, daß die Menschen hierherkommen, wenn sie gestorben sind?«

»Ja.«

»Und warum sind wir jetzt hier? Ist Charlene etwas zugestoßen?«

Er wandte sich mir zu. »Nein, das glaube ich nicht. Als ich nach dir gesucht habe, bin ich auch erst an verschiedene Stellen gelangt, bevor ich dich endlich bei den Wasserfällen gefunden habe. Deshalb nehme ich an, daß wir hier erst etwas mitansehen sollen, bevor wir Charlene finden. Laß uns abwarten und sehen, was mit den Seelen passiert.« Mit einer Kopfbewegung deutete er nach links, wo mehrere menschlich wirkende Wesen in einer Entfernung von vielleicht zehn Metern in gerader Linie vor uns in Erscheinung traten.

Meine erste Reaktion war, mich in acht nehmen zu müssen. »Wil«, raunte ich, »woher wissen wir, daß sie uns freundlich gesinnt sind? Was ist, wenn sie Besitz von uns ergreifen wollen oder so was?«

Er machte ein ernstes Gesicht. »Woher weißt du, ob jemand auf der Erde dich beherrschen will?«

»Das würde ich mitbekommen. Ich merke doch, wenn jemand manipuliert.«

»Was noch?«

»Die Energie wird mir dabei entzogen. Dann kommt es mir vor, als würde sich meine Klarsicht verringern, mein Überblick, meine Zielbewußtheit.«

»Genau. Du merkst, daß solche Personen nicht den Erkenntnissen folgen. Alle diese Prinzipien gelten in gleichem Maße auf Erden wie in der anderen Dimension.«

Während die Wesen sich vollends manifestierten, behielt ich meine Zurückhaltung bei. Doch nach einer Weile empfing ich den liebevollen Energiestrom, der von ihren Gestalten ausging. Ihre Körper schienen aus weißlichem bis bernsteinfarbenem Licht zu bestehen, das ständig hin und her tanzte. Ihre Gesichter hatten menschliche Züge angenommen, man konnte sie jedoch nicht direkt anschauen. Auch war es mir nicht möglich, genau festzustellen, wie viele Seelen vor uns standen. In einem Moment schien es sich um drei oder vier zu handeln, aber kaum blinzelte ich, erkannte ich sechs, dann wieder drei, allesamt tanzend, wobei sie in einem

Moment sichtbar und im nächsten unsichtbar waren. Insgesamt wirkten sie wie eine flackernde, lebendige bernsteinfarbene Wolke vor einem weiß durchscheinenden Hintergrund.

Nach einigen Minuten begann eine weitere Gestalt neben den anderen aufzutauchen, deren Umrisse besser zu erkennen waren, da sie sich offenbar in einem Lichtkörper befand wie Wil und ich. Es war ein Mann mittleren Alters, der sich wild umblickte, bis er die Seelengruppe entdeckte, worauf er sich zusehends entspannte.

Zu meinem höchsten Erstaunen konnte ich bei näherer Betrachtung mühelos nachvollziehen, was dieser Mann dachte und fühlte. Ich warf einen Blick auf Wil, welcher zustimmend nickte, um zu sagen, daß auch er die Reaktionen des Mannes auffing.

Ich konzentrierte mich erneut auf den Neuankömmling und erkannte, daß er zwar eine gewisse Losgelöstheit mitbrachte, auch Liebe und Geborgenheit empfand, aber unter Schock stand, weil er gerade festgestellt hatte, daß er gestorben war. Einige Minuten zuvor war er beim routinemäßigen Joggen eine Anhöhe hinaufgelaufen und hatte dabei einen massiven Herzinfarkt erlitten. Der Schmerz war in Sekunden vergangen, nur schwebte er danach plötzlich über seinem Körper und sah zu, wie die Passanten aus der Nähe herbeiliefen, um ihm zu helfen. Bald darauf war ein Ambulanzwagen vorgefahren, worauf ein Team von Sanitätern ihn fieberhaft wiederzubeleben versuchte.

Als er schließlich neben seinem Körper im Ambulanzwagen saß, mußte er zu seinem Entsetzen mitanhören, wie der Leiter des Teams ihn für tot erklärte. Verzweifelt hatte er darum gekämpft, sich zu Wort zu melden, aber niemand konnte ihn hören. Im Krankenhaus bestätigte ein Notarzt die Diagnose: Sein Herz sei buchstäblich explodiert, was hieß, daß keiner der Anwesenden imstande gewesen wäre, das Leben dieses Mannes noch zu retten.

Ein Teil von ihm hatte sich dann redlich darum bemüht, diese Tatsache zu akzeptieren; ein anderer Teil hatte Widerstand geleistet. Wie konnte es möglich sein, daß er tot war? Am Ende hatte er um

Hilfe geschrien und sich in derselben Sekunde in einem bunten Tunnel befunden, der ihn an der Stelle entließ, wo er jetzt stand. Während wir ihn beobachteten, näherte er sich der Seelengruppe mit wachsendem Zutrauen und verschwamm dabei vor unseren Augen, als wollte er sich der Gruppe angleichen.

Doch gleich darauf zog er sich abrupt wieder in unsere Richtung zurück und war urplötzlich von einer Art Büroraum voller Computer, Wandkarten und arbeitenden Menschen umgeben. All dies wirkte vollkommen realistisch, bis auf die halb durchsichtigen Wände, die uns Einsicht in das Innere des Raumes gewährten, und die Tatsache, daß der Himmel über dem Büro nicht blau war, sondern von einer seltsam olivgrünen Farbe.

»Er macht sich etwas vor«, bemerkte Wil. »Er stellt seinen irdischen Arbeitsplatz wieder her, um sich einbilden zu können, daß er nicht wirklich gestorben ist.«

Die Wesen glitten näher an ihn heran; immer mehr Seelen gesellten sich dazu, bis Dutzende von ihnen im schwachgoldenen Licht vereint waren. Es schien, als übertrugen sie ihre Liebe auf den Mann und sandten ihm Informationen einer Art, die mir unverständlich blieb. Daraufhin verblaßte die Bürokonstruktion immer mehr und löste sich schließlich völlig auf.

Der Mann stand mit einem resignierten Gesichtsausdruck da und besann sich erneut auf die Gegenwart der Wesen.

»Laß uns mit ihnen gehen«, hörte ich Wil sagen. Im selben Moment spürte ich, wie sein Arm, oder besser gesagt, die Energie seines Armes, Druck auf meinen Rücken ausübte.

Sobald ich ihm innerlich zugestimmt hatte, empfand ich ein leichtes Aufwärtsstreben und sah die Wesen und den Mann plötzlich viel deutlicher. Die Gesichter der Wesen traten jetzt mit stärkerer Leuchtkraft hervor, ähnlich wie Wils und meines, aber ihre Hände und Füße waren nicht klar umrissen, sondern bloße Lichtkreise. Auf einmal konnte ich die Wesen für vier bis fünf Sekunden mit den Augen erfassen, ohne daß sie verschwammen und ohne blinzeln zu müssen, um sie erneut zu erkennen.

Mir wurde bewußt, daß die Seelengruppe, ebenso wie der Verstorbene, sich einem intensiv funkelnden Lichtpunkt zugewandt hatten, der auf uns zusteuerte. Der Punkt schwoll sehr bald zu einer massiven Lichtsäule an, die alles überstrahlte. Unfähig, den direkten Anblick dieses Lichts zu ertragen, drehte ich mich zur Seite, so daß ich gerade noch die Silhouette des Mannes ausmachen konnte, der diesem Strahlen offenbar ohne Schwierigkeiten entgegenblickte.

Wieder konnte ich die Gedanken und Gefühlsregungen des Mannes lesen. Das Licht erfüllte ihn mit unsagbarer Liebe und gelassener Klarsicht, und während er davon erfüllt wurde, erweiterten sich sein Blickfeld und sein Wissen, bis er die eben hinter sich gelassene Lebenszeit aus einer übergeordneten, erstaunlich detaillierten Perspektive betrachten konnte.

Unverzüglich erkannte er die Umstände seiner Geburt und Kindheit. Er wurde als John Donald Williams geboren, als Sohn eines Vaters mit geringen Geistesgaben und einer extrem distanzierten Mutter, die oft außer Haus war, weil sie mehr an diversen gesellschaftlichen Ereignissen interessiert war. Folgerichtig war er im Laufe des Heranwachsens wütend und trotzig geworden, Typ Vernehmungsbeamter, der seiner Umwelt permanent beweisen wollte, daß er brillante Leistungen erbringen konnte, speziell in der Wissenschaft und Mathematik. Mit dreiundzwanzig hatte er bereits einen Doktortitel in Physik erworben und lehrte dann an vier hochangesehenen Universitäten, bevor er zum Verteidigungsministerium wechselte und später zu einer Privatfirma im Energieforschungsbereich.

Offenbar hatte er sich rückhaltlos in diese letzte Position hineingekniet, ohne je auf seine Gesundheit zu achten. Nach dem jahrelangen Genuß von Fast food und kaum körperlicher Bewegung, wurde ihm eine chronische Herzanfälligkeit attestiert. Darauf stürzte er sich mit zu großer Vehemenz in ein Trainingsprogramm, bei dem sein Herz schließlich aussetzte. Er war im besten Alter gestorben: mit achtundfünfzig.

An diesem Punkt fand eine Umorientierung in Williams' Bewußtsein statt. Er begann ein zutiefst schmerzhaftes Bedauern zu empfinden, als ihm bewußt wurde, was er aus seinem Leben gemacht hatte. Er erkannte, daß die Familienkonstellation seiner Kindheit die perfekte Grundlage für das bildete, was seine Seele an Neigungen mitgebracht hatte: die Tendenz, Trotz und Hochmut zu benutzen, um sich persönlich bedeutsamer zu fühlen. Sein Hauptwerkzeug dabei war Spott, mit dem er die Fähigkeiten anderer kritisierte und ihre Arbeitsmoral oder ihre persönlichen Eigenarten beklagte. Erst jetzt begriff er, daß er zu jeder Zeit von Lehrmeistern umgeben gewesen war, die ihm bei der Überwindung seiner Unsicherheit helfen wollten. Alle waren in genau dem richtigen Augenblick aufgetaucht, um ihm andere Verhaltensweisen nahezulegen, doch er hatte sie vollkommen ignoriert.

Statt dessen hatte er seine Vogel-Strauß-Politik bis zum bitteren Ende fortgesetzt. Immer wieder waren ihm Zeichen gegeben worden, daß er bedachtsamer voranschreiten und sich die Forschungsprojekte sorgfältiger aussuchen sollte, an denen er arbeitete, denn diese waren mit weitreichenden Folgen und unabsehbaren Gefahren verknüpft. Doch er hatte die Theorien seiner Arbeitgeber fraglos übernommen und sogar mit gänzlich unerforschten physikalischen Gesetzen experimentiert. Allein die Tatsache, daß diese Methoden funktionierten, genügte ihm, denn Funktionsfähigkeit bedeutete Erfolg, persönliche Anerkennung, Bewunderung. Ja, er hatte sich dem Bedürfnis nach *Anerkennung* unterworfen … und nicht zum erstenmal. »Mein Gott«, dachte er. »Ich habe *wieder* versagt!«

Sein Bewußtsein verlagerte sich abrupt auf eine andere Szene in einer früheren Existenz. Er befand sich unversehens in einem Militärlager im Süden der Appalachen, und zwar im neunzehnten Jahrhundert. In einem großen Zelt beugten sich mehrere Männer über eine Landkarte. Flackerndes Laternenlicht erhellte ihre Gesichter. Alle anwesenden Offiziere waren zu einer Übereinkunft gelangt: Es gab keine Hoffnung mehr auf Frieden. Der Krieg war unabwendbar geworden, und alle strategischen Grundregeln geboten eine Blitzattacke.

Als einer von zwei ranghohen Adjutanten des befehlshabenden Generals fühlte Williams sich gezwungen, den Kollegen zuzustimmen. Er war zu dem Schluß gekommen, daß er keine andere Wahl hatte; jede Auflehnung hätte seine Karriere beendet. Außerdem, so sagte er sich, hätte er niemanden hier umstimmen können, selbst wenn er es gewollt hätte. Die Offensive mußte jetzt oder nie stattfinden und würde sehr wahrscheinlich die letzte große Schlacht des Ostens gegen die Indianer sein.

Ein Wachposten unterbrach die Konferenz mit einer Nachricht für den General. Eine Siedlerfrau bestand darauf, den Kommandeur sofort sprechen. Durch die offene Zelttür hatte Williams die abgemagerte weiße Frau bereits draußen stehen sehen. Sie war um die Dreißig, und die Verzweiflung stand ihr ins Gesicht geschrieben. Später fand er heraus, daß sie die Tochter eines Missionars war und von einem möglichen Friedensangebot von seiten der Eingeborenen berichten wollte: ein neuerliches Friedensgesuch, das sie persönlich unter akuter Lebensgefahr ausgehandelt hatte.

Aber der General weigerte sich, die Frau zu empfangen, und blieb im Zelt, während sie ihn draußen anbrüllte, worauf er sie schließlich mit angelegtem Gewehr aus dem Lager vertrieb, ohne je den Inhalt ihrer Botschaft zu erfahren, den er ohnehin nicht hören wollte. Wieder behielt Williams seine Bedenken für sich. Er wußte, daß sein Kommandant unter Druck stand, da dieser den Siedlern bereits versprochen hatte, das Gebiet zu sichern und wirtschaftlich nutzbar zu machen. Wollte man die Vision der Mächtigen mit all ihren vielfältigen politischen Allianzen verwirklichen, mußte dieser Krieg geführt werden. Es war eine Sache der Unmöglichkeit, daß man Siedlern und Indianern einfach gewährte, irgendeine Mischkultur in der Neuen Welt aus dem Boden zu stampfen. Die Zukunft mußte sorgfältig geplant, gesteuert und unter Kontrolle gehalten werden, wenn man die Interessen derjenigen wahren wollte, die der Welt Sicherheit und Reichtum versprachen. Es war einfach zu schreckenerregend und letztlich unverantwortlich, derartige Entscheidungen den kleinen Leuten zu überlassen.

Williams wußte, daß ein Krieg den Besitzern der Eisenbahnbetriebe und Kohlenwerke und den neuerlichen Ölinteressen recht kommen würde – und seine eigene Zukunft war damit ebenfalls gesichert. Er mußte lediglich den Mund halten und mitspielen. Und das tat er, trotz des Protests seiner inneren Stimme. Darin lag der Unterschied zwischen ihm und dem zweiten Adjutanten des Generals. Der Mann hatte ihm gegenüber im Zelt gestanden, als die Entscheidung fiel: ein kleiner Bursche mit einem Hinkebein. Keiner wußte, warum er das Bein nachzog. Es war bekanntlich völlig in Ordnung. Jedenfalls war dies ein geborener Jasager, der wußte, was die geheimen Kartelle im Schilde führten, ihre Anführer bewunderte und zu ihnen gehören wollte. Aber darüber hinaus kennzeichnete ihn noch etwas anderes. Ebenso wie der General und die mächtigen Drahtzieher fürchtete dieser Mann die Indianer … und nicht nur wegen ihrer Wildheit beim Kriegführen, nicht allein wegen ihrer zahlenmäßigen Überlegenheit, noch nicht einmal, weil sie Widerstand gegen die expandierende Wirtschaftsindustrie leisteten, die im Begriff war, ihr Land zu überrollen. Diese Männer fürchteten die Ureinwohner Amerikas aus tieferen Gründen, die etwas mit dem schreckenerregenden und transformierenden Gedankengut zu tun hatten, das nur einigen der Stammesältesten zur Gänze bekannt war, sich jedoch überall in ihrer Kultur bemerkbar machte; ein Gedankengut, das den Leitenden eine grundlegende Veränderung abverlangte: die Erinnerung an eine andere Vision.

Williams hatte herausgefunden, daß die Missionarstochter alle bedeutenden Häuptlinge der Region zu einem Treffen bewogen hatte, das einen letzten Versuch darstellte, dieses Wissen einstimmig in Worte zu fassen, Worte, die mitgeteilt werden konnten. Dies war ein letzter Versuch, ihre Weltanschauung zu erklären und ihren Wert zu etablieren in einer Welt, die sich zusehends gegen ihre Lebensweise verschwor. Tief innen hatte Williams gewußt, daß die Frau angehört werden mußte, aber letztlich hatte er geschwiegen, und ein knappes Kopfschütteln des Generals hatte die Möglichkeit einer Versöhnung vereitelt und den Befehl zur Attacke bedeutet.

Während wir zuschauten, verlagerte sich Williams' Erinnerung auf eine entlegene Schlucht im Wald: der Schauplatz der kommenden Schlacht. Berittene Soldaten wälzten sich in einer Überraschungsoffensive über den Felskamm. Die Indianer verteidigten sich mit einem Angriff aus dem Hinterhalt zu beiden Seiten der Schlucht. In geringer Entfernung hockte ein großer, kräftiger Mann mit einer Frau in einem Versteck zwischen den Felsen. Der Mann war ein junger Akademiker, ein Kriegsbeobachter offenbar, der mit Schrecken den Krieg aus nächster Nähe erlebte. Es war alles schiefgelaufen, völlig falsch, sinnlos! Sein Interesse galt der Ökonomie; Gewalt war ihm zuwider. Er war mit der Überzeugung hierhergekommen, daß der weiße Mann und die Indianer konfliktlos miteinander auskommen könnten, da die fortschreitende wirtschaftliche Entwicklung dieses Landstrichs den Bedürfnissen beider Kulturen dienen konnte, wenn man sich anpaßte, arrangierte, beides integrierte.

Die Frau neben ihm war die junge Missionarin. Im Augenblick fühlte sie sich schmählich betrogen und von allen guten Geistern verlassen. Ihre Mühe hätte sich gelohnt, soviel wußte sie, wenn die Machthaber den Vorschlägen Gehör geschenkt hätten. Aber sie war wild entschlossen, niemals aufzugeben, nicht bevor die Gewalt ein Ende nahm. Wieder und wieder flüsterte sie: »Es kann geheilt werden! Es kann geheilt werden!«

Hinter den beiden ritten plötzlich zwei Kavalleristen über den Abhang hart auf einen einzelnen, unberittenen Häuptling zu. Ich bemühte mich, ihn genauer zu sehen und erkannte schließlich den Mann, der sich in meiner früheren Vision zornentbrannt gegen die Vorschläge der weißen Frau gewehrt hatte. Ich sah mit an, wie er sich rasch umdrehte und einen Pfeil in die Brust eines seiner Verfolger schoß. Der andere Soldat sprang von seinem Pferd und fiel über den Indianer her. Es entspann sich ein wilder Kampf, bei dem das Messer des Soldaten schließlich tief in die Kehle des Dunkelhäutigen drang. Blut spritzte über den aufgewühlten Erdboden.

Der entsetzte Akademiker wollte sich und die Frau in Sicherheit bringen, aber sie bedeutete ihm mit einer Geste, ruhig sitzen zu bleiben. Erst jetzt entdeckte Williams den alten Medizinmann, der neben den beiden unter einem Baum stand. Seine Gestalt schimmerte und verschwamm. Unterdessen wälzte sich eine weitere Kavalleristentruppe über den Kamm des Felsens direkt über den beiden, feuerte wild in alle Richtungen. Der Mann und die Frau wurden von mehreren Kugeln zerfetzt. Der alte Indianer blieb lächelnd stehen und wurde ebenfalls von Gewehrkugeln niedergestreckt.

An diesem Punkt glitt Williams' Aufmerksamkeit auf eine Anhöhe, von der man die gesamte Szene überblicken konnte. Dort stand ein in Hirschleder gekleideter Mann mit einem Packpferd. Offenbar ein Bergbewohner, der sich jetzt von der Schlachtszene abwandte und über die andere Seite des Berges davonzog, an dem See vorbei, in den sich mehrere Wasserfälle ergossen, bis er außer Sichtweite war. Erst jetzt ging mir auf, daß die Schlacht genau hier, in diesem Tal, stattgefunden hatte, etwas südlich von den Wasserfällen.

Als meine Aufmerksamkeit wieder zu Williams zurückkehrte, durchlebte er den Horror des Blutvergießens und Hasses noch einmal. Er wußte mittlerweile, daß sein Unvermögen, aktiv in diesen Krieg gegen die Indianer einzugreifen, die Umstände und Hoffnungen seines jüngst vergangenen Lebens vorherbestimmt hatten, in dem er allerdings wiederum nicht aktiv an sich gearbeitet hatte und es erneut verpaßt hatte, zu erwachen. Auch in diesem letzten Leben war er im Arbeitsleben mit dem kräftigen Mann zusammengekommen, der mit der Missionarin getötet worden war. Und nun hatte Williams vor Augen, wie er den Akademiker auf einer Hügelgruppe zwischen riesigen alten Bäumen wiedertraf, wo dieser im Begriff war, zu erwachen, und sich auf den Weg machte, um im Tal Gleichgesinnte zu finden. Es ging darum, eine Gruppe von *sieben* zu bilden. Diese sieben hatten die gemeinsame Aufgabe, ihren Teil zu der Überwindung der Angst beizutragen.

Die Idee rief offenbar noch tiefere Erinnerungen in Williams wach. Der größte Feind im Verlauf einer langen, qualvollen

Menschheitsgeschichte war die Angst gewesen, und Williams sah jetzt, daß die Menschheit sich momentan polarisierte, was den Leitenden in dieser Zeit der Geschichte eine letzte Gelegenheit gab, Machtpositionen einzunehmen und die neuesten Technologien als Druckmittel zu benutzen.

Williams wand sich förmlich im Leid. Nun wußte er, daß seine Gruppe unbedingt zusammenarbeiten mußte, ganz gleich, ob er dabeisein konnte oder nicht. Die Zeit war offensichtlich reif für solche Gruppen, und nur, wenn genug davon gegründet wurden, nur wenn genügend Gruppenmitglieder die Angst *verstanden* hatten, konnte die Polarisierung überwunden und den Experimenten im Tal Einhalt geboten werden.

Erst allmählich merkte ich, daß ich mich wieder in der Welt des sanften weißen Lichts befand. Williams' Visionen hatten ein Ende genommen, worauf er und die anderen Seelen unversehens verschwunden waren. Danach empfand ich eine rasche Rückwärtsbewegung, die ein Schwindelgefühl in mir auslöste und mich verwirrt zurückließ.

Dann sah ich Wil zu meiner Rechten.

»Was ist passiert?« fragte ich. »Wo ist er abgeblieben?«

»Ich bin mir nicht sicher«, antwortete Wil.

»Was haben seine Erlebnisse zu bedeuten?«

»Er hat eine *Rückschau* auf sein Leben erfahren.«

Ich nickte.

»Weißt du, was das heißt?« erkundigte er sich.

»Natürlich«, sagte ich. »Ich weiß, daß Menschen, die dem Tode sehr nahe waren, oft von einem Rückblick berichten, bei dem ihr ganzes Leben noch einmal in blitzartigen Bildern an ihnen vorbeiläuft. Das meinst du doch, oder?«

Wil wirkte nachdenklich. »Ja, und das zunehmende Bewußtsein von dieser Rückschau hat bedeutsame Folgen für die Menschheit. All das ist Teil der übergeordneten Perspektive, die wir nur dann einnehmen können, wenn die Allgemeinheit mehr über das Jenseits erfährt. Tausende von Menschen haben inzwischen von Nahtod-Erfahrungen berichtet, und wenn derartige Geschichten immer weiter verbreitet werden, wird die Tatsache, daß diese Rückschau stattfindet, allmählich zu einem akzeptierten Bestandteil unserer kulturellen Realität. Wir gehen sozusagen von vornherein davon aus, daß wir unser Leben nach dem Tode noch einmal sehr genau in Augenschein nehmen müssen und dabei Leid empfinden über jede verpaßte Gelegenheit, jede Weigerung, aktiv zu werden. Dieses Wissen veranlaßt uns, all unsere Eingebungen ernster zu nehmen und sie uns bewußt vor Augen zu halten. So nehmen wir größeren Anteil an unserem irdischen Leben. Letztlich läuft es darauf hinaus, daß wir uns kein einziges intuitives Zeichen entgehen lassen, weil wir uns das Leid ersparen wollen, erst viel später bei unserer Rückschau zu begreifen, daß wir etwas Bedeutendes verpaßt haben – und nur, weil wir die richtigen Entscheidungen nicht vorher schon getroffen haben.

Plötzlich hielt Wil inne und legte den Kopf zur Seite, als höre er etwas. Gleich darauf spürte ich eine Erschütterung in meinem Solarplexus, und ich vernahm das dissonante Summen. Kurz darauf verstummte das Geräusch.

Wil blickte sich um. Durch unsere gleichförmig weiße Umwelt zogen regelmäßige bleigraue Streifen.

»Was auch immer das sein mag, es zieht auch diese Dimension in Mitleidenschaft«, stellte Wil fest. »Ich bin nicht sicher, ob wir unser Energieniveau unter diesen Umständen halten können.«

Während wir abwarteten, verblaßten die bleigrauen Streifen allmählich und gaben den einheitlich weißen Hintergrund wieder frei.

»Erinnere dich an die Warnung vor neuen technologischen Errungenschaften in der Neunten Erkenntnis«, fuhr Wil fort, »und an das, was Williams über die von Angst Besessenen erfahren hat, die diese Technologien für ihre Zwecke ausnutzen wollen.«

»Und was ist mit der Gruppe der sieben, die sich hier im Tal wiederfinden soll?« warf ich ein. »Und Williams' Visionen von diesem

Ort im neunzehnten Jahrhundert? Wil, ich habe ähnliche Dinge gesehen. Was soll das deiner Meinung nach bedeuten?«

Wil sah mich ernst an. »Ich glaube, daß es uns bestimmt war, alle diese Dinge zu sehen. Und ich glaube, daß du zu dieser Gruppe gehörst.«

Unvermittelt wurde das Summen stärker.

»Williams hat uns gezeigt, daß wir der Angst der Menschen zunächst einmal auf den Grund gehen müssen«, sagte Wil nachdrücklich. »Erst dann können wir zu der Überwindung der Angst beitragen. Das ist unsere nächste Aufgabe; wir müssen einen Weg finden, die Angst von Grund auf zu verstehen.«

Kaum hatte Wil den Gedanken beendet, zerriß eine unerträgliche Tonfrequenz meinen Körper und stieß mich von Wil fort. Wil wollte mich festhalten, doch sein Gesicht verzerrte sich vor meinen Augen und verschwamm. Ich versuchte, seine Hand zu ergreifen, aber sie war nicht mehr zu sehen, und ich stürzte haltlos durch ein Kaleidoskop rasend gewordener Farben nach unten.

Die Überwindung der Angst

Noch während ich das Schwindelgefühl abschüttelte, merkte ich, daß ich wieder neben den Wasserfällen stand. Mir gegenüber, unter einem überhängenden Felsbrocken, lag mein Rucksack, genau an der Stelle, wo ich ihn vorher abgelegt hatte. Ich schaute mich um; keine Spur von Wil. Was war geschehen? Wo war er?

Ein Blick auf meine Armbanduhr zeigte, daß weniger als eine Stunde vergangen war, seit Wil und ich in die andere Dimension eingedrungen waren, und während ich daran dachte, ging mir erst richtig auf, wieviel Liebe und Gelassenheit ich empfunden hatte, und wie wenig Furcht … bis jetzt. Jetzt wirkte alles ringsumher öde und stumpf.

Mühsam hob ich meinen Rucksack auf, wobei eine neue Welle der Angst meinen Magen zusammenzog. Da ich mir in der offenen Felslandschaft zu ungeschützt vorkam, beschloß ich, zu den Hügeln weiter südlich zurückzuwandern, bis ich fähig war, alle weiteren Entscheidungen zu treffen. Gerade hatte ich den ersten Hügelkamm überquert, als ich einen kleinen Mann von etwa fünfzig Jahren sah, der zu meiner Linken den Berg heraufkam. Er hatte rötliches Haar, einen dünnen Ziegenbart und trug Wanderkleidung. Bevor ich mich verstecken konnte, hatte er mich entdeckt und kam schnurstracks auf mich zugelaufen.

Als er mich erreicht hatte, lächelte er schief und sagte: »Ich glaube, ich habe mich verirrt. Können Sie mir sagen, wie ich zurück in die Stadt komme?«

Ich erklärte ihm die generelle Richtung, die nach Süden zur Wasserquelle führte und dann zu dem Bach, dem er westwärts bis zur Forststation folgen konnte.

Er wirkte erleichtert. »Weiter östlich bin ich vorhin jemandem begegnet, der mir den Rückweg beschrieben hat, aber ich muß wohl irgendwo falsch abgebogen sein. Sind Sie auch auf dem Weg in die Stadt?«

Ich studierte eingehend seinen Gesichtsausdruck und meinte daraus Trauer und Wut ablesen zu können.

»Nicht wirklich«, antwortete ich. »Ich bin auf der Suche nach einer Freundin von mir, die sich irgendwo hier aufhält. Wie sah die Person aus, die Sie vorhin getroffen haben?«

»Es war eine blonde Frau mit hellen Augen«, gab er zurück. »Sie hat ziemlich schnell geredet, so daß ich ihren Namen nicht mitbekommen habe. Wie heißt Ihre Bekannte?«

»Charlene Billings. Ist Ihnen sonst noch etwas an der Frau aufgefallen?«

»Sie hat etwas über den Nationalpark erzählt, und dabei hatte ich den Eindruck, daß sie eine von diesen *Sucher*-Typen ist, die hier überall herumlaufen. Jedenfalls meinte sie, ich müßte das Tal sofort verlassen. Sie wollte nur noch ihre Sachen holen und dann ebenfalls verschwinden. Anscheinend glaubte sie, daß hier etwas nicht in Ordnung sei. Sie tat sehr geheimnisvoll ... Ehrlich gesagt, ich konnte ihr nicht ganz folgen.« Seinem Tonfall entnahm ich, daß er keine Scheu hatte, seine Meinung unverblümt zu sagen.

So liebenswürdig wie möglich entgegnete ich: »Das klingt, als könnte es sich um meine Freundin handeln. Wo genau haben Sie die Frau gesehen?«

Er zeigte nach Süden und berichtete, daß er ihr etwa eine halbe Meile weiter bergabwärts begegnet war. Sie war allein gewesen und in südöstlicher Richtung davongezogen.

»Ich begleite Sie bis zu der Quelle«, sagte ich.

Als ich mir den Rucksack wieder aufgesetzt und mit dem Mann

den Weg nach unten angetreten hatte, fragte er: »Wo ist sie Ihrer Meinung nach hingegangen, falls es Ihre Freundin war?«

»Ich weiß es nicht.«

»Vielleicht in eine mystische Wunderwelt? Auf der Suche nach Utopia.« Er verzog den Mund zu einem verächtlichen Grinsen.

Mir war bewußt, daß er mir einen Köder hingeworfen hatte. »Vielleicht«, erwiderte ich. »Glauben Sie nicht, daß Utopien möglich sind?«

»Nein, natürlich nicht. Das ist primitives Denken. Naiv.«

Ich warf ihm einen Seitenblick zu; eine lähmende Müdigkeit übermannte mich bereits, und so versuchte ich, das Gespräch zu beenden. »Ach, ich denke, das sind nur unterschiedliche Meinungen.«

Er lachte. »Nein, das sind Tatsachen. Die Utopie findet nicht statt! Die allgemeine Lage verschlimmert sich zusehends. Wirtschaftlich gerät allmählich alles außer Kontrolle, und am Ende wird das Ganze in die Luft fliegen.«

»Wie kommen Sie darauf?«

»Simple Demographie. In den westlichen Ländern existierte eine breite Mittelschicht über den größten Teil dieses Jahrhunderts hinweg, eine Mittelklasse, die für Rechtschaffenheit und Ordnung gesorgt hat und eine allgemeine Zuversicht mit sich trug, daß das bestehende Wirtschaftssystem allen Bevölkerungsschichten gerecht werden kann.

Aber diese Zuversicht bricht jetzt langsam zusammen. Das können Sie überall beobachten. Tagtäglich gibt es weniger Leute, die an das System glauben und sich an seine Spielregeln halten. Und das liegt letztlich daran, daß die Mittelklasse schrumpft. Die technologische Entwicklung führt zu einer Entwertung der menschlichen Arbeitskraft und teilt das Volk in zwei Klassen: die Besitzer und die Habenichtse; die einen haben Investitionen gemacht und besitzen Anteile an der Volkswirtschaft, die anderen müssen sich mit niederen Dienstleistungen begnügen. Und wenn Sie den Niedergang unseres Bildungssystems ebenfalls einbeziehen, können Sie sich das Ausmaß unseres Problems vorstellen.«

»Das klingt schrecklich zynisch«, entgegnete ich.

»Es ist realistisch. Es ist die Wahrheit. Die meisten Menschen müssen immer härter für ihr nacktes Überleben kämpfen. Kennen Sie die Statistiken über den zunehmenden Streß? Der Streß ist kaum noch erträglich! Niemand fühlt sich mehr sicher, und das Schlimmste kommt erst noch. Die Erdbevölkerung explodiert, und mit zunehmender Automatisierung wächst der Abstand zwischen den Gebildeten und den Ungebildeten; die Reichen werden die Weltwirtschaft in zunehmendem Maße kontrollieren, während Drogenabhängigkeit und Kriminalität unter den Armen unaufhaltsam zunimmt.«

Da ich nichts sagte, fuhr er fort: »Und was glauben Sie, passiert in den Entwicklungsländern? Weite Teile von Mittel- und Ostafrika befinden sich bereits in der Hand von religiösen Fundamentalisten, deren erklärtes Ziel die Vernichtung jeder politisch organisierten Kultur ist, weil diese Systeme für reines Teufelswerk gehalten werden. Das politische Regierungssystem soll durch eine pervertierte Form der Theokratie ersetzt werden, bei der religiöse Führer dem Volk alles vorschreiben und die legale Macht haben, jeden sogenannten »Gotteslästerer« zum Tode zu verurteilen – und das überall auf der Welt.

Welcher Mensch kann eine solche Schlächterei im Namen der Religion gutheißen?! Aber sie nehmen mit jeden Tag zu. In China werden neugeborene Mädchen zum Beispiel heute noch teilweise umgebracht. Können Sie sich das vorstellen?

Ich sage Ihnen, Vernunft, Ordnung und Respekt für einen kultivierten Lebensstil kommen aus der Mode. Die Menschen degenerieren, sie rotten sich in Banden zusammen, die von Neid und Rachsucht getrieben werden und von ausgefuchsten Scharlatanen angeführt. Aber es ist wohl zu spät, um diese Entwicklung noch aufzuhalten. Niemand scheint sich darüber überhaupt noch großartige Gedanken zu machen. Niemand! Die Politiker sehen tatenlos zu und kümmern sich bestenfalls um ihre eigenen Wahlbezirke, aber auch das nur, um ihre Stellung zu halten. Die Welt verändert sich viel zu schnell. Da kommt keiner mehr mit, und das zwingt uns, zuerst einmal an die eigene Person zu denken und soviel wie möglich zusammenzuraffen, bevor es zu spät ist. Diese Geisteshaltung zieht sich durch alle Berufsgruppen und bestimmt unsere Zivilisation.«

Er atmete schnaubend ein und schaute mich an. Ich war auf dem Kamm einer Anhöhe stehengeblieben, um den Sonnenuntergang anzuschauen. Unsere Blicke trafen sich. Er schien gemerkt zu haben, daß er mit seiner Tirade ins Uferlose geraten war, und in jenem Augenblick kam er mir plötzlich beinahe vertraut vor. Ich sagte ihm meinen Namen, und er stellte sich als Joel Lipscomb vor. Dabei blickten wir einander noch einmal in die Augen, aber er gab mir kein Zeichen, daß ich ihm ebenfalls bekannt vorkam. Warum waren wir uns in diesem Tal begegnet?

Sobald ich diese Frage im Geiste formuliert hatte, wußte ich die Anwort. Er verlieh der Angst eine Stimme, jener Zukunftsangst, über die Williams' schon bei seiner Rückschau so viel erfahren hatte. Ein kalter Schauer durchfuhr mich. Unser Treffen war eine schicksalhafte Fügung.

Ich faßte Joel mit neuer Aufmerksamkeit ins Auge. »Meinst du wirklich, daß nichts mehr zu retten ist?« fragte ich und ging zum Du über.

»Jawohl«, erwiderte er. »Ich bin Journalist, und dabei sehe ich tagtäglich, wie sich diese Geisteshaltung auch in meinem Beruf breitmacht. Früher haben wir wenigstens noch versucht, einen gewissen Standard des Anstandes zu wahren. Nun nicht mehr. Berichterstattung ist nur noch ein einziger Rummel, um die Sensationslust zu befriedigen. Keiner will die Wahrheit herausfinden oder sie auf möglichst korrekte Weise präsentieren. Journalisten sind auf der Jagd nach Knüllern, nach dem sensationellsten Blickwinkel und graben selbst das kleinste bißchen Dreck noch aus. Selbst wenn eine einleuchtende Erklärung für bestimmte »Vorfälle« gefunden werden kann, wird ausschließlich im Hinblick auf Zuschauerquoten und Auflagen berichtet. In einer Welt voller übersättigter, abgelenkter Menschen läßt sich nur noch das Unglaubliche verkaufen. Und das Traurige dabei ist, daß diese Art von Journalismus sich selbst perpetuiert. Ein junger Reporter betrachtet die Sachlage und sagt sich, daß er mitspielen muß, wenn er in unserem Geschäft überleben will. Weigert er sich, wird er zur Seite gedrängt, ruiniert, was dazu führt, daß Reportagen absichtlich verfälscht oder aufgebauscht werden. So was passiert mittlerweile dauernd.«

Wir hatten ein gutes Stück durch das zerklüftete Terrain nach Süden zurückgelegt und gingen weiter bergab.

»Das gleiche gilt auch für andere Berufszweige«, fuhr Joel fort. »Mein Gott, schau dir die Juristen an. Früher mochte es vielleicht noch etwas bedeutet haben, ein Justizbeamter zu sein und ein gemeinsames Interesse mit den Prozeßteilnehmern an der Wahrheitsfindung, der *Recht*sprechung, zu teilen. Heute gilt das alles nicht mehr. Denke nur an die jüngsten Prominenten-Prozesse, die im Fernsehen übertragen worden sind. Die Verteidiger tun mittlerweile alles Menschenmögliche, um die Gerechtigkeit zu untergraben. Ganz bewußt wird der Versuch gemacht, die Geschworenen von Hypothesen zu überzeugen, für die es keinerlei Beweise gibt – von denen selbst die Anwälte wissen, daß es Lügen sind, nur um einen Freispruch für ihre Klienten zu erwirken. Und dann geben ihre Kollegen Kommentare über die Verhandlungen ab, als seien derartige Taktiken üblich und vollkommen gerechtfertigt innerhalb unseres Justizwesens, was nicht wahr ist.

Nach unserem Gesetz hat jeder das Recht auf einen fairen Prozeß. Anwälte haben die Pflicht, für Fairneß und Korrektheit zu sorgen, was heißt, daß sie die Wahrheit weder verzerren noch die Gesetze unterminieren dürfen, um einen Freispruch um jeden Preis zu erwirken. Dank der Fernsehübertragungen haben wir jetzt wenigstens sehen können, was diese korrupten Praktiken tatsächlich repräsentieren: eine vollkommen durchsichtige Strategie der Verteidiger, ihren eigenen Ruhm zu mehren und daraufhin höhere Honorare verlangen zu können. Sie stellen ihre Beweggründe ganz unverblümt zur Schau, weil sie meinen, daß kein Mensch etwas daran auszusetzen hat – was offensichtlich auch der Fall ist. Jeder andere tut schließlich das gleiche.

Jeder mogelt sich so durch und will schnelle Profite einheimsen, anstatt auf lange Sicht zu planen, weil keiner mehr – ob bewußt oder unbewußt – an einen dauerhaften Erfolg glauben kann. Und wir werden so weitermachen, auch wenn wir dabei das in uns gesetzte Vertrauen enttäuschen und unsere Interessen auf Kosten anderer durchsetzen müssen.

Bald werden die untergründigen Ansichten und Übereinkünfte, die das kulturelle Gefüge zusammenhalten, auch noch den letzten Rest ihrer Tragkraft verlieren. Stell dir vor, was passiert, wenn die Arbeitslosigkeit in den Landeszentren unter ein bestimmtes Niveau sinkt. Die Kriminalität ist bereits außer Kontrolle geraten, und die Polizisten werden ihr Leben nicht bis in alle Ewigkeit für eine teilnahmslose Bevölkerung riskieren. Warum sollst du zweimal die Woche vor Gericht erscheinen, nur um dich von einem Anwalt verhören zu lassen, der ohnehin nicht an der Wahrheit interessiert ist, oder noch schlimmer: Warum sollst du dich in einer dunklen Gasse abknallen lassen und dein Blut für nichts und wieder nichts vergießen? Da drückst du lieber beide Augen zu und sitzt deine zwanzig Dienstjahre stillschweigend ab oder läßt dir hin und wieder mal etwas Bestechungsgeld zustecken, damit du über die Runden kommst. Und so geht es immer weiter. Was soll man da machen?«

Er verstummte, worauf ich mich im Gehen zu ihm umdrehte.

Joel war ein Stück hinter mir zurückgeblieben und fragte von weitem: »Wahrscheinlich glaubst du, daß so etwas wie eine ›spirituelle‹ Erneuerung eintritt, die alles verändert, wie?«

»Ich hoffe es sehr.«

Mühsam kletterte er über einen umgestürzten Baum, um mich einzuholen. »Paß mal auf«, sagte er. »Ich bin auch eine Zeitlang auf dieses spirituelle Zeug hereingefallen, auf Ideen von schicksalhaften Aufgaben und Erkenntnissen. Ich habe sogar selbst ein paar recht interessante Zufälle erlebt. Aber letztlich ist das doch alles barer Unsinn. Der menschliche Geist kann sich alle erdenklichen, sonderbaren Dinge ausmalen, und dabei merken wir nicht einmal, daß wir uns diese Dinge selber einreden. Wenn du genauer hinsiehst, ist das ganze Gerede von spirituellen Dingen nur hirnrissige Rhetorik.«

Beinahe hätte ich mit einem Gegenargument gekontert, doch dann besann ich mich auf meine Intuition. Sie riet mir, ihn erst ausreden zu lassen.

»Ja«, sagte ich. »Manchmal hört sich das sicher so an.«

»Zum Beispiel das Gerede über dieses Tal«, fuhr er fort. »Früher habe ich mir diese Art von Unsinn angehört. Aber es ist nur ein Tal mit Büschen und Bäumen wie tausend andere auch.« Er legte seine Hand im Vorbeigehen auf einen großen Baum. »Glaubst du, daß dieser Nationalpark überleben wird? Vergiß es. Wenn man sieht, wie die Meere vergiftet werden, wie das Ökosystem mit krebserregenden Substanzen vollgepumpt wird und die Menschen Papier und andere Holzprodukte konsumieren, dann weiß man, daß diese Gegend bald einer Müllhalde gleichen wird, wie alles andere auch. Wen interessieren denn noch die Bäume? Was wird dagegen unternommen, daß die Landesregierung Straßen in dieser Wildnis mit dem Geld der Steuerzahler baut und das Holz dann unter Marktwert verscherbelt? Oder die herrlichsten Gegenden hier gegen nutzloses Land an einer anderen Stelle eintauscht, nur um die Grundstücksmakler glücklich zu machen.

Du glaubst wahrscheinlich, daß etwas Mystisches in diesem Tal vor sich geht. Warum auch nicht? Wir würden uns alle freuen, wenn etwas Mystisches in unserem Dasein vor sich gehen würde, besonders wenn wir an die stetige Verschlechterung unserer Lebensqualität denken. Aber leider spielt sich absolut nichts Wundersames ab. Wir sind nur Tiere, die unglücklicherweise mit genügend Intelligenz ausgestattet worden sind, um zu kapieren, daß wir leben und irgendwann sterben, aber ohne jemals zu begreifen, warum eigentlich. Da können wir uns alles Erdenkliche einreden und wünschen; die existentielle Tatsache ist und bleibt die, daß wir den Sinn nicht kennen.«

Ich drehte mich erneut zu ihm um. »Du glaubst an keine Form der Spiritualität? Wirklich nicht?«

Er lachte. »Falls es einen Gott gibt, muß es sich um ein unvorstellbar grausames Monster handeln. Es gibt keine spirituelle Kraft, die alles aus dem Hintergrund regiert. Wie denn auch! Schau dich doch um auf der Welt! Welche höhere oder göttliche Kraft würde ein solches Jammertal hervorbringen, wo Kinder durch Erdbeben und sinnlose Verbrechen und an Hungersnöten sterben, während die Restaurants jeden Tag tonnenweise Nahrung in den Abfall werfen.«

Er besann sich und fügte dann hinzu: »Obwohl es vielleicht genau so sein muß. Vielleicht ist genau das der göttliche Plan, und die »Endzeit«-Propheten haben recht. Sie glauben fest daran, daß das Erdendasein nur eine Prüfung ist, bei der Gott herausfinden will, wer seinen Glauben verliert und wer nicht. Ein göttlicher Plan, die menschliche Zivilisation zu vernichten, um die Frommen von den Gottlosen zu trennen.«

Er versuchte ein Lächeln aufzusetzen, das jedoch gleich wieder verschwand, als er sich in Gedanken verlor. Dann beschleunigte er seinen Schritt, um neben mir zu gehen. Wir waren bei der Wiesenlandschaft angekommen; von hier aus konnte ich den Krähenbaum eine Viertelmeile entfernt von uns erkennen.

»Weißt du, woran diese »Endzeit«-Anhänger in Wirklichkeit glauben?« erkundigte er sich. »Vor einigen Jahren habe ich einen langen Artikel über sie geschrieben, faszinierend.«

»Nein, ich weiß es nicht.« Ich ermunterte ihn, fortzufahren.

»Sie studieren sämtliche Prophezeiungen in der Bibel, speziell die Aussagen der Offenbarungsgeschichte. Sie glauben, daß jetzt die sogenannten *letzten Tage* gekommen sind, wo alle Prophezeiungen wahr werden. Grundsätzlich glauben sie folgendes: Die Zeit ist jetzt reif für die Wiederkunft Christi und den Beginn des Königreichs Gottes auf Erden. Aber vorher wird die Erde von einer Reihe von Kriegen, Naturkatastrophen und anderen apokalyptischen Ereignissen erschüttert, die allesamt in der Bibel beschrieben werden. Diese Endzeit-Anhänger kennen jede einzelne Vorhersage und beobachten die Entwicklungen überall auf der Welt, denn sie warten auf das nächste Ereignis auf dem Zeitplan.«

»Was ist das nächste Ereignis?« fragte ich.

»Ein Friedensvertrag im Mittleren Osten, der den Wiederaufbau des alten Tempels in Jerusalem ermöglichen soll. Und etwas später soll ein Ereignis stattfinden, bei dem die wahren Gläubigen, wer auch immer das sein mag, in Massen in einen Zustand der Verzückung geraten und einer nach dem anderen von der Erde in den Himmel hinaufgehoben werden.«

Ich blieb stehen und sah Joel an. »Sie glauben, daß die Menschen einfach nach und nach verschwinden?«

»Ja, das steht in der Bibel. Dann kommt die »große Drangsal«, eine siebenjährige Hölle für alle Lebewesen, die auf der Erde bleiben. Das Bestehende soll dabei mehr oder minder zusammenbrechen: Gewaltige Erdbeben zerstören die Weltwirtschaft, die Meere überfluten Küstenstädte, dazu kommen Aufstände, Kriminalität. Und dann soll ein Politiker aufsteigen, wahrscheinlich in Europa, der seinen Plan zur Wiederherstellung der Zivilisation anbietet, aber natürlich nur unter der Bedingung, daß ihm die absolute Führungsgewalt überlassen wird. Dazu gehört ein zentral gesteuertes elektronisches Wirtschaftssystem, das den Handel in nahezu allen Teilen der Erde koordiniert. Aber um sich diesem System anschließen und an den Vorteilen seiner Technologien teilhaben zu können, muß man sich dem Führer unterwerfen und einen Computerchip in die Hand einpflanzen lassen, über den sämtliche wirtschaftliche Aktivitäten registriert werden.

»Dieser politische Antichrist wird Israel zunächst beschützen und einen Friedenspakt aushandeln, um das Land später jedoch anzugreifen und einen Weltkrieg vom Zaun zu brechen, an dem die islamischen Nationen beteiligt sind, Rußland und schließlich auch China. In den Prophezeiungen heißt es, daß Israel kurz vor dem Fall von den himmlischen Heerscharen zum Sieg in diesem Weltkrieg geführt wird, worauf eine spirituelle, utopische Macht für die nächsten tausend Jahre auf der Erde regiert.«

Er räusperte sich und sah mich an. »Du kannst in jeden religiösen Buchladen gehen und dich umschauen, die sind voll von Kommentaren und Romanen über diese Prophezeiungen, und jeden Tag erscheinen neue Schriften zu dem Thema.«

»Meinst du, daß diese Endzeitpropheten recht haben?«

Er schüttelte den Kopf. »Nein. Die einzige Prophezeiung, die sich immer bewahrheitet, ist die, daß der Mensch von Habgier und Korruption regiert wird. Mag sein, daß irgendein Diktator Einfluß gewinnt und die Macht übernimmt, aber nur deshalb, weil er es verstanden hat, das generelle Chaos zu seinen Gunsten auszunutzen.«

»Meinst du, daß diese Prophezeiungen in irgendeiner Form eintreten könnten?«

»Das will ich nicht sagen, aber eins kann ich dir verraten: Wenn die Mittelklasse noch weiter zusammenbricht, wenn die Armen ärmer werden, die Kriminalität in den Stadtzentren zunimmt und sich auf die Vororte ausdehnt und wir außerdem noch von, nun sagen wir mal, einer Reihe größerer Naturkatastrophen heimgesucht werden und die Wirtschaft eine Zeitlang absackt, dann werden Banden von hungrigen Plünderern durch die Wohnbezirke ziehen und eine Massenpanik auslösen. Sollte jemand im Angesicht einer derartigen Gewaltverbreitung dann einen Vorschlag zu unserer Rettung machen und verlangen, daß wir dafür ein paar Zivilrechte aufgeben, ja, dann habe ich keinen Zweifel, daß wir darauf eingehen werden.«

Wir hielten an und tranken etwas Wasser aus meiner Flasche. Zwanzig Meter weiter stand der Krähenbaum.

Ich spitzte die Ohren; ein schwacher und doch eindeutig dissonanter Summton machte sich in weiter Ferne bemerkbar.

Joel beäugte mich mit zusammengekniffenen Augen. »Was ist? Hörst du etwas?«

Ich sah ihm direkt in die Augen. »Es ist ein merkwürdiges Geräusch, ein Summen, das auch andere wahrnehmen. Ich glaube es hat etwas mit einem Experiment zu tun, das hier in diesem Tal durchgeführt wird.«

»Davon habe ich noch nie gehört. Welche Art von Experiment? Wer soll dahinterstecken? Warum höre ich nichts?«

Ich war gerade im Begriff, ihm mehr zu erzählen, als wir von einem anderen Geräusch unterbrochen wurden. Wir horchten angestrengt.

»Das ist ein Auto«, sagte ich.

Zwei graue Jeeps näherten sich uns aus westlicher Richtung. Wir liefen hinter ein hochgewachsenes Dornengestrüpp und versteckten uns. Die Autos fuhren kaum fünfzig Meter von uns entfernt vorüber und verschwanden auf derselben südöstlichen Route, die der erste Jeep genommen hatte.

»Das gefällt mir nicht«, murrte Joel. »Wer war das?«

»Unter Garantie keine Forstwächter, und andere Fahrzeuge sind hier nicht zugelassen. Ich glaube eher, daß sie etwas mit dem Experiment im Nationalpark zu tun haben.«

Joel machte ein entsetztes Gesicht.

»Wenn du willst«, sagte ich, »kannst du einen direkteren Weg in die Stadt nehmen. Du marschierst einfach auf die Hügelkette dort im Südwesten zu. Dabei stößt du nach einer dreiviertel Meile auf einen Bach, dem du nach Westen bis zur Stadt zurück folgen kannst. Ich denke, du schaffst es, bevor es dunkel wird.«

»Kommst du nicht mit?«

»Nein. Ich gehe direkt nach Süden, bis zum Bachlauf, und warte dort noch eine Zeitlang auf meine Freundin.«

Er runzelte die Stirn und sagte: »Diese Leute können kein Experiment durchführen, ohne daß irgend jemand von der Forstwache darüber Bescheid weiß.«

»Das ist mir klar.«

»Du meinst, daß du im Grunde machtlos bist, stimmt's? Die Sache ist dir über den Kopf gewachsen.«

Ich antwortete nicht; quälende Angst durchfuhr mich.

Er lauschte noch einen Augenblick, dann ging er an mir vorbei und mit raschen Schritten ins Tal. Ein einziges Mal drehte er sich noch zu mir um und schüttelte den Kopf.

Ich blickte ihm nach, bis er die Graslandschaft überquert hatte und im gegenüberliegenden Wald verschwunden war. Eilends begab ich mich dann in Richtung Süden, wobei ich wieder an Charlene denken mußte. Was hatte sie hier gemacht? Wo mochte sie hingegangen sein? Es gab keine Antworten.

Unter Aufbietung all meiner Kräfte erreichte ich den Bachlauf in knapp dreißig Minuten. Die Sonne war jetzt völlig hinter Wolkenbändern am Horizont verschwunden, und die Dämmerung hüllte den Wald ringsum in ein unheimliches Grau. Ich war müde und schmutzig, und meine Stimmung war von Joels Geschichten und den Jeeps bis auf den Tiefpunkt gesunken. Womöglich hatte ich bereits genug Beweismaterial gesammelt, um die Polizei einzuschalten; vielleicht war das die beste Art, Charlene zu helfen. Mehrere Möglichkeiten gingen mir durch den Kopf, die alle meine sofortige Rückkehr in die Stadt rechtfertigten.

Da die Bäume zu beiden Seiten des Baches relativ dünn gesät waren, beschloß ich, durch das Wasser zu waten und meinen Weg im dichteren Wald fortzusetzen, obwohl ich wußte, daß dieses Gebiet Privateigentum war.

Auf der anderen Seite angelangt hielt ich abrupt inne: Das Geräusch eines weiteren Jeeps drang an mein Ohr, worauf ich zu laufen begann. Dreißig Meter vor mir stieg die von Felsbrocken und meterhohen Vorsprüngen geprägte Landschaft steil an. Nach hastigem Klettern erreichte ich den höchsten Punkt, wo ich Anlauf nahm, um einen Steinhaufen zu überspringen und rasch auf der anderen Seite zu landen. Als mein Fuß aufsetzte, rollte der oberste Steinbrocken weg, riß den Fuß unter mir fort, worauf sich der ganze Geröllhaufen in Bewegung setzte. Ich stürzte, prallte mit dem Beckenknochen gegen einen Vorsprung und landete in einer Felsenrinne, während mir lose Steine hinterherstürzten. Einige hatten fast einen halben Meter Durchmesser, und ich sah sie unaufhaltsam auf meine Brust zufliegen. Mir blieb gerade noch genug Zeit, mich auf die linke Seite zu wälzen und meine Arme hochzureißen, denn es war klar, daß ich nicht rechtzeitig aufspringen und mich in Sicherheit bringen konnte.

Aus den Augenwinkeln sah ich noch, wie etwas flüchtiges Weißes sich vor mein Gesicht schob. Gleichzeitig überkam mich eine eigenartige Gewißheit, daß die größeren Brocken meinen Körper verfehlen würden. Ich hörte sie zu beiden Seiten von mir mit lautem Krachen aufprallen. Langsam öffnete ich die Augen, blinzelte durch die Staubwolken hindurch und wischte Dreck und Steinchen von meinem Gesicht. Die Felsbrocken hatten mich haarscharf zu beiden Seiten eingerahmt. Wie war so etwas möglich? Was war dieses weiße Etwas?

Einen Augenblick schaute ich mich um, dann fiel mir eine kaum wahrnehmbare Bewegung hinter einem der Steine auf. Vorsichtig trat ein Rotluchsjunges dahinter hervor und starrte mir direkt in die Augen. Das kleine, wilde Tier war alt genug, um davonzuspringen, aber es blieb stehen und blickte mich unverwandt an.

Nur das Geräusch des herannahenden Autos half dem Rotluchs auf die Sprünge, und er verschwand im nahen Wald. Ich sprang ebenfalls auf und hastete davon, bis ich nach ein paar Schritten auf einem anderen Stein umknickte. Ein rasender Schmerz fuhr mir das Bein hinauf, während mein Fuß den Halt verlor. Ich sank zu Boden und kroch die letzten Meter in den Wald, bis hinter eine riesige Eiche, während das Auto den Bach erreichte, seine Fahrt für ein paar Minuten verlangsamte und dann erneut nach Südosten davonbrauste.

Mit wild pochendem Herzen setzte ich mich auf und zog meinen Stiefel aus, um mein Fußgelenk zu inspizieren. Es war bereits leicht angeschwollen. Warum? fragte ich mich. Während ich mein Bein mühsam ausstreckte, entdeckte ich eine Frau, die mich aus einiger Entfernung beobachtete. Ich blieb wie gelähmt sitzen, als sie auf mich zukam.

»Brauchen Sie Hilfe?« fragte sie teilnahmsvoll, aber zurückhaltend. Sie war hochgewachsen, dunkelhäutig, um die Vierzig und trug einen bequemen Trainingsanzug und Tennisschuhe. Dunkle Haarsträhnen hatten sich aus ihrem Pferdeschwanz gelöst und flatterten im Wind um ihre Schläfen. In der Hand hielt sie einen kleinen grünen Rucksack.

»Ich habe da hinten gesessen und Sie fallen sehen«, erklärte sie. »Sie haben unverschämtes Glück; ich bin nämlich Ärztin. Soll ich mir das mal ansehen?« Sie deutete auf mein Fußgelenk.

»Ich wäre Ihnen ungeheuer dankbar«, antwortete ich unter leichtem Schwindel. Welch eine Fügung!

Sie kniete sich auf den Boden und nahm meinen Fuß behutsam in die Hand, während sie das Terrain in Bachnähe mit den Augen absuchte. »Sind Sie allein unterwegs?«

Ich erwähnte nur, daß ich nach Charlene suchte, ließ alles weitere jedoch aus. Sie erklärte, daß sie niemanden gesehen habe, auf den meine Beschreibung zutraf. Während sie sprach und sich als Maya Ponder vorstellte, gelangte ich zu der Überzeugung, daß man ihr vollkommen vertrauen konnte. Ich sagte ihr meinen Namen und wo ich herkam.

Als ich geendet hatte, sagte sie: »Ich komme aus Asheville, aber mein Partner und ich haben vor kurzem eine Klinik ein paar Meilen südlich von hier eröffnet. Außerdem gehören uns die zehn Morgen Land hier, wo das Tal in den Nationalpark übergeht.« Sie deutete auf das Land ringsumher. »Und weitere zehn Morgen hinter den Felsen im Süden.«

Ich öffnete eine Seitentasche meines Rucksacks und zog meinen Wasserbehälter heraus.

»Darf ich Ihnen einen Schluck Wasser anbieten?«

»Nein, danke, ich bin versorgt.« Sie öffnete ihren Rucksack, holte eine Plastikflasche heraus und schraubte den Deckel ab. Anstatt zu trinken, goß sie Wasser auf ein Tuch und wickelte es um meinen Fuß, wobei ich mein Gesicht schmerzlich verzog.

Sie blickte zu mir auf. »Sie haben sich das Fußgelenk verstaucht.«

»Wie schlimm ist es?« fragte ich.

Sie zögerte. »Was meinen Sie?«

»Weiß nicht. Das werden wir sehen, wenn ich darauf herumlaufe.«

Ich versuchte aufzustehen, aber sie hielt mich zurück. »Augenblick mal. Bevor du auftrittst, solltest du deine innere Haltung genauer analysieren.« Sie war unversehens zum Du übergegangen. »Wie schlimm ist die Verletzung deiner Meinung nach?«

»Wie meinst du das?«

»Ich meine, daß die Dauer der Heilung zumeist davon abhängt, was *du* meinst, nicht ich.«

Ich blickte auf mein Fußgelenk hinab. »Ich glaube, ich habe mich ziemlich schlimm verletzt. Falls das wahr ist, muß ich zusehen, wie ich in die Stadt zurückkomme.«

»Und dann?«

»Was weiß ich. Wenn ich nicht laufen kann, muß ich jemanden finden, der nach Charlene sucht.«

»Hast du eine Ahnung, warum dieser Unfall gerade jetzt passiert ist?«

»Nein. Warum fragst du?«

»Wie gesagt, die persönliche Haltung gegenüber dem Grund eines Unfalls oder einer Krankeit hat in vielen Fällen einen Einfluß auf die Heilung.«

Ich schaute sie durchdringend an, im vollen Bewußtsein meiner Widerspenstigkeit. Etwas in mir war der Ansicht, daß ich momentan keine Zeit für derartige Diskussionen hatte. In Anbetracht der Gesamtsituation kamen mir diese Überlegungen viel zu selbstbezogen vor. Obwohl das Summen verstummt war, mußte ich davon ausgehen, daß das Experiment fortgesetzt wurde. Meine Lage war äußerst prekär, und bald würde die Dunkelheit hereinbrechen …, und Charlene mochte die ganze Zeit in Lebensgefahr schweben. Zu alledem empfand ich ein eigentümliches Schuldbewußtsein Maya gegenüber. Aber warum eigentlich? Ich versuchte das Schuldgefühl zu ignorieren.

»Was ist dein medizinisches Fachgebiet, Maya?« fragte ich und trank einen Schluck Wasser.

Zum erstenmal lächelte sie, und ich merkte, wie ihre Energie anstieg. Jetzt hatte auch sie sich dazu entschlossen, mir zu vertrauen.

»Erlaube mir, die Frage etwas genauer zu beantworten«, begann sie. »Die Medizin verändert sich, und zwar sehr rasch. Wir betrachten den Körper nicht länger als eine Maschine mit zusammenhangslosen Teilen, die irgendwann ausleiern und repariert oder ersetzt werden müssen. Wir sehen jetzt immer deutlicher, daß unsere körperliche Gesundheit in hohem Maße von geistigen Vorgängen bestimmt wird: was wir über das Leben und besonders uns selber denken – und zwar sowohl bewußt wie unbewußt.

Damit findet eine fundamentale Umwandlung statt. Früher war der Arzt der Fachmann und Heiler und der Patient ein passiver Empfänger, der hoffte, daß der Doktor wußte, was er tat. Heute wissen wir, daß die innere Einstellung des Patienten ausschlaggebend ist. Einer der wichtigsten Faktoren ist Angst, verknüpft mit Streß, und die Art, wie wir damit umgehen. In manchen Fällen wird die Angst bewußt erlebt, aber vielfach wird sie vollkommen unterdrückt.

Das ist die tapfere Macho-Haltung: Du leugnest dein Problem, weist es von dir und gibst dich heroisch. Mit dieser Einstellung frißt die Angst uns unbewußt immer weiter auf. Eine positive Sichtweise ist sehr wichtig, wenn wir gesund bleiben wollen, aber diese Haltung muß mit vollem Bewußtsein eingenommen werden und kann nur durch Liebe, nicht durch aufgesetzte Tapferkeit zu einem vollen Heilerfolg führen. Ich glaube, daß unsere uneingestandenen Ängste den Energiefluß in unserem Körper blockieren oder abschnüren, und daß diese Blockierungen letztlich zu Gesundheitsproblemen werden. Die Ängste manifestieren sich in immer größerem Maße, bis wir uns endlich direkt mit ihnen befassen. Physische Probleme sind nur der letzte Schritt auf dem Weg in die Manifestation. Im Idealfall kümmert man sich frühzeitig um die Blockierungen – vorbeugend –, bevor eine Krankheit auftritt.«

»Meinst du, daß sämtliche Krankheiten eines Tages von vornherein verhütet oder geheilt werden können?«

»Ja. Natürlich werden wir weiterhin unterschiedlich lange leben, darüber hat der Schöpfer wohl letzten Endes zu entscheiden, aber wir müßten nicht krank sein oder so vielen Unfällen zum Opfer fallen.«

»Mit anderen Worten, diese Erkenntnisse treffen auch auf Unfälle wie meine Verstauchung zu, nicht nur auf Krankheiten.«

Sie lächelte. »Ja, in vielen Fällen.«

Ich wußte nicht, was ich damit anfangen sollte, und sagte: »Maya, es tut mir leid, aber im Moment kann ich mich nicht ernsthaft mit solchen Dingen auseinandersetzen. Meine Freundin macht mir Sorgen, und ich muß etwas unternehmen!«

»Ich weiß, aber ich glaube nicht, daß dieses Gespräch lang dauern wird«, gab sie zurück. »Wenn du zu eilfertig bist und meine Worte abtust, könnte es sein, daß dir die Bedeutung einer offensichtlichen Schicksalsfügung entgeht.« Sie studierte meine Reaktion, um zu sehen, ob mir ihr Hinweis auf das Manuskript entgangen war.

»Du kennst die Erkenntnisse?« fragte ich.

Sie nickte.

»Was soll ich deiner Meinung nach tun?«

»Eine meiner erfolgreichsten Methoden ist folgende: Zuerst erinnert man sich an das, was man genau vor irgendeinem Gesundheitsproblem – in deinem Fall die Fußverstauchung – gedacht hat. Welche Art von Gedanken gingen dir durch den Kopf? Welche Art von Angst wird dir durch diese Verletzung offenbart?«

Ich dachte einen Augenblick lang zurück und sagte: »Ich war verängstigt, zwiespältig in meinen Gedanken. Die Situation hier im Tal kam mir sehr viel unheimlicher vor, als ich bis dahin vermutet hatte. Ich konnte nicht mehr damit fertig werden. Andererseits wußte ich, daß Charlene womöglich Hilfe braucht. Ich war verwirrt und wußte nicht mehr, was ich machen sollte.«

»Deshalb hast du dir das Fußgelenk verstaucht?«

Ich beugte mich zu ihr vor. »Du meinst, ich habe mich selber sabotiert, damit ich aus gutem Grund nicht mehr aktiv werden mußte? Ist das nicht etwas zu einfach?«

»Das mußt du wissen, nicht ich. Oft ist es allerdings sehr einfach. Davon abgesehen ist es am wichtigsten, sich weder zu verteidigen noch etwas beweisen zu wollen. Spiele einfach damit. Versuche, dich an alle Einzelheiten deiner Beweggründe vor dem Sturz zu erinnern. Begib dich auf eine Entdeckungsreise.«

»Wie mache ich das?«

»Du mußt deinen Geist entspannen und diese Informationen empfangen.«

»Intuitiv?«

»Intuitiv, andächtig, wie auch immer du den Vorgang beschreiben willst.«

Wieder spürte ich die innere Auflehnung, denn ich wußte nicht, ob es mir gelingen würde, mich geistig zu entspannen und meine Gedanken loszulassen. Schließlich machte ich die Augen zu, worauf der Gedankenstrom einen Moment lang aussetzte, doch unmittelbar darauf drängten sich eine Reihe von Erinnerungen an Wil und die Ereignisse des Tages ins Bewußtsein. Ich ließ sie vorbeiziehen und versuchte erneut loszulassen. Unverzüglich sah ich eine Szene aus meiner Kindheit vor mir: Ich war zehn Jahre alt und hinkte mitten in einem Rugbyspiel vom Feld, obwohl ich in keiner Weise verletzt war. Aha! dachte ich. Schon damals habe ich Fußverstauchungen vorgetäuscht, und zwar jedesmal, wenn ich den Leistungsdruck nicht mehr ertragen konnte. Diese Erinnerungen hatte ich vollkommen verdrängt. Und später verstauchte ich mir den Fuß tatsächlich bei den unterschiedlichsten Anlässen! Als ich darüber nachdachte, stieg eine andere Erinnerung blitzartig auf: eine verschwommene Szene, in der ich zu einer anderen Zeit in einem dunklen, nur von einer einzigen Kerze erhellten Raum arbeitete und mich sicher, in gewisser Hinsicht sogar beflügelt fühlte, bis die Tür von außen aufgebrochen und ich gepackt und davongeschleift wurde.

Ich öffnete die Augen und schaute Maya an. »Vielleicht habe ich etwas herausgefunden.«

Ich erzählte ihr von meiner Kindheitserinnerung, aber die andere Vision behielt ich für mich. Sie war zu undeutlich gewesen, um sie zu beschreiben.

Danach fragte Maya: »Gut, und was denkst *du* darüber?«

»Ich weiß nicht; meine Verstauchung mag ein purer Zufall gewesen sein. Ich kann mir nur schwer vorstellen, daß der Unfall einem Bedürfnis entsprang, meiner momentanen Situation auszuweichen. Außerdem bin ich schon in weitaus schlimmerer Bedrängnis gewesen und habe mir den Knöchel trotzdem nicht verstaucht. Warum ausgerechnet jetzt?«

Sie blickte mich gedankenvoll an. »Wer weiß? Vielleicht wird es Zeit, daß du diese Zusammenhänge endgültig durchschaust. Unfälle, Krankheiten und Heilungen sind viel mysteriöser, als wir gemeinhin annehmen. Ich glaube, wir verfügen über eine noch völlig unerforschte Fähigkeit, zukünftige Ereignisse zu beeinflussen, und dazu gehört auch unsere zukünftige Gesundheit – obwohl das in der Macht des individuellen Patienten liegt.

Es hat seinen Grund, warum ich keine Meinung über den Grad deiner Verletzung geäußert habe. Man hat nämlich festgestellt, daß ärztliche Meinungen nur mit größter Zurückhaltung ausgesprochen werden dürfen. In den letzten Jahrhunderten hat man die Ärzte immer mehr vergöttert – jede Bemerkung von ihnen wurde wie das Amen in der Kirche nachgebetet. Die Landärzte des vorigen Jahrhunderts wußten das und haben in jedem Krankheitsfall ein übertrieben rosiges Bild entworfen, denn wenn der Doktor erklärt hatte, daß der Patient bald vollauf genesen würde, hat der Kranke die Idee in vielen Fällen innerlich so tief akzeptiert, daß er jeder Wahrscheinlichkeit zum Trotz wieder gesund wurde. Aber später haben wir diese Praktiken aus ethischen Gründen abgelehnt, denn man gelangte ganz allgemein zu der Überzeugung, daß jeder Patient das Recht auf eine ungeschminkte, wissenschaftlich fundierte Prognose hat.

Nur starben manche Patienten unter unseren Händen, weil irgendein Arzt ihren Fall für aussichtslos erklärt hatte. Daß der Geist des Menschen über unermeßliche Kräfte verfügt und wir sehr vorsichtig mit unseren Prognosen umgehen müssen, ist inzwischen unbestritten. Jetzt geht es darum, dieser Geisteskraft eine positive

Richtung zu geben. Der Körper ist fähig, sich auf geradezu unfaßbare Weise immer wieder zu regenerieren. Körperteile, die früher für solide Materie gehalten wurden, sind bei näherer Untersuchung nichts anderes als Energiesysteme, die über Nacht transformiert werden können. Hast du von der neuesten Untersuchung über die Kraft der Gebete gehört? Die bloße Tatsache, daß die Wissenschaft dieser Form der rein geistigen Hinwendung jetzt eine nachweisliche Wirkung attestiert, untergräbt das gesamte Fundament unserer herkömmlichen physischen Heilverfahren ... Wir müssen uns ein völlig neues Denkmodell schaffen.«

Sie schwieg, während sie frisches Wasser auf das Handtuch über meinem Knöchel goß, dann fuhr sie fort: »Meiner Ansicht nach besteht der erste Schritt darin, daß wir der Angst auf die Spur kommen, die mit dem jeweiligen Gesundheitsproblem verknüpft ist; dadurch wird die energetische Blockierung im Körper bewußt aufgelöst, worauf der Heilprozeß beginnen kann. Der nächste Schritt besteht darin, sich mit soviel Energie wie möglich aufzuladen und diese dann bewußt auf die blockierte Stelle zu richten.«

Ich wollte gerade fragen, wie ich ihren Rat umsetzen sollte, aber sie unterbrach mich: »Fang an, dein Energieniveau soweit wie möglich zu steigern.«

Folgsam richtete ich mein Augenmerk auf die Schönheit der Umgebung und versenkte mich dabei tiefer in mein Inneres, worauf ich ein erhebendes Gefühl großer Liebe empfand. Die Farben wirkten allmählich etwas lebhafter, und alles in meinem Blickfeld wurde lichter. Ich spürte, daß Maya ihre Energie zur selben Zeit ebenfalls erhöhte.

Als ich meinte, meine Schwingungen hätten einen momentanen Höhepunkt erreicht, schaute ich sie erwartungsvoll an.

Sie lächelte mich an. »Na gut, jetzt kannst du deine Energie auf die Blockierung konzentrieren.«

»Wie geht das?«

»Du benutzt deinen Schmerz. Deshalb ist er da, damit du die genaue Stelle wahrnehmen kannst.«

»Was? Man soll seine Schmerzen doch loswerden!«

»Das haben wir leider immer gedacht, aber Schmerzen sind in Wirklichkeit Wegweiser.«

»Wegweiser?«

»Ja.« Sie tastete meinen Fuß an mehreren Stellen ab. »Wie weh tut es jetzt?«

»Es ist ein pochender Schmerz, aber nicht allzu schlimm.«

Sie entfernte das Handtuch. »Konzentriere deine Aufmerksamkeit auf den Schmerz, und fühle ihn so tief wie möglich. Finde die genaue Stelle, von der der Schmerz ausgeht.«

»Ich weiß, wo der Ausgangspunkt ist. In meinem Fußgelenk.«

»Gut, nur ist das Fußgelenk verhältnismäßig groß. Wo ganz genau?«

Ich spürte dem Pochen nach. Sie hatte recht. Ich hatte den Schmerz generell auf das ganze Fußgelenk bezogen. Aber nun, da mein Bein ausgestreckt dalag und meine Zehen nach oben zeigten, ballte der Schmerz sich links über dem Knöchel, etwa zwei Zentimeter Richtung Beininnenseite.

»Okay«, sagte ich. »Ich habe die genaue Stelle gefunden.«

»Jetzt richte deine gesamte Aufmerksamkeit auf den Punkt. Verlagere dein ganzes Sein an diese Stelle.«

Wir schwiegen minutenlang. Ich fühlte die Stelle in meinem Knöchel mit unausgesetzter Konzentration. Dabei fiel mir auf, daß alle anderen Wahrnehmungen – das Atmen, die Stellung meiner Arme und Hände, der klebrige Schweiß auf meinem Nacken – erstaunlich weit in den Hintergrund traten.

»Versenke dich vollkommen in den Schmerz hinein«, forderte sie mich auf.

»Mache ich. Alles klar.«

»Wie fühlt sich der Schmerz jetzt an?«

»Er ist noch vorhanden, hat sich aber irgendwie verändert. Er wird jetzt wärmer, weniger unangenehm, mehr wie ein Kribbeln.« Während ich die Worte aussprach, verwandelte sich der Schmerz wieder in ein drängendes Pochen.

»Wie ist das möglich?« fragte ich.

»Ich glaube, daß der Schmerz uns auch noch andere Dinge sagt, als daß da etwas nicht stimmt.« Er zeigt uns nämlich auch sehr genau, wo unsere Schwachstellen liegen, so daß wir ihm wie einem Wegweiser in unseren Körper hinein folgen und unsere Aufmerksamkeit und Energie auf die richtige Stelle lenken können. Es ist, als könnten Schmerzen und unsere gebündelte Aufmerksamkeit nicht gleichzeitig denselben Platz einnehmen. Natürlich können wir bei starken Schmerzen, die eine punktgenaue Konzentration unmöglich machen, ein Betäubungsmittel nehmen, aber auch dann halte ich es für das beste, eine Spur von Schmerz unbetäubt zu lassen, damit der Wegweisereffekt benutzt werden kann.« Sie hielt inne und schaute mich an.

»Und was mache ich als nächstes?« fragte ich.

»Als nächstes durchflutest du die Stelle, die dir vom Schmerz gezeigt worden ist, mit höherer, göttlicher Energie und machst dir klar, daß die Liebe sämtliche Zellen an der Stelle in ihren ursprünglichen Zustand der absoluten Vollkommenheit versetzt.

Ich starrte sie nur an.

»Mach schon«, sagte sie. »Verbinde dich wieder mit der Kraft. Dann führe ich dich durch den Prozeß.«

Als ich bereit war, nickte ich.

»Fühle den Schmerz mit deinem ganzen Sein«, begann sie. »Und nun siehst du bildhaft, wie deine Liebesenergie direkt in den Kern des Schmerzes vordringt und die genaue Stelle in deinem Körper mitsamt den Atomen auf eine höhere Schwingungsebene hinaufhebt. Sieh, wie die Teilchen mit einem Quantensprung in das reine Energiemuster zurückspringen, der ihr optimaler Naturzustand ist. Fühle ein Prickeln an der Stelle, während die Schwingungsfrequenzen gesteigert werden.«

Nachdem sie eine volle Minute geschwiegen hatte, begann sie von neuem: »Und nun – ohne deine Aufmerksamkeit von der Schmerzstelle abzulenken – fühle, wie diese prickelnde Energie allmählich durch beide Beine nach oben steigt … durch deine Beckengegend ... in den Magen und die Brust ... und schließlich in deinen Hals und Kopf. Spüre, wie dein Körper von unten bis oben mit dem Prickeln dieser höheren Vibration überflutet wird. Mit deinem inneren Auge siehst du nun, daß jedes Organ seine Funktion mit optimaler Kapazität erfüllt.«

Ich folgte ihren Anweisungen aufs Wort, und mein Körper fühlte sich nach wenigen Momenten tatsächlich leichter und energiegeladener an. Etwa zehn Minuten verweilte ich in dem Zustand, dann öffnete ich die Augen und schaute mich nach Maya um.

Inzwischen wurde es langsam dunkel, und Maya war dabei, mein Zelt mit Hilfe einer Taschenlampe auf einer ebenen Stelle zwischen zwei Pinien aufzuschlagen. Sie blickte zu mir herüber und fragte: »Geht es dir besser?«

Ich nickte.

»Verstehst du den Vorgang soweit?«

»Ich glaube schon. Ich habe meine Energie auf die Schmerzen gerichtet.«

Sie hielt in ihrer Arbeit inne und sagte: »Ja, aber was wir vorher gemacht haben, war genauso wichtig. Du fängst immer erst damit an, die Bedeutung deiner Verletzung oder Krankheit zu ergründen, und siehst, welche inneren Ängste dir durch den Vorfall vor Augen geführt werden: Ängste, die dein Fortkommen im Leben behindern und über deinen Körper in Erscheinung treten. Dadurch wird die von Angst blockierte Stelle geöffnet, so daß deine Vorstellungskraft ungehindert in den Bereich eindringen kann.

Nachdem die Blockierung gelöst worden ist, benutzt du den Schmerz als Wegweiser und erhöhst die Schwingungen in dem Bereich und danach im gesamten Körper. Aber am wichtigsten ist, daß du den Ursprung der Angst erkennst. Wenn der Ursprung einer Krankheit oder Verletzung sehr tief liegt, muß man auf Hypnose oder längere Intensivtherapien zurückgreifen.«

Daraufhin erzählte ich ihr von dem mittelalterlichen Szenenbild, bei dem die Tür aufgebrochen wurde und ich gesehen hatte, wie man mich davonschleifte.

Sie sah mich nachdenklich an. »In manchen Fällen liegt die Ursache einer Blockierung sehr weit zurück. Aber wenn du den Bildern nachspürst und der Angst, die dich zurückhält, immer mehr auf den Grund gehst, gelangst du normalerweise zu einem tieferen Verständnis deiner Person und siehst, worum es in deiner momentanen Lebenszeit hier auf Erden geht. Und damit hast du die Vorarbeit für den letzten und meines Erachtens wichtigsten Schritt in dem Heilprozeß getan. Das Allerwichtigste ist, sich daran zu *erinnern,* was man eigentlich in diesem Leben bewerkstelligen will. Die wahre Heilung findet statt, wenn wir eine neuartige, aufregende Zukunft für uns voraussehen. Es ist die *Inspiration,* die uns bei guter Gesundheit hält. Die Leute werden nicht geheilt, damit sie mehr Zeit vor dem Fernsehapparat verbringen können.«

Ich sah sie einen Moment lang an und sagte dann: »Du hast vorhin etwas über die Wirksamkeit des Betens gesagt. Wie betet man am besten für einen leidenden Menschen?«

»Wir wissen es noch nicht genau. Es hat etwas mit dem Vorgang zu tun, der in der Achten Erkenntnis beschrieben wird. Wir senden die Liebe und Kraft, die uns von der göttlichen Quelle zur Verfügung gestellt wird, zu dem Leidenden und stellen uns dabei vor, daß die Person sich daran erinnert, was sie sich in Wirklichkeit für dieses Leben vorgenommen hat. Nun kann es natürlich sein, daß die Person dabei erkennt, daß es Zeit wird, in die andere Dimension zurückzugehen. In solchen Fällen, müssen wir ihren Entschluß akzeptieren.«

Als das Zelt aufgebaut war, fügte Maya noch hinzu: »Aber vergiß nicht, daß meine Methoden im Zusammenhang mit den besten traditionellen Heilverfahren benutzt werden sollen. Wenn wir näher bei meiner Klinik wären, würde ich dich gründlich untersuchen, aber in Anbetracht der Situation rate ich dir, die Nacht lieber hier zu verbringen, falls du nichts dagegen hast. Es ist wohl besser, wenn du deinen Fuß stillegst.«

Ich sah ihr dabei zu, wie sie meinen Gaskocher aufbaute, ihn in Gang setzte und eine Tütensuppe zubereitete. »Ich gehe in die Stadt zurück und hole eine Schiene für deinen Knöchel und ein paar andere Dinge, die wir vielleicht brauchen können, dann komme ich wieder, um nach dir zu sehen. Ein Funksprechgerät wäre gut, damit wir im Falle eines Falles um Hilfe rufen können.«

Ich nickte.

Sie goß den Inhalt ihrer Wasserflasche in meine und schaute mich an. Hinter ihr erlosch der letzte Lichtstreifen am westlichen Horizont.

»Wie weit ist deine Klinik von hier entfernt?« fragte ich.

»Etwa vier Meilen in Richtung Süden«, antwortete sie. »Hinter der Hügelkette. Aber von dort aus führt kein Weg ins Tal; der einzige Zugang führt über die Landstraße, die direkt am südlichen Stadtende herauskommt.«

»Wie kommt es, daß du dich hier aufgehalten hast?«

Sie lächelte und wirkte dabei leicht verlegen. »Das ist eine komische Geschichte. Letzte Nacht hatte ich einen Traum, in dem ich ins Tal gewandert bin, und heute morgen habe ich dann beschlossen, genau das zu tun. Ich habe in letzter Zeit sehr hart gearbeitet und brauchte etwas Ruhe, um mich darauf zu besinnen, was ich mit meiner Klinik eigentlich bewerkstelligen will. Mein Partner und ich haben langjährige Erfahrungen mit alternativen Heilverfahren gesammelt, unter anderem in der chinesischen Medizin, Kräuterkunde und so fort, uns stehen die Ressourcen der traditionellen Medizin in jedem Winkel der Welt über Computer zur Verfügung. Seit Jahren habe ich davon geträumt, eine solche Klinik zu gründen.«

Sie überlegte einen Moment und sagte dann: »Bevor du aufgetaucht bist, habe ich dort drüben gesessen, und dabei ist meine Energie auf einmal hochgeschossen. Plötzlich meinte ich, meine gesamte Lebensgeschichte vor mir zu haben, jede einzelne Erfahrung, angefangen mit meiner frühen Kindheit bis hin zum gegenwärtigen Moment, lag deutlich vor mir ausgebreitet. Es war die klarste Erfahrung mit der Sechsten Erkenntnis, die ich je gehabt habe.

Alles, was ich erlebt habe, war eine Vorbereitung«, fügte sie leise hinzu. »Ich bin in einer Familie aufgewachsen, in der die Mutter sich ihr Leben lang mit chronischen Krankheiten herumgeschlagen hat, ohne sich jemals an ihrer eigenen Heilung zu beteiligen. Zu der Zeit wußten die Ärzte es noch nicht besser, aber für mich war ihre Weigerung, ihren eigenen Ängsten auf den Grund zu gehen, eine ständige Irritation, deshalb interessierte ich mich schon als Kind für jede neue Information über Diätkost, Vitamine, Streßsymptome, Meditation und ihre Rolle für die Gesundheit und versuchte, meine Mutter von ihrer möglichen Wirkung zu überzeugen. Als Teenager überlegte ich mir andauernd, ob ich in den Kirchendienst treten oder eine Ärztin werden sollte. Merkwürdig ..., ich fühlte mich getrieben, als müßte ausgerechnet ich herausfinden, welche Rolle die Erkenntnis und der Glaube bei der Zukunftsgestaltung und Heilung spielen.

Und mein Vater«, fuhr sie fort, »nun ja, das war eine ganz andere Sache. Wissenschaftler, ein Biologe, der nie ein Wort über seine Forschungsergebnisse verloren hat, außer in seinen akademischen Schriften. ›Reine Forschung‹, nannte er das. Seine Kollegen behandelten ihn wie einen Gott. Er war unnahbar, die ultimative Autorität. Ich war schon erwachsen und er bereits an Krebs gestorben, als ich sein wahres Interessengebiet entdeckte: das Immunsystem, speziell die Frage, inwiefern Lebenslust und Lebensfreude die menschlichen Abwehrkräfte steigern. Mit anderen Worten, genau das, was mich fasziniert.

Mein Vater war der erste, der die Beziehung zwischen diesen beiden Dingen erkannt hat, obwohl mittlerweile alle Forschungsergebnisse darüber berichten. Leider habe ich nie mit ihm darüber sprechen können. Am Anfang habe ich mich dauernd gefragt, warum ich zu so einem Vater gekommen bin. Aber irgendwann habe ich die Tatsache akzeptiert, daß meine Eltern genau die richtige Kombination von Eigenschaften und Interessen mitbrachten, um meine eigene Entwicklung zu fördern. Deshalb wollte ich die erste Zeit meines Lebens mit ihnen verbringen. Von meiner Mutter habe ich gelernt, daß jeder die Verantwortung für die eigene Heilung übernehmen muß. Wir können es nicht einfach auf andere abschieben. Grundsätzlich ist eine Heilung ein Durchbrechen der Ängste, die mit dem Erdendasein einhergehen – Ängste, mit denen wir uns nicht konfrontieren wollen. Und dieser Durchbruch führt uns zu unserer ureigenen Inspiration, einer Zukunftsvision, an der wir mitarbeiten sollen, denn deshalb sind wir hier.

Mein Vater hat mir klargemacht, daß die Medizin humaner werden muß, sie muß die Intuition und Vision der ärztlich behandelten Menschen in Betracht ziehen. Wir müssen von unserem Elfenbeinturm herunterkommen. Die Kombination meiner beiden Eltern hat mich veranlaßt, nach einem neuen medizinischen Leitbild zu suchen: einem Paradigma, das die Fähigkeit jedes Patienten, sein eigenes Leben in die Hand zu nehmen und zum richtigen Weg zurückzufinden, berücksichtigt. Das ist meine Botschaft: die Idee, daß wir tief im Innern wissen, wie und was wir zu unserer Selbstheilung beitragen müssen, sowohl physisch als auch emotional. Die Inspiration kann uns beflügeln, eine idealere Zukunft zu gestalten, und wenn wir das tun, dann geschehen *Wunder*.«

Sie stand auf, warf einen Blick auf meinen Knöchel und dann auf mich. »Ich gehe jetzt«, erklärte sie. »Sieh zu, daß du deinen Fuß nicht belastest. Du brauchst viel Ruhe. Morgen früh bin ich wieder da.«

Ich muß wohl etwas ängstlich dreingeblickt haben, denn sie kniete sich noch einmal neben mich und legte beide Hände auf mein Fußgelenk. »Keine Sorge«, sagte sie, »mit genug Energie kann alles geheilt werden – der Haß ... die Gewalt, alles. Man muß sich nur auf die richtige Vision besinnen.« Behutsam rieb sie meinen Fuß zwischen den Händen und murmelte: »Das kann geheilt werden. Das kann geheilt werden.«

Sie schenkte mir ein Lächeln, dann drehte sie sich um und ging davon.

Ich spürte einen plötzlichen Drang, hinter ihr herzurufen, ihr von meinen Erlebnissen in der anderen Dimension zu erzählen, von den

Offenbarungen über die Angst und die Gruppe, die sich hier wiederfinden sollte, aber ich blieb von Erschöpfung übermannt liegen, zufrieden, ihr nur beim Davongehen durch die Bäume zusehen zu dürfen. Morgen früh ist früh genug, dachte ich bei mir …, denn ich wußte genau, wer diese Frau war.

Erinnern

Am nächsten Morgen wurde ich abrupt aus dem Schlaf gerissen: Der schrille Ruf eines Habichts hoch in den Lüften über mir schreckte mich auf. Eine Zeitlang horchte ich nur und stellte mir sein erhabenes Gleiten vor. Er stieß noch einen Schrei aus, dann war alles still. Ich beugte mich vor und lugte durch einen Spalt in der Zeltklappe. Die Luft war warm, trotz eines bewölkten Himmels; eine leichte Brise strich durch die Baumwipfel. Das Summen war nicht zu hören.

Ich streifte mir Shorts über und kramte Stretchbandagen aus meinem Rucksack hervor, die ich mit großer Sorgfalt und so fest wie möglich um mein Fußgelenk wickelte. Da ich kaum Schmerzen empfand, kroch ich ganz aus dem Zelt und richtete mich draußen auf. Vorsichtig verlagerte ich einen Teil meines Gewichts auf den Fuß und trat behutsam auf. Der Knöchel fühlte sich zwar noch geschwächt an, aber wenn ich leicht hinkte, konnte er mich vielleicht tragen. Ich fragte mich, ob Mayas Heilverfahren angeschlagen hatte, oder ob der Knöchel in Wirklichkeit gar nicht so schwer verletzt worden war. Doch gab es keine Antwort darauf.

Danach griff ich erneut in meinem Rucksack, holte Kleidung zum Wechseln hervor und sammelte das schmutzige Geschirr vom Abend zuvor ein. Vorsichtig, stets wachsam, ob ein Geräusch oder eine Bewegung zu bemerken war, machte ich mich auf den Weg zum Bach. An einer geschützten Stelle watete ich in das erfrischend kalte Wasser hinein. Danach setzte ich mich ans Ufer, streckte die Beine im

Wasser aus und versuchte, an nichts zu denken und die Unruhe zu vergessen, die sich schon wieder in meiner Magengegend ausbreiten wollte. Ich besann mich auf das bunte Herbstlaub der Bäume über meinem Kopf.

Unvermittelt schoß mir ein Traumbild durch den Kopf, das ich letzte Nacht gesehen hatte. Ich saß auf einem Stein ..., etwas war im Gange ... Wil war dabei ... und andere. Eine vage Erinnerung an ein Feld von blauer und goldener Farbe ... Ich bemühte mich um Konzentration, konnte mich aber an nichts weiter erinnern.

Während ich den Verschluß einer Flasche mit Flüssigseife öffnete, fiel mir auf, daß die Bäume und Büsche ringsumher plötzlich lebendiger wirkten. Aus irgendeinem Grund hatte die bloße Erinnerung an den Traum meine Energie angehoben. Erleichtert wusch ich erst mich, spülte dann das Geschirr ab, wobei mir auffiel, daß ein großer Felsbrocken zu meiner Rechten dem Stein ähnelte, auf dem ich im Traum gesessen hatte. Ich hielt inne und untersuchte den Felsen genauer. Er war flach und hatte etwa drei Meter Durchmesser, Form und Farbgebung glich der in meinem Traum.

In wenigen Minuten hatte ich das Zelt abgebaut, eingepackt und meine Gerätschaften unter abgebrochenen Zweigen versteckt. Dann setzte ich mich wieder auf den Felsen am Wasser und versuchte mir das blaue Feld in Erinnerung zu rufen und die genaue Position, die Wil in dem Traum eingenommen hatte. Er hatte links hinter mir gestanden. Im selben Moment stieg ein klares Bild seines Gesichts in mir auf, so klar, wie bei einem Porträtfoto. Ich bemühte mich, die genauen Einzelheiten im Kopf zu behalten, während ich sein Porträt im Geiste mit dem blauen Feld umgab.

Sekunden später fühlte ich einen Sog auf meinen Solarplexus, und ich raste unversehens wieder durch den Farbentunnel. Als ich zum Stillstand kam, befand ich mich in einer blaßblauen leuchtenden Umgebung, und Wil stand neben mir.

»Gott sei Dank, da bist du ja«, sagte er beim Näherkommen. »Du bist auf einmal so grobstofflich geworden, daß ich dich nicht mehr finden konnte.«

»Sag mal, was war denn gestern los?« fragte ich zur Begrüßung. »Warum ist das Summen plötzlich so laut geworden?«

»Ich verstehe es auch nicht.«

»Und wo sind wir jetzt?«

»Auf einer Ebene, wo Träume stattfinden, wie es scheint.«

Ich blickte in das Blau hinein. Nichts rührte sich. »Du warst schon einmal hier?«

»Ja. Bevor ich dich bei den Wasserfällen gefunden habe, obwohl ich damals nicht wußte, warum ich auf dieser Ebene gelandet bin.«

Eine Weile sahen wir uns beide nur schweigend um, dann fragte Wil: »Was ist dir nach deinem Verschwinden passiert?«

Lebhaft begann ich ihm die Vorfälle seit meinem »Absturz« zu schildern, angefangen mit Joels Ausführungen über einen bevorstehenden wirtschaftlichen und kulturellen Zusammenbruch. Wil hörte aufmerksam zu und verarbeitete Joels Ansichten.

»Er hat die Angst in Worte gekleidet.«

Ich nickte. »Das sehe ich genauso. Meinst du, daß die Dinge, von denen er spricht, tatsächlich irgendwann geschehen?«

»Die Gefahr ist meiner Meinung nach die, daß sehr viele Menschen gerade anfangen, an die Unvermeidlichkeit solcher Horrorvisionen zu glauben. Erinnere dich an die Neunte Erkenntnis: Im Lauf der spirituellen Wiedergeburt muß die Polarisierung überwunden werden – und auf einer Seite dieser Polarität sitzt die Angst.«

Wir wechselten einen Blick, dann sagte ich: »Außerdem bin ich einer Frau begegnet.«

Wil hörte sich meine Beschreibung der Begegnung mit Maya an, wobei ich besonders meine Verletzung und Mayas Heilmethoden hervorhob.

Als ich geendet hatte, blickte er sinnend in die Ferne.

»Ich glaube, Maya ist die Frau aus Williams' Visionen«, fügte ich hinzu. »Sie ist die Missionarstochter, die den Krieg mit den Indianern verhindern wollte.«

»Vielleicht ist ihre Vorstellung vom Heilen der Schlüssel zum Umgang mit der Angst.«

Mein Nicken bedeutete ihm, fortzufahren.

»So ergibt alles einen Sinn«, sagte Wil. »Jetzt überleg dir, was bereits geschehen ist. Du bist auf der Suche nach Charlene in dieses Tal geführt worden und hast David getroffen, der dir erzählt hat, daß die geistige Wiedergeburt auf diesem Planeten in der Zehnten Erkenntnis von höherer Warte erklärt wird, von einem Standpunkt, den der Mensch erst erlangt, wenn er seine Beziehung zum Jenseits besser begreift. Er hat dir gesagt, daß die Zehnte uns etwas über die Wesensnatur oder Grundlage der Intuition vermittelt, etwas über das Aufrechterhalten der intuitiven Bilder und über die bessere Erkenntnis unserer synchronistischen Wege.

Daraufhin ist es dir gelungen, intuitive Bilder festzuhalten, und so hast du mich bei den Wasserfällen finden können, wo ich dir gesagt habe, daß die Wesen im Jenseits auf dieselbe Weise mit dem Aufrechterhalten ihrer Intuitionen arbeiten, und daß die Menschen sich dieser Existenzebene zur Zeit annähern. Bald darauf wurden wir Zeuge einer Lebensrückschau, bei der Williams schmerzlich bewußt wurde, daß er die Gelegenheit verpaßt hatte, mit der Gruppe zusammenzutreffen, die ihm bei der Überwindung seiner Angst geholfen hätte – der Urangst, die unser spirituelles Erwachen verhindert.

Also müssen wir die Angst verstehen, um etwas dagegen unternehmen zu können, woraufhin du und ich prompt getrennt werden, und dir ein Journalist über den Weg läuft, der dir einen langen Vortrag *worüber* hält? Über von der Angst bestimmte Zukunftsvisionen! Genaugenommen über die Angst vor der totalen Vernichtung der Zivilisation.

Und danach stolperst du sozusagen in die Arme einer Frau, die ihr Leben der Heilkunst widmet und den Menschen dabei hilft, ihre von Angst erzeugten Blockierungen durch Erinnerungen an die auslösenden Momente aufzubrechen und dabei mit eigenen Augen zu sehen, warum sie eigentlich auf diesem Planeten sind. Diese Art der *Erinnerung* muß der Schlüssel sein.

Etwas rührte sich plötzlich und zog unsere Aufmerksamkeit auf sich. Nicht weit von uns schien eine Seelengruppe Gestalt annehmen zu wollen.

»Offenbar wollen sie jemanden beim Träumen unterstützen«, erklärte Wil

Ich machte große Augen. »Die Seelen helfen uns beim Träumen?«

»In gewisser Hinsicht schon. Gestern nacht, als du geträumt hast, stand eine andere Seelengruppe an dieser Stelle.«

»Woher weißt du von meinem Traum?«

»Nachdem du in den physischen Bereich zurückgeschleudert worden bist, habe ich nach dir gesucht, konnte dich aber nirgends finden. Also habe ich gewartet, bis ein Bild von deinem Gesicht vor mir auftauchte und mich sozusagen hierhergezogen hat. Bis gestern konnte ich nicht so recht nachvollziehen, was sich hier abspielt, aber jetzt glaube ich wenigstens teilweise zu verstehen, was uns beim Träumen widerfährt.«

Ich schüttelte verständnislos den Kopf.

Er deutete mit der Hand auf die Seelengruppe. »Alle Ereignisse sind ein unglaublich komplexes, wunderbar synchronistisches Zusammenspiel. Diese Wesen haben sich hier *eingefunden*, genau wie ich; alles *fügte* sich einfach dergestalt, und nun warten sie hier, um zu sehen, wer demnächst in seinem Traumkörper auftaucht.«

Unvermittelt schwoll der Summton an und hinderte mich daran, eine Antwort zu geben. Das wirre Schwindelgefühl packte mich, und Wil legte seine Hand wieder fest auf meinen Rücken. »Bleib bei mir!« raunte er. »Wir sind aus gutem Grund hier zusammengeführt worden.«

Ich bemühte mich, Klarheit in meinem Kopf zu schaffen, als ich eine andere Form neben der Seelengruppe auftauchen sah. Zunächst schien es, als wollte eine weitere Gruppe in Erscheinung treten, doch dann dehnte sich die Form aus und wurde ungleich viel größer als alles, was ich bisher in dieser Dimension gesehen hatte. Augenblicke später ging mir auf, daß ein komplettes Schauspiel direkt vor uns in die Leere hineinprojiziert wurde, dreidimensional, wie ein Hologramm, mit Bühnenbild, Akteuren und Dialogen. Ein Individuum stand im Mittelpunkt des Geschehens, ein Mann, der mir entfernt bekannt vorkam. Nach einem Moment der Konzentration erkannte ich Joel.

Jetzt entwickelten sich die Ereignisse wie in einem Kinofilm. Ich strengte mich redlich an, der Handlung zu folgen, war aber noch immer etwas umnebelt und begriff nicht, worum es ging. Dann schritt die Handlung voran, der Dialog wurde vehementer, und gleichzeitig rückten Joel und die Seelengruppe einander immer näher. Nach einigen Minuten schien das Drama beendet und alle Beteiligten waren spurlos verschwunden.

»Was war denn das nun?« fragte ich.

»Die Hauptperson in diesem Drama hat geträumt.«

»Das war Joel, der Journalist.«

Wil sah mich erstaunt an. »Bist du sicher?«

»Ja.«

»Hast du verstanden, was er gerade geträumt hat?«

»Nein. Ich bin nicht mitgekommen. Worum drehte es sich?«

»Der Traum handelte von irgendeinem Krieg. Dieser Joel flüchtete nach einem Bombenangriff aus einer halbzerstörten Stadt, während Granaten rings um ihn her explodierten und dachte die ganze Zeit nur an sein persönliches Überleben. Nachdem er sich in Sicherheit gebracht hatte und die Stadt von einem hohen Berg aus überschauen konnte, fiel ihm plötzlich ein, daß er einer Gruppe von Soldaten ein Maschinenteil für ein geheimes Gerät hätte aushändigen sollen, das die feindlichen Waffen außer Kraft setzen würde. Zu seinem Entsetzen stellte er dann fest, daß die Stadt, in der sich auch diese Gruppe aufhielt, jetzt systematisch vor seinen Augen vernichtet wurde.«

»Ein Alptraum«, stellte ich fest.

»Ja, aber bedeutungsvoll. Im Traum begeben wir uns unbewußt auf diese Ebene hier, wo andere Seelen uns beistehen können. Vergiß nicht, wozu Träume da sind: Sie machen uns klar, wie wir mit den momentanen Ereignissen in unserem Leben umgehen sollen.

Die Siebte Erkenntnis erklärt, daß wir die Ereignisse in unseren Träumen interpretieren können, wenn wir die Traumhandlung auf die tatsächliche Situation in unserem derzeitigen Leben projizieren.

Ich sah Wil leicht verwirrt an. »Und welche Rolle spielen die Seelen dabei?«

Kaum hatte ich die Worte ausgesprochen, spürte ich, daß wir in Bewegung kamen. Wil ließ die Hand auf meinem Rücken liegen. Als wir zum Stillstand kamen, hatte das Licht eine sattgrüne Farbe angenommen, durch das sich anmutig kreisende bernsteinfarbene Wellen zogen. Mit intensiver Konzentration erkannte ich, wie sich in diesen goldenen Wellen individuelle Seelen manifestierten.

Ich drehte mich zu Wil um, der mein Lächeln erwiderte. Dieser Ort schien von Freude und Jubel durchdrungen zu sein. Während ich die Seelen betrachtete, hielten einige direkt vor uns inne und schlossen sich zu einer Gruppe zusammen. Sie lächelten, soviel wußte ich, obwohl ich ihre Gesichter nie lange im Auge behalten konnte.

»Sie sind voller Liebe«, sagte ich.

»Sieh, ob du etwas von ihrem Wissen aufschnappen kannst.«

Als ich mich mit dieser Absicht auf sie konzentrierte, ging mir ihre Verbindung mit Maya auf. Ich erkannte, daß diese Seelen die jüngsten Selbsterkenntisse von Maya mit ekstatischer Freude begrüßten, speziell ihre Erkenntnisse über die Basis, die ihr durch die Eltern in diesem Leben zur Verfügung gestellt worden war. Auch wußten die Seelen offenbar, daß Maya eine Rückschau im Sinne der Sechsten Erkenntnis erfahren hatte und kurz davor war, sich an den Grund für ihre Geburt auf der Erde zu erinnern.

Ein Blick in Wils Gesicht bestätigte mir, daß er dieselben Bilder sah.

Im Augenblick darauf hörte ich das Summen; mein Magen zog sich krampfartig zusammen, was Wil veranlaßte, mich an beiden Schultern festzuhalten. Als die Dissonanz endlich verklungen war, hatte ich einen Großteil meiner Energie verloren und versuchte mich wieder zu öffnen und an die Energien der Seelengruppe anzuknüpfen. Das Merkwürdige war, daß sie plötzlich unsichtbar wurde und sich von mir entfernte, um dann doppelt so weit weg wieder vor mir aufzutauchen.

»Was ist denn jetzt passiert?« fragte ich Wil.

»Du wolltest dich mit ihnen verbinden, um dein Energieniveau zu steigern, anstatt in dich zu gehen und aus deiner inneren Kraftquelle direkt zu schöpfen. Das ist mir auch schon passiert. Diese Seelen lassen es nicht zu, daß du sie mit der dir innewohnenden göttlichen Quelle verwechselst. Sie wissen, daß sie dich an deiner Entwicklung hindern, wenn sie dir gestatten, dich an ihre Energie anzuhängen.«

Ich nickte und versenkte mich in mich selbst, bis ich wieder ruhiger und stärker geworden war. Dann fragte ich: »Wie stellen wir es an, daß sie zurückkommen?«

Kaum hatte ich den Gedanken ausgesprochen, tauchten die Seelen wieder unmittelbar vor uns auf.

Wil und ich schauten uns an, dann starrte er die Gruppe mit einem erstaunten Gesichtsausdruck an.

»Was siehst du?« fragte ich.

Ohne seinen Blick abzuwenden, deutete er mit dem Kinn auf die Seelen, worauf ich sie mit äußerster Konzentration ins Auge faßte und versuchte, etwas von ihrem Wissen aufzuschnappen. Es dauerte eine Weile, bis ich Maya erkannte. Sie war nahezu vollständig mit der grünen Lichtwelt verwoben. Ihre Gesichtszüge wirkten leicht verändert und schimmerten unentwegt, doch war ich absolut sicher, daß sie es war. Während ich diese Erscheinung betrachtete, tauchte ein holographisches Szenenbild direkt vor Wil und mir auf – eine Szene, in der Maya wieder im neunzehnten Jahrhundert lebte und mit mehreren Leuten in einer Blockhütte stand, wo sie mitreißend und bewegt über die Beendigung des Konflikts mit den Indianern sprach.

Offensichtlich ging sie davon aus, daß man zur Verwirklichung dieses Ziels sich lediglich daran erinnern mußte, wie man die nötigen Energien aufbrachte. Wenn nur genügend Leute mit derselben

Absicht zusammengebracht werden konnten, dann würde es funktionieren, davon war sie überzeugt. Ein junger Mann in eleganter Kleidung hing an ihren Lippen. Dies war der kräftige Akademiker, der später mit ihr in der Schlucht sterben würde. Dann beschleunigte sich die Vision bis zu ihrem gescheiterten Versuch, den General zu sprechen, und ging dann zu dem Versteck zwischen den Felsen über, wo Maya und der junge Mann erschossen wurden.

Wil und ich sahen zu, wie die Missionarstochter nach ihrem Tod im Jenseits erwachte und ihre eben beendete Lebenszeit im Rückblick betrachtete. In Sekundenschnelle erkannte sie, wie aussichtslos ihr Kampf gewesen war: Die anderen hatten recht gehabt – die Zeit war noch nicht reif gewesen. Die Erinnerung an das Jenseits war noch nicht in das Bewußtsein von genügend Menschen vorgedrungen, und so konnte ein Krieg unmöglich verhindert werden.

Nachdem die Rückschau beendet worden war, sahen wir Maya in das grüne Lichtfeld eingehen, umringt von der Seelengruppe, die jetzt vor uns stand. Alle Seelen der Gruppe hatten etwas Gemeinsames, das ihre Gesichtszüge prägte. Auf einer gewissen Ebene hinter der Erscheinungsform ähnelten all diese Seelen der zeitlos jungen Maya.

Ich warf einen fragenden Blick auf Wil.

»Dies ist Mayas Seelengruppe«, bestätigte er.

»Erkläre es mir genauer«, bat ich.

»Eine Seelengruppe, die auf der gleichen Schwingungsebene vibriert wie Maya«, gab er begeistert zurück. »Sieh doch, wie sinnvoll alles angelegt ist! Auf der Suche nach dir bin ich einmal einer Gruppe begegnet, die dir ähnelte. Ich glaube, es war deine Seelengruppe.«

Bevor ich etwas sagen konnte, geriet die Gruppe vor uns in Bewegung. Wieder entstand ein Bild von Maya. Sie war weiterhin von ihrer Gruppe umringt und befand sich in dem grünen Licht, als ein brillantweißer Lichtstrahl vor ihr auftauchte, ähnlich der Lichtsäule, die Williams bei seiner Ankunft im Jenseits gesehen hatte. Maya spürte offensichtlich, daß etwas Bedeutendes geschehen sollte. Sie hatte die Fähigkeit, sich im Jenseits zu bewegen, inzwischen fast völlig verloren und fühlte, daß ihre Aufmerksamkeit wieder zur Erde zurückgezogen wurde. Jetzt sah sie ihre zukünftige, frisch verheiratete Mutter auf einer Veranda sitzen, in Gedanken verloren, weil sie sich fragte, ob ihre Gesundheit es ihr jemals gestatten würde, ein Kind in die Welt zu setzen.

Unterdessen erkannte Maya, daß sie immense Fortschritte bei dieser Mutter machen konnte. Die Frau wurde von tiefsitzenden Ängsten über ihre Gesundheit geplagt und würde das Bewußtsein eines Kindes sehr rasch auf das Thema der Heilkunst aufmerksam machen. Die Frau war ein perfekter Ausgangspunkt, um ein Interesse an jeder Form der Medizin und Heilung zu fördern, und dies nicht nur auf rein intellektueller Ebene, wo das Ego sich mit hochfliegenden Theorien brüstet, die nie an den Herausforderungen des realen Lebens getestet werden – nein, das blieb Maya erspart, wenn sie im psychologischen Umfeld dieser Mutter aufwachsen konnte. Maya wußte, daß sie eine Neigung zum unrealistischen, allzu hochfliegenden Wunschdenken mitbrachte, wofür sie bereits bitter bezahlt hatte. Das würde ihr nicht noch einmal passieren, nicht mit der unterbewußten Erinnerung an die Geschehnisse im neunzehnten Jahrhundert. Nein, diesmal würde sie langsamer voranschreiten, isolierter leben, und die von dieser Mutter geschaffene Atmosphäre würde den perfekten Hintergrund für Mayas Leben bilden.

Wil warf mir einen Blick zu. »Wir sind Zeugen ihrer Überlegungen kurz vor ihrer Geburt«, sagte er.

Unvermittelt begann Maya sich vorzustellen, wie ihre Beziehung zu der Mutter sich entfalten könnte. Während des Heranwachsens würde sie der Negativität ihrer Mutter ausgeliefert sein, all die Ängste, all die Schuldzuweisungen an die Ärzte miterleben, was in der Tochter allerdings ein brennendes Interesse an der Körper-Geist-Verbindung und der Mitverantwortung des Patienten bei seiner Heilung wachrufen würde. Die Erkenntnis auf diesem Gebiet würde sie ihrer Mutter mitteilen, worauf diese sich endlich einsichtsvoll an ihrer eigenen Genesung beteiligte. Ja, die Mutter würde Mayas erster Patient sein und danach eine Stütze, ein lebender Beweis der Vorzüge dieses neuentdeckten Heilverfahrens.

Jetzt verlagerte Maya ihre Aufmerksamkeit auf ihren zukünftigen Vater, der neben der Mutter auf der Veranda saß. Gelegentlich stellte die Frau eine Frage, die er meistens sehr einsilbig beantwortete. Im Grunde wollte er nur dort sitzen und seinen eigenen Gedanken nachhängen, kein belangloses Gespräch führen. Sein Verstand explodierte förmlich vor Ideen und exotischen Fragen, die auf dem Gebiet der biologischen Forschung noch nie gestellt worden waren, beispielsweise der Zusammenhang zwischen der Inspiration und dem Immunsystem. Maya erkannte die Vorzüge dieser Unnahbarkeit. Bei einem solchen Vater konnte sie gegen ihre Neigung, sich etwas vorzumachen, anarbeiten; sie würde von Anfang an auf sich selbst gestellt sein und realistisch denken müssen. Später würde sie mit ihm auf wissenschaftlicher Ebene kommunizieren können, und er würde sich ihr öffnen, ihr seinen gesamten Wissensschatz zur Verfügung stellen, damit sie ihre neuentwickelten Methoden auf grundsolider Basis verankern konnte.

Zudem erkannte Maya mit aller Klarheit, daß diese Eltern ebenfalls von ihrer Anwesenheit profitieren konnten. Während die Eltern ein frühzeitiges Interesse an Heilverfahren in der Tochter hervorriefen, würde sie die Eltern ständig auf die ihnen bestimmte Richtung aufmerksam machen: die Mutter auf ihre persönliche Rolle bei der Verhütung von Krankheiten, den Vater auf seine Neigung, sich vor anderen Menschen zu verstecken und nur den Gedankengängen in seinem Kopf nachzuhängen.

Während wir zuschauten, verlagerte Mayas Vorschau sich auf das, was ihr in der Jugend möglich sein würde. Sie sah eine Vielzahl von Menschen zu genau der rechten Zeit in ihr Leben treten, um ihre medizinischen Kenntnisse zu erweitern. Im Verlauf ihrer Universitätsausbildung begegneten ihr jeweils die richtigen Patienten und Professoren, um Mayas Interesse an alternativen Heilverfahren zu festigen.

Ihre Vision ging zu der Begegnung mit ihrem späteren Klinikkollegen über und richtete den Brennpunkt auf die gemeinsame Arbeit an einem neuen medizinischen Denkmodell. Und dabei zeigte sich noch etwas anderes: Sie würde sich an einem größeren, globaleren Erweckungsprozeß beteiligen. Wir sahen zu, wie sie die Neun Erkenntnisse entdeckte und dann auf eine bestimmte Gruppe von Menschen stieß – eine von vielen unabhängigen Gruppen mit sehr unterschiedlichen Funktionen, die überall auf der Welt zusammengeführt wurden. Diese Gruppen erinnerten sich mit der Zeit an ihre ursprünglichen Absichten und leisteten einen wichtigen Beitrag zur Überwindung der Polarisierung der menschlichen Gemeinschaft.

Übergangslos sah Maya sich in ein ernstes Gespräch mit einem offenbar besonders wichtigen Mann verwickelt. Er war groß, athletisch gebaut und trug Armeekleidung. Voller Staunen erkannte ich in ihm den Mann, mit dem Maya im neunzehnten Jahrhundert getötet worden war. Ich betrachtete ihn aufmerksam und erhielt dabei einen weiteren Schock. Dies war der Mann, den wir auch bei Williams' Rückschau gesehen hatten. Es war Williams' Arbeitskollege.

In dem Moment erweiterte sich Mayas Vision in einem Maße, daß das Folgende mein Fassungsvermögen überstieg. Ihre Körperform vereinte sich immer mehr mit dem blendenden Licht. Ich bekam nur noch mit, daß Mayas Vorschau auf das, was ihr persönlich möglich war, in einer weitaus größeren Vision aufging, in der die gesamte Entwicklungsgeschichte der Menschheit enthalten war. Es war, als betrachtete sie ihre Wiedergeburt im tiefstmöglichen Zusammenhang, eingebettet in die Gesamtheit der menschlichen Vergangenheit und ihrer zukünftigen Entwicklung. Alle diese Dinge teilten sich mir in Form von Gefühlen mit, denn ich sah keine klar umrissenen Bilder mehr.

Nach langer Zeit endeten Mayas Visionen offenbar, denn wir sahen sie wieder in das grüne Lichtfeld eintauchen, noch immer mit ihrer Seelengruppe verwoben. Dann besann die Gruppe sich gemeinsam auf eine Szene, die sich auf der Erde abspielte. Offenbar hatten Mayas Eltern inzwischen beschlossen, ein Kind in die Welt zu setzen, und vereinigten sich nun in dem Geschlechtsakt, der ihrer Seele die Empfängnis ermöglichte.

Die Energie der Gruppe vor uns steigerte sich dabei zusehends und wirkte nun wie eine kreisende bernsteinfarbene Energiesäule, die ihre Leuchtkraft von dem brillierenden Licht im Hintergrund bezog und sich langsam fortbewegte. Ich spürte die Intensität auch in mir, als eine tiefempfundene, nahezu orgiastische Frequenz vibrierender Liebe. Unten auf der Erde lag das eng umschlungene Paar, und im Augenblick des Orgasmus floß ein weißlich-grüner Strom aus der großen Lichtquelle im Hintergrund, durchdrang Maya und ihre Seelengruppe und ging dann in das Liebespaar über. Mit einem ekstatischen Aufzucken durchzog dieser Strom die Körper des Elternpaars und trieb Sperma und Eizelle der Vereinigung entgegen.

Wil und ich wurden Zeugen des Augenblicks der Empfängnis, bei der zwei Zellen auf mysteriöse Weise verschmelzen. Gleich darauf teilten und differenzierten sich die Zellen – erst langsam, dann zusehends schneller –, um schließlich eine klar erkennbare menschliche Gestalt zu bilden. Als ich zu Maya herüberblickte, fiel mir auf, daß sie mit jeder Zellteilung nebulöser und unkenntlicher wurde. Als der Fötus schließlich vollends herangereift war, verschwand sie ganz. Nur ihre Seelengruppe blieb sichtbar für uns.

Ich hatte den Eindruck, daß ich noch längst nicht alles über diese Vorgänge erfahren hatte, aber meine Konzentration ließ merklich nach, und so verpaßte ich es, mehr zu erfahren. Plötzlich war auch Mayas Seelengruppe spurlos verschwunden, und Wil und ich standen allein in der Leere. Er strahlte vor Begeisterung und erklärte: »Wir haben soeben den gesamten Prozeß vor Mayas jetziger Geburt mitansehen dürfen! Und alles war im Gedächtnis ihrer Seelengruppe gespeichert, jede Einzelheit: Die Tatsache, daß sie ihr zukünftiges Elternpaar bewußt wahrgenommen hat, ihre Absichten und Wünsche für das kommende Leben, selbst die Art und Weise, wie sie zur Zeit der Empfängnis in die physische Dimension hineingetragen wurde.«

Ich nickte mehrmals, damit Wil fortfahren konnte.

»Hast du den Vorgang nachvollziehen können?« rief er. »Der Liebesakt öffnet die Tür zwischen dem Jenseits und der irdischen Dimension. Die Seelengruppen existieren in einem fortwährenden Zustand extremer Liebe, jenseits von allem, was du und ich erfahren, extrem, bis zum Punkt des Orgasmus. Der sexuelle Höhepunkt schafft eine Öffnung zum Jenseits. Was wir als Orgasmus erfahren, ist nur ein kurzes Aufblitzen der Liebesvibrationen im Jenseits, aber die Energie, die dabei strömt, vermag eine neue Seele mit sich zu tragen. Ich sage dir, die sexuelle Vereinigung ist ein heiliger Moment, in dem ein Teil des Himmel auf die Erde strömt.«

Ich mußte an die Bedeutung der Dinge, die wir gerade gesehen hatten, denken und sagte: »Maya wußte anscheinend schon vorher, was aus ihrem Leben werden kann, wenn sie von diesem Elternpaar zur Welt gebracht wird.«

»Ja, offenbar hat jeder von uns vor der Geburt eine Vision, bei der wir die Eigenschaften der Eltern und unsere mitgebrachten Neigungen in Betracht ziehen, uns sogar für bestimmte Kontrolldramen entscheiden und bereits voraussehen, wie wir diese Dramen mit den Eltern austragen wollen – und dies immer mit der Absicht, uns gründlich genug auf unsere angestrebten Entwicklungsziele vorzubereiten.

»Das meiste davon habe ich mitbekommen«, sagte ich. »Aber das Merkwürdige war, daß Mayas tatsächliche Lebenserfahrungen, soweit sie mir davon berichtet hat, keineswegs so ideal ausgefallen sind wie in ihrer Vorschau, zum Beispiel ihre Beziehung zu den Eltern. Die ist ganz anders verlaufen, als sie es sich vorgestellt hat. Ihre Mutter hat nie verstanden, was Maya ihr mitteilen wollte, auch hat sie sich nie mit ihren Gesundheitsproblemen in Mayas Sinne befaßt, und ihr Vater war dermaßen unnahbar, daß sie erst nach seinem Tode herausfand, worum es sich bei seinen Forschungen in Wirklichkeit drehte.«

»Ich verstehe das folgendermaßen«, entgegnete Wil. »Die Vorschau ist wie ein Leitfaden, eine ideale Zukunftsvision von den Dingen, die das höhere Selbst beabsichtigt und erreichen könnte, wenn jeder Beteiligte seiner Intuition haargenau folgen würde. Was dann tatsächlich geschieht, ist nur eine Annäherung an das Leitbild, das Beste, was jeder einzelne unter den gegebenen Umständen zustande bringt. Auf jeden Fall sind dies Teile der Zehnten Erkenntnis, die spirituelle Erfahrungen während des Erdenlebens eingehender erklären, speziell die Wahrnehmung von Fügungen und wie unser Gefühl, ›im Fluß zu sein‹, zustande kommt.

Wenn wir einer Eingebung oder einem Traum folgen, der uns rät, einen bestimmten Weg einzuschlagen, und dann feststellen, daß sich alles Weitere wie von Zauberhand ergibt, fühlen wir uns lebendiger, inspirierter. Wir spüren das *Schicksalhafte* dieser Erlebnisse, als wüßten wir tief im Innern, daß es unsere Bestimmung war, diese Dinge zu erleben. Und was wir eben beobachtet haben, läßt uns all diese Zusammenhänge aus einer höheren Perspektive betrachten. Bei einem intuitiven Geistesblitz oder einer bildhaften Vorahnung sehen wir tatsächlich einen winzigen Ausschnitt aus unserer vorgeburtlichen Vision, wir erinnern uns an etwas, das wir an diesem Punkt in unserem Leben beabsichtigt haben und tun wollten. Nun kann es sein, daß nicht alles exakt so abläuft – die Menschen haben einen freien Willen –, aber wenn ein Ereignis weitgehend mit unserer ursprünglichen Vision übereinstimmt, werden wir inspiriert, weil uns damit bestätigt wird, daß wir schon die ganze Zeit dem beabsichtigten Schicksalsweg gefolgt sind.«

»Und was hat die Seelengruppe damit zu tun?«

»Wir sind immer mit ihr verbunden. Die Gruppe kennt uns. Sie hat an unserer vorgeburtlichen Vision teilgenommen und begleitet uns im Lauf des Lebens, und nach dem Tod steht sie uns bei der Lebensrückschau bei. Die Gruppe fungiert wie ein Erinnerungsspeicher. Sie ist Träger des Wissens im Verlauf unserer gesamten Entwicklungsgeschichte.«

Wil schwieg einen Moment und sah mir direkt in die Augen. »Und solange wir im Jenseits sind, tun wir vermutlich das gleiche für jede Seele aus unserer Gruppe, die in die physische Dimension eintritt. Wir werden ein Teil der Gruppe und unterstützen die Person von hier aus.«

»Also sind es die Seelengruppen, die uns im Lauf des Erdenlebens mit Eingebungen und Vorahnungen versorgen?« fragte ich.

»Nein. Nach den Seelengruppen zu urteilen, die ich bisher gesehen habe, würde ich sagen, daß Eingebungen und Träume aus uns selbst kommen, und zwar dem Selbst, das tiefer mit dem göttlichen Ursprung verbunden ist. Die Seelengruppen versorgen uns nur mit zusätzlicher Energie und mit einer Art »Schwungkraft«, die ich leider nicht genau verstehe. Jedenfalls verleihen sie uns eine Kraft, mit der wir uns leichter an Dinge erinnern können, die wir eigentlich schon wissen.«

Ich war fasziniert. »Damit haben wir die Erklärung für das, was Joel und ich im Traum gesehen haben.«

»Ja, im Traum vereinen wir uns wieder mit unserer Seelengruppe, und das ruft Erinnerung an Dinge wach, die wir schon für die momentane Situation geplant haben. Träume geben uns einen Einblick in unsere ursprünglichen Absichten. Und wenn wir uns danach auf die physische Ebene zurückbegeben, bleibt etwas davon im Gedächtnis hängen, obwohl manche Erinnerungen in verschlüsselter Form, beispielsweise in archetypischen Symbolen, ausgedrückt werden. Bei deinem Traum handelte es sich um unverschlüsselte Botschaften, an die du dich genau erinnern konntest, weil du dich bereits mit der Bedeutung der geistigen Ebenen vertraut gemacht hast. Du hast dich erinnert, daß wir uns schon bei deiner Geburtsvision auf der Felsplatte am Bach wiedergefunden haben, und hast diese Einzelheiten dann nahezu exakt im Traum wiedergesehen.

Bei Joel ist es etwas anderes. Er ist nicht so offen wie du, deshalb war sein Traum sehr viel wirrer und symbolhafter. Er konnte sich nur noch vage an seine ursprüngliche Vision erinnern, und sein Verstand mischte sich mit allerlei Kriegssymbolen in den Traum ein, worauf ihm nur noch die generelle Botschaft seiner Geburtsvision mitgeteilt wurde, nämlich daß er die Absicht gehabt hat, im Tal unten zu bleiben und sich an der Lösung der Probleme dort zu beteiligen, wobei der Traum ihm gezeigt hat, daß er einen vorschnellen Rückzug aus dem Gefahrengebiet später bitter bereuen würde.«

»Also senden die Seelengruppen uns fortwährend Energie und hoffen, daß wir uns an unsere vorgeburtliche Vision erinnern?« faßte ich zusammen.

»Ja, so sehe ich es.«

»Und deshalb war Mayas Gruppe so überglücklich?«

Wils Gesichtsausdruck wurde ernst. »Die Seelen waren glücklich, weil Maya sich daran erinnert hatte, warum sie ausgerechnet zu diesen Eltern gekommen ist und wie ihre Lebenserfahrungen sie auf eine medizinische Karriere vorbereitet haben. Aber das war nur der erste Abschnitt ihrer Vorschau. Sie hatte noch ganz andere Erinnerungen.«

»Den Teil, in dem sie den Mann erkannt hat, mit dem sie damals im Krieg gegen die Indianer getötet worden ist, habe ich mitgekriegt. Aber dann geschahen Dinge, die ich nicht recht verstanden habe. Hast du etwas davon nachvollziehen können?«

»Nicht alles. Es drehte sich um die zunehmende Angst auf dem Planeten, und dabei wurde Maya bestätigt, daß sie zu der Gruppe der sieben gehört, die Williams bereits gesehen hatte. Außerdem sah sie, daß die Gruppe sich irgendwann an eine umfassendere Vision erinnern würde …, eine Vision, die der Angst Einhalt gebietet, ebenso wie den Dingen, die sich dort unten im Tal abspielen.«

Ich wollte gerade antworten, aber der Atem wurde mir von einem krampfartigen Schmerz im Magenbereich genommen. Gleichzeitig stieß ein unerträglich hoher Kreischton mich nach hinten. Wieder wollte ich mich an Wil klammern, aber sein Gesicht verschwamm vor meinen Augen. Ich kämpfte darum, noch einen Blick zu erhaschen, hatte das Gleichgewicht jedoch endgültig verloren und stürzte ins Bodenlose.

Das Wissen aufnehmen

Verflucht, dachte ich, als ich mich lang ausgestreckt auf dem Felsen wiederfand, dessen Unebenheiten meinen Rücken an mehreren Stellen gequetscht hatten. Neben mir plätscherte der Bach. Einen Moment starrte ich in den grauen Himmel hinauf, der mit Regenwolken drohte, und lauschte dem eiligen Wasserlauf. Dann stützte ich mich auf einen Ellenbogen und sah mich um, wobei ich bemerkte, wie schwer und erschöpft mein Körper war, genau wie beim letzten Mal, nachdem ich aus der anderen Welt zurückgekehrt war.

Mühsam kletterte ich von dem Stein herunter und hinkte in den Wald zurück, wobei ein leise pochender Schmerz mir den Knöchel ins Gedächtnis rief. Ich zog mein Gepäck hervor und bereitete eine Mahlzeit zu, ohne etwas zu denken und mit extrem langsamen Bewegungen. Selbst beim Essen blieb mein Kopf überraschend leer, wie nach einer tiefen Meditation. Dann steigerte ich mein Energieniveau allmählich, indem ich mehrmals tief durchatmete und die Atemzüge dabei anhielt. Unvermittelt hörte ich den Summton erneut anschwellen. Während ich horchte, stieg ein spontanes Bild in mir auf. Ich war gen Osten marschiert, wo das Summen herkam, um seine Ursache zu ergründen.

Der Gedanke versetzte mich in Panik, ich fühlte, wie der uralte Fluchtinstinkt Besitz von mir ergriff, doch in der Sekunde hörte das Summen auf, und ich vernahm das Rascheln von trockenem Laub hinter mir. Ich wirbelte herum und sah Maya unter den Bäumen hervortreten.

»Tauchst du immer zur rechten Zeit auf?« stammelte ich.

»Auftauchen?! Bist du wahnsinnig? Ich habe schon überall nach dir gesucht! Wo hast du gesteckt?«

»Ich war unten am Bach.«

»Nein, also wirklich nicht. Da unten habe ich auch alles abgesucht.« Sie starrte mich prüfend an, dann streifte ihr Blick meinen Fuß. »Wie geht es dem Knöchel?«

Ich erzwang ein Lächeln. »Oh, sehr gut. Maya, ich muß dir etwas erzählen.«

»Ich dir auch. Hier sind sehr merkwürdige Dinge im Gange. Ein Ranger von der Forstwache hat mich letzte Nacht in die Stadt gehen sehen, und ich habe ihm von deiner mißlichen Lage hier oben berichtet. Er wollte die Sache wohl geheimhalten, aber er bestand darauf, einen Wagen hier heraufzuschicken, um dich heute morgen abzuholen. Ich habe ihm die ungefähre Stelle beschrieben, aber er wollte unbedingt, daß ich selbst heute früh mit ihm hierherfahre. Später kam mir seine Dringlichkeit etwas merkwürdig vor, deshalb bin ich in aller Frühe schon losgezogen, um vor ihm hier anzukommen, aber wahrscheinlich trifft er jede Minute ein.«

»Dann müssen wir jetzt gehen«, sagte ich und fing an, meine Sachen in den Rucksack zu stopfen.

»Warte! Erzähl mir, was hier vor sich geht.« Sie wirkte alarmiert.

Ich drehte mich zu ihr um. »Irgend jemand – ich weiß nicht, wer – veranstaltet ein Experiment oder etwas von der Art in diesem Tal, und einer von der Forstwache muß seine Erlaubnis dazu erteilt haben. Ich glaube, daß meine Freundin Charlene in die Sache verwickelt ist, vielleicht sogar in Gefahr schwebt.«

Sie starrte mich an und versuchte, diese Informationen zu verarbeiten.

Ich schnallte mir den Rucksack um und ergriff Mayas Hand. »Begleite mich ein Stück, bitte. Ich muß dir noch mehr erzählen.«

Sie nickte, nahm ihren kleinen Rucksack und ging mit mir nach Osten am Bachlauf entlang, während ich ihr die ganze Geschichte erzählte, angefangen mit David, über die Begegnung mit Wil, die

Lebensrückschau von Williams, bis zu Joels langem Vortrag. Als ich bei ihrer Geburtsvision angelangt war, setzte ich mich auf einen Stein am Ufer, und sie lehnte sich gegen einen Baumstamm zu meiner Rechten.

»Du bist ebenfalls in diese Sache verwickelt«, sagte ich. »Natürlich weißt du bereits, daß es in deinem Leben um die Einführung alternativer Heilverfahren geht, aber du hast auch noch andere Absichten gehabt. Du gehörst zu der Gruppe, die Williams in diesem Tal gesehen hat.«

»Woher weißt du diese Dinge?«

»Wil und ich haben deine vorgeburtlichen Visionen gesehen.«

Sie schüttelte den Kopf und schloß die Augen.

»Maya, jeder von uns kommt mit einer ganz klaren Vision zur Erde. Wir wissen schon vorher, was wir aus unserem Leben machen wollen. Unsere Eingebungen, Träume und alle Fügungen, die wir erleben, sind bedeutungsvolle Wegweiser, Erinnerungen an die Art und Weise, wie sich unser Leben entfalten *sollte*.«

»Und was habe ich sonst noch beabsichtigt?«

»Ich weiß es nicht genau – ich konnte nicht alles erfassen. Aber es hatte etwas mit der kollektiven Angst zu tun, die sich im menschlichen Bewußtsein verbreitet. Das Experiment ist ein Resultat dieser Angst ... Maya, du wolltest alles, was du über die Heilkunst gelernt hast, benutzen, um einen wichtigen Beitrag zu den Dingen zu leisten, die in diesem Tal vor sich gehen. Du mußt dich daran erinnern!«

Sie blickte zur Seite. »O nein, eine derartige Verantwortung lasse ich mir nicht von dir aufhalsen. Ich erinnere mich an nichts dergleichen. Ich mache genau das, was ich als Ärztin tun sollte. Ich hasse diese Art von Intrigen! Verstanden? Ich hasse das! Ich habe meine Klinik endlich so weit gebracht, daß ich ernstlich zur Sache kommen kann. Jetzt kannst du nicht von mir erwarten, daß ich mich mit diesen Dingen abgebe. Da bist du an die falsche Frau geraten.«

Ich schaute sie an und überlegte, was ich sagen sollte. Während wir beide schwiegen, hörte ich das Summen wieder.

»Kannst du dieses Geräusch hören, Maya? Eine entfernte Dissonanz – ein Summen? Es kommt von dem Experiment. Jetzt! Höre bitte genau hin.«

Sie lauschte einen Augenblick, dann sagte sie: »Ich höre nichts.«

Ich packte sie am Arm. »Du mußt dich mit Energie aufladen!«

Sie entzog sich mir. »Ich höre kein Summen!«

Ich atmete tief durch. »Na gut. Es tut mir leid. Ich weiß auch nicht – vielleicht irre ich mich. Vielleicht soll alles ganz anders ablaufen, als ich dachte.«

Sie sah mich stirnrunzelnd an. »Ich kenne jemanden bei der Ortspolizei, mit dem du dich darüber unterhalten kannst. Mehr kann ich nicht für dich tun.«

»Ich weiß nicht, ob das der richtige Weg ist«, entgegnete ich. »Anscheinend hört nicht jeder diese Dissonanz.«

»Willst du, daß ich ihn anrufe?«

»Ja, aber sage ihm, daß er seine Untersuchungen unabhängig von der Forstwache durchführen muß. Ich bin nicht sicher, ob er seinen Kollegen dort trauen kann.« Ich nahm meinen Rucksack wieder auf.

»Ich hoffe, daß du Verständnis für mein Verhalten hast«, sagte sie. »Aber ich darf mich nicht in diese Angelegenheit verwickeln lassen. Ich habe das Gefühl, daß jede Einmischung schreckliche Folgen haben könnte.«

»Verständlicherweise – wenn man bedenkt, was beim letzten Mal passiert ist, als du es versucht hast. Erinnerst du dich an das frühe neunzehnte Jahrhundert? An das, was dir hier in diesem Tal zugestoßen ist?«

Sie schloß die Augen, als wollte sie nichts hören.

In dem Augenblick sah ich ein deutliches Bild vor mir: Ich war in Hirschleder gekleidet, rannte einen Hügel hinauf und zog ein Lastpferd hinter mir her. Dasselbe Bild hatte ich schon an anderer Stelle gesehen. Der Bergbewohner war ich! Auf dem Kamm des Hügels blieb ich stehen und verschnaufte, dann blickte ich zurück auf den Pfad, den ich heraufgekommen war, und sah die glitzernden Wasserfälle. Aber vor mir lag die Schlucht, wo Maya mit einem

Indianer und dem jungen kräftigen Mann stand. Die Schlacht mußte jeden Moment beginnen. Von Todesangst gepackt, zerrte ich mein Pferd von der Anhöhe herunter und machte mich aus dem Staub, unfähig, den Menschen dort unten ihr Schicksal zu ersparen.

Ich schüttelte die Bilder ab und sagte resigniert: »Ist schon in Ordnung, Maya. Ich weiß, wie du dich fühlst.«

Sie hielt mir den Inhalt ihres Rucksacks entgegen. »Hier hast du noch etwas Wasser und Verpflegung für deinen Weg. Wo gehst du jetzt hin?«

»Nach Osten ..., wenigstens eine Zeitlang. Ich weiß, daß Charlene in die Richtung gegangen ist.«

Sie warf einen Blick auf meinen Fuß. »Bist du sicher, daß dein Knöchel das aushält?«

Ich nahm ihre Hand und sagte: »Ich habe mich noch gar nicht richtig bedankt für deine Hilfe. Mein Knöchel wird mir keine Probleme machen, er tut jetzt schon kaum noch weh. Wahrscheinlich werde ich nie herausfinden, wie schlimm es ohne dich noch geworden wäre.«

»Das weiß niemand im nachhinein.«

Ich nickte, setzte den Rucksack auf und marschierte gen Osten. Ein einziges Mal drehte ich mich zu ihr um. In der Sekunde wirkte Maya schuldbewußt, dann machte sich Erleichterung auf ihrem Gesicht breit.

Durch dichten Waldbestand wanderte ich dem Summton entgegen, immer dem Bachlauf zu meiner Linken folgend, und rastete nur, um meinem Fuß eine Pause zu gönnen. Gegen Mittag setzte der Ton eine Weile aus, worauf ich mir eine Mahlzeit zubereitete und meine Lage überdachte. Mein Knöchel war leicht angeschwollen, also mußte ich mindestens eine Stunde ruhen, bevor ich weitergehen durfte. Nach etwa einer Stunde legte ich noch eine Meile zurück, dann war ich bereits dermaßen matt, daß ich erneut rasten mußte. Gegen vier Uhr nachmittags schaute ich mich nach einem geeigneten Platz zum Übernachten um.

Der dichte Wald, der bis zum Bachufer reichte, machte nun einer sanft gewellten Hügellandschaft Platz, auf der viele ältere Bäume wuchsen, manche davon mehr als drei-, vierhundert Jahre alt. Aus einer Lücke zwischen ihren Wipfeln stach der langgezogene Kamm einer weit höheren Hügelkette hervor, die sich in südöstlicher Richtung verlor.

Direkt unterhalb des mir nächstgelegenen Hügelkamms fiel mir eine grasbewachsene Mulde auf, in der ich mein Zelt zum Übernachten aufschlagen konnte. Ich ging darauf zu, als eine Bewegung zwischen den Bäumen mich jäh innehalten ließ. Rasch glitt ich hinter einen Felsvorsprung und spähte mit angehaltenem Atem in die Richtung. Was konnte das sein? Ein Reh? Ein Mensch? Ich harrte minutenlang aus und entfernte mich dann möglichst lautlos nach Norden hin. Während ich mich zentimeterweise zurückzog, sah ich, wie ein großer, breitschultriger Mann auf die Grasmulde zusteuerte, die ich vorher ins Auge gefaßt hatte. Offenbar wollte er dort auch campieren. In geduckter Haltung und mit flinken Bewegungen hatte er in kürzester Zeit ein Einmannzelt aufgestellt, das er unter Zweigen und Laub versteckte. Einen Moment lang hielt ich ihn für David, aber dieser Mann bewegte sich anders, und außerdem war sein Haar nicht tiefschwarz. Dann verlor ich ihn aus den Augen.

Ich ließ weitere Minuten verstreichen und zog mich dann noch weiter nordwärts zurück, bis ich vollkommen außer Sichtweite war. So vergingen etwa fünf Minuten, in denen ich ein gutes Stück vorangekommen war, als der Mann plötzlich direkt vor mir aus dem Dickicht trat.

»Wer bist du?« fragte er.

Ich nannte ihm meinen Namen und entschied mich dann für Offenheit. »Ich bin auf der Suche nach einer Freundin.«

»Hier draußen ist es gefährlich«, brummte er. »Ich rate dir ernstlich, zurückzugehen. Die ganze Gegend hier befindet sich in Privatbesitz.«

»Und warum bist *du* hier draußen?« gab ich zurück.

Er musterte mich schweigend.

In dem Moment fielen mir Davids Worte wieder ein. »Bist du Curtis Webber?« fragte ich.

Er starrte mich noch eine Sekunde an, und dann machte sich abrupt ein strahlendes Lächeln auf seinem Gesicht breit. »Du kennst David Lone Eagle!«

»Ich habe nur kurz mit ihm gesprochen, aber er hat mir erzählt, daß du hier unterwegs bist. Ich soll dir sagen, daß er ins Tal wandern und dich finden wird.«

Curtis nickte, dann deutete in die Richtung seines Zeltlagers. »Es wird spät, und wir müssen zusehen, daß wir außer Sichtweite geraten. Laß uns zu meinem Zelt gehen. Du kannst die Nacht dort oben verbringen.«

Ich folgte ihm einen Abhang hinab und dann weiter hinauf in den Schutz der größeren Bäume. Während ich mein Zelt aufschlug, setzte er Kaffeewasser auf seinen Kocher und öffnete eine Dose Thunfisch. Ich steuerte eins der Brotpakete bei, die Maya mir mitgegeben hatte.

»Vorhin hast du gesagt, daß du nach jemandem suchst«, sagte Curtis. »Nach wem denn?«

Mit wenigen Worten erzählte ich ihm von Charlenes Verschwinden und daß sie hier im Tal gesehen worden war. Meine Erlebnisse in der anderen Dimension erwähnte ich nicht, nur daß ich den Summton gehört und die grauen Jeeps gesehen hatte.

»Das Summen wird von einem Energiegenerator erzeugt, mit dem hier aus irgendwelchen Gründen experimentiert wird«, sagte Curtis. »Soviel kann ich dir mit Gewißheit sagen. Aber ob eine Regierungsbehörde oder eine Privatgruppe dahintersteckt, steht zur Debatte. Die meisten Forstschutzarbeiter haben offenbar noch nichts davon mitgekriegt, und was und wieviel die Verwaltung weiß, ist noch unklar.«

»Hast du die Medien in der Angelegenheit kontaktiert?« fragte ich. »Oder die Ortspolizei?«

»Noch nicht. Die Tatsache, daß nicht jeder dieses Summen hört, ist ein ziemliches Problem.«

»Das kannst du laut sagen.«

Curtis ließ den Blick über die Landschaft schweifen. »Wenn ich nur wüßte, wo sie stecken! Wenn man die privaten Ländereien und den Nationalpark zusammenrechnet, kommt man auf Tausende von Hektar, wo sie sich aufhalten können. Ich denke, sie wollen ihre Versuche machen und verschwinden, bevor irgend jemand was merkt. Das heißt, *wenn* sie eine Tragödie vermeiden können.«

»Wie meinst du das?«

»Wenn etwas schiefgeht, können sie diese Gegend total ruinieren, eine Geisterlandschaft daraus machen, ein zweites Bermuda-Dreieck, wo die physikalischen Gesetze in einen unberechenbaren Fluxus geraten.« Er sah mir direkt in die Augen. »Unsere Wissenschaftler können mittlerweile ganz unglaubliche Dinge in Gang setzen. Die meisten von uns haben keine Ahnung, wie komplex elektromagnetische Phänomene sind, aber bei den neuesten Super-String-Theorien, um nur ein Beispiel zu nennen, wird davon ausgegangen, daß Strahlen durch neun Dimensionen hindurchrasen, wenn die Kalkulationen der Mathematiker aufgehen sollen. Dieser Generator, von dem ich gesprochen habe, hat eine potentielle Leistungskraft, mit der wir neun Dimensionen gleichzeitig stören können. Er kann gewaltige Erdbeben auslösen, womöglich sogar die totale physische Auflösung ganzer Landstriche.«

»Woher weißt du alle diese Dinge?« fragte ich.

Seine Züge verdunkelten sich. »Weil ich mich in den achtziger Jahren ein Jahrzehnt lang an der Entwicklung dieser Technologie beteiligt habe. Ich habe für einen internationalen Konzern mit Namen DelTech, gearbeitet – oder wenigstens glaubte ich daran –, bis ich später, nachdem man mich hinausgeworfen hatte, herausfand, daß DelTech ein völlig fiktiver Name war …

Hast du schon mal was von Alvin Tesla gehört? Nun – wir haben viele von seinen Theorien weiterentwickelt und manche seiner Entdeckungen mit DelTechs Forschungsergebnissen verknüpft. Die von uns entwickelte Technologie setzt sich aus mehren, sehr unterschiedlichen Komponenten zusammen, die grundsätzlich auf folgende Weise funktionieren: Stell dir vor, daß das Elektromagnetfeld der Erde eine gigantische Batterie ist, die enorme Mengen von Energie erzeugt, wenn es dir gelingt, diese Batterie auf die richtige Weise anzuzapfen. Dazu brauchst du einen hochkomplizierten elektronischen Rückkopplungsschutz, der bestimmte statische Abgabeschwingungen mathematisch gesehen steigert. Zum Aufladen und Anzapfen dieser ›Batterie‹ mußt du eine Reihe von Schwingungen erzeugen, und wenn deine Eichungen exakt stimmen – Presto! –, dann beziehst du nahezu kostenlose Elektrizität aus der Luft direkt vor dir. Und du brauchst nur eine winzige Energiemenge, um diesen Stromerzeuger in Gang zu setzen, meinetwegen eine Fotozelle oder eine Batterie, danach setzt sich die Energiegewinnung von selbst fort. Ein Gerät von der Größe einer Heizpumpe kann mehrere Häuser mit Strom versorgen, selbst eine kleine Fabrik.

Allerdings stoßen wir hierbei nun auf zwei Probleme. Erstens: Die Eichung dieser Mini-Generatoren ist ein unglaublich komplizierter Vorgang. Wir haben Zugang zu einigen der größten Computerzentralen der Welt gehabt und es trotzdem nicht geschafft. Zweitens: Bei dem Versuch, die Gesamtabgabe noch um ein Vielfaches zu erhöhen und zu verstärken, haben wir festgestellt, daß der Luftraum in der Nähe des Generators seine Stabilität verlor und anfing, Wellen zu erzeugen. Damals wußten wir es noch nicht, aber wir haben die Energie einer anderen Dimension angezapft, und dann geschahen sehr, sehr merkwürdige Dinge. Einmal haben wir den ganzen Generator verschwinden lassen, genau wie sie es mit dem Schiff beim Philadelphia-Experiment gemacht haben.«

»Meinst du, daß das Schiff 1942 tatsächlich verschwunden ist und an anderer Stelle wieder aufgetaucht?«

»Aber ja doch! Es gibt viele geheime Projekte, bei denen durchaus funktionsfähige Technologien erprobt werden – diese Leute sind nicht auf den Kopf gefallen. In unserem Fall haben sie es fertiggebracht, das ganze Team innerhalb eines Monats aufzulösen und jeden von uns auf die Straße zu setzen, ohne das Firmengeheimnis dabei zu gefährden, weil jedes Team isoliert für sich an einem Element des Generators gearbeitet hat. Nicht, daß ich mir damals allzu viele Gedanken darüber gemacht hätte ... Ich habe ihnen mehr oder minder abgekauft, daß die Hindernisse zu unüberwindlich waren, um weiterzumachen, und dachte, daß unsere Versuche in einer Sackgasse geendet sind – obwohl ich damals schon hörte, daß mehrere Angestellte aus unserem Betrieb sofort von einem anderen Konzern angeheuert wurden.«

Er besann sich einen Moment und fuhr dann fort: »Ich wollte ohnehin etwas anderes machen. Jetzt arbeite ich als freier Berater für ein paar kleinere Firmen im Technologiebereich und erzähle ihnen, wie sie ihre Forschungsergebnisse und Nutzung der Ressourcen verbessern können oder wie sie ihre Abfallprodukte entsorgen können und dergleichen mehr. Ich sage dir, je länger ich mit diesen Firmen zusammenarbeite, um so deutlicher sehe ich, daß die Erkenntnisse sich auch wirtschaftlich lohnen. Auch in der Geschäftswelt findet eine Umschichtung des Bewußtseins statt. Aber ich bin immer davon ausgegangen, daß wir bis auf weiteres mit den traditionellen Energiequellen arbeiten müssen, und habe mich nicht mehr um die Experimente mit dem neuen Versorgungssystem gekümmert, bis ich in diese Gegend hier umgezogen bin. Du kannst dir vielleicht vorstellen, welch ein Schock es für mich war, als ich in dieses Tal kam und den unverwechselbaren Ton – dieses Summen – hörte, das mir damals jahrelang jeden Tag bei der Arbeit in den Ohren gelegen hat.

Irgendwelche Leute haben das Projekt offenbar ohne uns fortgesetzt, und nach den Schwingungen zu urteilen sind sie inzwischen ein gutes Stück vorangekommen, weiter als wir jemals waren. Also habe ich versucht, zwei Personen zu kontaktieren, die das Geräusch hätten identifizieren können und vielleicht mit mir bei der U.S. Energiekommission oder einem Kongreßkomitee vorsprechen würden, aber dann fand ich heraus, daß einer der beiden schon seit zehn Jahren tot ist und der andere, mein bester Freund und Arbeitskollege, ebenfalls gestorben ist ... Vor ein paar Tagen hat er einen Herzinfarkt gehabt ...« Curtis' Stimme war nahezu tonlos geworden.

Es dauerte eine Weile, bis er weitersprach: »Seitdem laufe ich hier draußen herum und horche und überlege mir, warum sie sich dieses Tal ausgesucht haben, denn normalerweise finden solche Experimente in einem Labor statt. Aber in diesem Fall nicht. Warum auch? Die einzig notwendige Energiequelle ist der leere Raum, und der ist schließlich überall zu finden. Dann dämmerte es mir, daß sie wohl kurz davor sind, die Eichungen perfekt hinzukriegen, was bedeutet, daß sie an dem Problem der Verstärkung dieser Energie arbeiten. Ich glaube, sie wollen die Öffnungen zwischen den Dimensionen und die darin enthaltenen Wirbelströme hier in diesem Tal benutzen, um den Vorgang zu stabilisieren.«

Eine Welle des Zorns lief über sein Gesicht. »Was absolut unnötig und verrückt ist! Wenn sie die Eichungen tatsächlich genau festlegen können, besteht kein Anlaß, die Energiequelle noch zu verstärken. Sie kann in kleinen Einheiten nutzbar gemacht werden, das wäre das einzig Sinnvolle, und nur das! Alles andere ist verrückt. Ich weiß genug über diese Technologie, um die Gefahren einschätzen zu können. Ich sage dir, dieses Tal kann dabei vernichtet werden – und Schlimmeres. Wenn sie dieses Ding auf die interdimensionalen Wege fokussieren, dann garantiere ich für gar nichts mehr.«

Er unterbrach sich plötzlich und fragte: »Weißt du, wovon ich rede? Hast du von den Erkenntnissen gehört?«

Ich starrte ihn eine Sekunde lang an, dann sagte ich: »Curtis, jetzt muß ich dir etwas über meine Erfahrungen hier im Tal erzählen, auch wenn du meine Geschichte vielleicht unglaublich findest.«

Er nickte und hörte mir dann geduldig zu, während ich die Begegnung mit Wil schilderte und unsere Reisen in bestimmte Bereiche der anderen Dimension. Als ich bei der Lebensrückschau angelangt war, fragte ich: »Der Freund von dir, der kürzlich gestorben ist – hieß er Williams mit Nachnamen?«

»Ja, Doktor Williams. Woher weißt du das?«

»Wir haben gesehen, wie er nach seinem Tode in die andere Dimension gekommen ist. Wir waren dabei, als er auf sein vergangenes Leben zurückblickte.«

Curtis bemühte sich, die Fassung zu wahren. »Also, da komme ich nicht mehr mit. Ich verstehe die Erkenntnisse zumindest auf intellektueller Ebene und setze die Wahrscheinlichkeit der Existenz anderer Dimensionen voraus, aber als Wissenschaftler kann man die Aussagen der Neunten Erkenntnis nicht wörtlich auffassen ..., diese Ideen von der Kommunikation mit verstorbenen Menschen ... Also meinst du, daß Doktor Williams weiterlebt, in dem Sinne, daß seine Persönlichkeit intakt geblieben ist?«

»Ja, und er hat an dich gedacht.«

Er sah mich aufmerksam an, während ich ihm von Williams' Vision erzählte, daß Curtis einen Beitrag zur Überwindung der Angst leisten und diesem Experiment ein Ende bereiten wollte.

»Ich begreife es nicht«, wandte er ein. »Was meinte er mit ›der wachsenden *Angst*‹?«

»Genau weiß ich es auch nicht. Es hat etwas mit einem gewissen Prozentsatz der Erdbevölkerung zu tun, der sich weigert, an eine fortschreitende Erweiterung des Bewußtseins der Menschheit zu glauben. Statt dessen gehen diese Leute davon aus, daß die Zivilisation immer mehr degeneriert. Auf diese Weise entsteht eine Polarisierung, bei der die Weltanschauungen immer weiter auseinanderklaffen. Insgesamt können wir uns offenbar nicht fortentwickeln, ohne diese Polarisierung zu überbrücken oder aufzuheben. Meine Hoffnung war, ehrlich gesagt, daß du dich an etwas von alledem erinnern kannst.«

Er sah mich ausdruckslos an. »Ich weiß nichts von irgendwelchen Polarisierungen, nur, daß ich dieses Experiment stoppen werde.« Der Zorn wallte erneut in ihm auf, und er wandte sich ab.

»Williams hat offenbar verstanden, wie es aufgehalten werden kann«, sagte ich.

»Aber das werden wir wohl nie nachvollziehen können, nicht wahr?«

Während er das sagte, stieg ein flüchtiges Bild von ihm und Williams in mir auf. Die beiden standen im Gras auf der Hügelkuppe unter mehreren hohen Bäumen und unterhielten sich.

Curtis verteilte das Essen, und da er weiterhin mürrisch wirkte, aßen wir, ohne ein Wort zu wechseln. Später lehnte ich den Rücken gegen den Stamm eines kleinen Hickorybaums, streckte die Beine aus und betrachtete die Hügelkuppe direkt über mir. Vier oder fünf hohe alte Eichen bildeten einen nahezu perfekten Halbkreis auf ihrem flachen Plateau.

»Warum hast du dein Zelt eigentlich nicht ganz oben auf dem Hügel aufgeschlagen?« fragte ich Curtis und deutete auf die Kuppe.

»Die Idee kam mir in den Sinn, aber dann kam mir die Stelle wohl zu exponiert vor, vielleicht auch zu energiegeladen, was weiß ich. Sie wird Codders Kuppe genannt. Willst du mit mir dort hinaufgehen?«

Ich nickte und stand auf. Ein graues Zwielicht senkte sich auf die Wälder herab. Curtis machte ein paar Bemerkungen über die Schönheit der Pflanzenwelt ringsum, während er vor mir den Abhang erklomm. Vom höchsten Punkt aus konnten wir trotz der hereinbrechenden Dämmerung fast eine Viertelmeile weit nach Norden und Osten blicken, wo der fast volle Mond bereits über der Baumlinie aufging.

»Setzen wir uns«, meinte Curtis. »Man sollte uns hier nicht sehen.«

Lange Zeit saßen wir schweigend nebeneinander und genossen die Aussicht. Irgendwann zog Curtis eine Taschenlampe hervor und legte sie auf den Boden neben sich. Ich war tief in den Anblick des goldroten Herbstlaubs versunken und fühlte die Energie von uns beiden langsam ansteigen.

Plötzlich warf Curtis mir einen Blick zu und fragte: »Riechst du was? Ist das Rauch?«

Ich spähte in das Dickicht hinein, auf einen dräuenden Waldbrand gefaßt, und schnupperte mehrmals. »Nein, ich rieche nichts.«

Curtis' Stimmung war unvermittelt umgeschlagen. Er schien traurig und nostalgisch.

»Welche Art von Rauch meinst du denn?«

»Zigarrenrauch.«

Im zunehmenden Licht des Mondes sah ich, daß er versonnen in sich hineinlächelte und seinen eigenen Gedanken nachhing. Dann, plötzlich, nahm ich den Rauch ebenfalls wahr.

»Was ist das?« Ich blickte mich nach allen Seiten um.

Er sah mich an. »Doktor Williams' Zigarren rochen genauso. Ich kann nicht glauben, daß er nicht mehr lebt.«

Wir unterhielten uns ein wenig, während der Geruch sich verflüchtigte, so daß ich die Episode schon als unbedeutend abgetan hatte, bis mein Blick auf das Gras und die Eichen fiel. In dem Moment erkannte ich, daß wir uns genau an dem Platz befanden, an dem Williams seine Begegnung mit Curtis vorausgesehen hatte.

Sekunden später sah ich, wie eine Gestalt hinter den Eichen in Erscheinung trat.

Ich zeigte in die Richtung und raunte Curtis zu: »Siehst du dort etwas?«

Kaum hatte ich den Mund aufgemacht, verschwand die Gestalt.

Curtis starrte angestrengt auf die Stelle. »Was? Wo? Ich sehe nichts.«

Ich schwieg. Es schien, als würden mir meine Wahrnehmungen *eingegeben* – ich empfing mein Wissen plötzlich auf dieselbe Weise, wie ich es von den Seelengruppen empfangen hatte, nur daß mein Kontakt mit der Quelle dieses Wissens verschwommener und distanzierter war. In diesem Zustand konnte ich sogar Informationen über das Experiment aufgreifen, und sie bestätigten mir, was Curtis befürchtet hatte. Es war eine Tatsache, daß der Versuch gemacht wurde, die energetischen Wirbelströme der Öffnungen anzuzapfen.

Curtis meldete sich abrupt zu Wort: »Mir ist gerade eingefallen, daß Doktor Williams vor Jahren an einem Teil gearbeitet hat, das wie ein ferngesteuerter Richtstrahler funktioniert, ein Schalenprojektionssystem. Ich wette, daß sie dieses Ding benutzen, um die Öffnungen in den Dimensionen zu fokussieren. Aber woher wissen sie, wo diese Wirbelströme *sind*?«

Die Antwort fiel mir sofort ein. Irgend jemand mit einem höheren Bewußtsein zeigte den Wissenschaftlern, wo die energetischen Wirbelströme sich befanden, bis diese die räumlichen Abweichungen auf dem Fernfocus-Computer entdeckt hatten. Ich hatte keinen Schimmer, was das bedeuten sollte.

»Das kann nur folgendermaßen zugehen«, fuhr Curtis fort. »Sie müssen jemanden finden, der sie darauf aufmerksam macht – jemanden, der die höhere Energie an diesen Naturschauplätzen wahrnimmt. Dann können sie ein Energieprofil von dem entsprechenden Platz aufzeichnen und ihn präzis fokussieren, indem sie ihn mit einem Richtstrahler abtasten. Vermutlich hat der Betreffende keine Ahnung, was diese Leute in Wirklichkeit treiben.« Er schüttelte den Kopf. »Bosheit ist das, reine Bosheit treibt sie voran, anders kann man es nicht sagen. Wie können sie es wagen?!«

Ich fühlte mich von einem Wissen erfüllt, das zu vage war, um es im einzelnen zu verstehen, doch sagte es mir, daß es Gründe für dieses Handeln gab. Aber zuerst ging es darum, der kollektiven Angst auf den Grund zu gehen.

Als ich zu Curtis hinübersah, war er gedankenverloren in sich zusammengesackt.

Nach einer geraumen Weile blickte er mich an und sagte: »Kannst du mir vielleicht verraten, warum diese Angst jetzt solche Ausmaße annimmt?«

»In einer kulturellen Übergangsperiode«, begann ich, »brechen die alten Lebensanschauungen zusammen und bringen neue Sichtweisen hervor, was zunächst einmal Furcht und Unsicherheit auslöst. Während manche Menschen dabei aufwachen und eine direkte Verbindung zur innewohnenden Liebe finden, die sie trägt und ihre Gesamtentwicklung beschleunigt, stellen andere fest, daß sich für sie alles viel zu schnell ändert und wir den Halt verlieren. Um ihr deprimiertes Energieniveau anzuheben, steigen sie nun immer tiefer auf die Angst ein und klammern sich an etwas, das sie kontrollieren können. Diese Hinwendung zur Angst kann gefährliche Ausmaße annehmen, weil Menschen in extremen

Angstsituationen auch extreme Gegenmaßnahmen rechtfertigen können.«

Während ich sprach, hatte ich das Gefühl, die Ansichten von Wil und Williams lediglich noch weiter auszuführen, obwohl ich zur selben Zeit deutlich merkte, daß ich alles schon längst wußte, ohne die Tatsache bisher wahrgenommen zu haben.

»Das ist wahr«, verkündete Curtis mit Bestimmtheit. »Deshalb sind diese Leute jetzt bereit, das ganze Land hier zu opfern. Und sie rechtfertigen es damit, daß die Zivilisation keine Überlebenschance hat und ihre Sicherheit auf dem Spiel steht, wenn sie nicht noch mehr Kontrolle an sich reißen. Aber das lasse ich nicht zu. Eher jage ich das ganze Ding in die Luft.«

Ich musterte ihn. »Was meinst du damit?«

»Genau, was ich sage. Ich bin Experte im Sprengen.«

Ich mußte alarmiert dreingeblickt haben, denn nun sagte er: »Keine Sorge, ich mache es so, daß niemand verletzt wird. Das will ich mir nämlich nicht auch noch auf mein Gewissen laden.«

Eine Welle der Klarheit überflutete mich. »Jede Form der Gewaltanwendung macht alles nur noch schlimmer, das ist doch klar, oder?«

»Was bleibt uns anderes übrig?«

Aus dem Augenwinkel sah ich die undeutliche Gestalt erneut auftauchen und sofort wieder verschwinden. »Ich weiß es nicht genau«, entgegnete ich. »Aber wenn wir diese Leute mit Zorn und Haß bekämpfen, bestätigen wir ihr Feindbild. Das verstärkt ihre Abwehr. Es erzeugt nur noch mehr Angst. Die Gruppe in Williams' Visionen soll einen anderen Weg einschlagen. Wir müssen uns voll und ganz an unsere Geburtsvisionen erinnern ..., denn dann erinnern wir uns irgendwann auch an etwas viel Größeres – die *globale Vision*.«

Irgendwoher kannte ich das Wort, ohne mich daran erinnern zu können, wo ich es schon früher gehört hatte.

»Die globale Vision«, wiederholte Curtis, tief in Gedanken versunken. »Ich glaube, David Lone Eagle hat diesen Begriff ebenfalls benutzt.«

»Ah ja, das ist richtig.«

»Was ist die ›globale Vision‹ deiner Meinung nach?«

Gerade wollte ich Unkenntnis vorschützen, als mir ein Gedanke kam. »Es ist ein Verständnis, nein, eine Erinnerung an unsere Bestimmung. Und wir erfüllen unsere Bestimmung, wenn wir die höheren Schwingungen der Liebe ausstrahlen und die Polarisierung überbrücken, damit das Experiment beendet werden kann.«

»Ich sehe nicht, wie so etwas funktionieren soll«, sagte Curtis.

Es geht um das Energieniveau dieses Forschungsteams«, hörte ich mich sagen. »Wir müssen sie seelisch berühren, dann wachen sie auf und entscheiden sich freiwillig gegen eine Fortsetzung ihrer Aktivitäten.«

Wir schwiegen minutenlang, dann sagte Curtis: »Vielleicht. Aber wie rufen wir eine Energiesteigerung bei solchen Menschen hervor?«

Dazu fiel mir nichts Konkretes ein.

»Wenn ich nur wüßte, wie weit sie mit diesem Experiment gehen wollen«, fügte Curtis hinzu.

»Was erzeugt den Summton?« fragte ich.

»Das Summen ist eine Dissonanz, die durch die Koppelung von mehreren kleinen Generatoren entsteht, was bedeutet, daß sie immer noch versuchen, die Eichung zu präzisieren. Je unangenehmer und dissonanter der Ton, desto ungenauer ist das Instrument geeicht.

Er dachte einen Augenblick nach. »Ich frage mich dauernd, welche energetischen Wirbelströme sie hier in dieser Gegend anzapfen wollen.«

In dem Moment spürte ich eine eigentümliche Nervosität, nicht in mir selbst, sondern außerhalb, als wäre ich in der Nähe eines verängstigten Menschen. Ich schaute Curtis an, der relativ ruhig wirkte. Hinter den Eichenbäumen entdeckte ich wieder die vagen Umrisse einer Gestalt. Es schien, als bewege sie sich aufgeregt.

Curtis klang abwesend, als er sagte: »Ich nehme an, daß man das Summen in der Nähe des Zielortes recht deutlich hört und dann eine Art statischer Elektrizität in der Luft spürt.

Wir sahen uns an, und in der abendlichen Stille vernahm ich ein kaum vernehmliches Sirren, ein Vibrieren.

»Hörst du das?« Jetzt war Curtis alarmiert.

Ich schaute ihn an und spürte, wie mir die Haare auf dem Nacken und den Unterarmen zu Berge standen.

Eine Sekunde lang starrte Curtis die eigenen Arme an, dann warf er mir einen entsetzten Blick zu und schrie: »Wir müssen hier weg! Weg!« Er packte seine Taschenlampe beim Aufspringen und zerrte mich von der Kuppe des Hügels herunter.

Plötzlich brach dasselbe ohrenbetäubende Brüllen über uns herein, das ich schon in der anderen Dimension gehört hatte, und schleuderte uns eine Schockwelle entgegen, die uns beide zu Boden warf. Gleichzeitig erbebte die Erde unter uns mit solcher Gewalt, daß sich kaum zehn Meter entfernt von uns eine massiver Spalt auftat, über dem Staub und Steine explodierten.

Eine der uralten Eichen hinter uns neigte ihre enorme Krone und stürzte mit einem donnernden Krachen zur Seite. Sekunden darauf riß eine weitere, noch größere Spalte den Boden direkt neben uns auf und Curtis, der sich nicht festhalten konnte, fiel in Richtung des Abgrunds. Ich klammerte mich an einen Strauch und versuchte Curtis' Hand zu packen. Einen Augenblick hielten wir einander fest, dann entglitt er mir, und ich sah ohnmächtig zu, wie er über den Rand nach unten rutschte. Die Erdspalte bewegte und vertiefte sich, spuckte eine weitere Ladung Staub und Geröll in die Höhe, erschauerte noch einmal und war dann still. Ein Ast unter der gefallenen Eiche barst mit lautem Knacken, dann legte sich ein tiefes Schweigen über das nächtliche Land.

Als der Staub sich etwas gelegt hatte, ließ ich den Strauch los und kroch näher an den Rand der Erdspalte heran. Ich rieb mir die Augen und sah dann erst, daß Curtis lang ausgestreckt an der äußersten Kante lag, obwohl ich genau gesehen hatte, wie er in den Abrund gerutscht war. Er rollte sich zu mir hin und sprang mit einem Satz auf die Beine.

»Lauf, lauf«, schrie er mir zu. »Das kann gleich wieder losgehen!«

Ohne ein weiteres Wort hasteten wir den Hügel hinab, den Zelten entgegen, Curtis voran, ich hinterherhinkend. Beim Lagerplatz angekommen, packte er beide Zelte, riß sie mitsamt ihren Pflöcken aus dem Boden und stopfte sie in unsere Rucksäcke. Ich zwängte den übrigen Kram hinein, und dann eilten wir Richtung Südwesten, bis der Boden flacher wurde und dichtes Unterholz uns Deckung gewährte. Nach einer weiteren halben Meile zwangen die Erschöpfung und mein strapazierter Knöchel mich zum Anhalten.

Curtis nahm das Terrain in Augenschein. »Vielleicht sind wir sicher hier«, knurrte er. »Aber laß uns lieber noch tiefer in das Dickicht hier rechts reingehen.« Ich folgte ihm humpelnd weitere dreißig Meter in das unwegsame Gehölz.

»Das reicht wohl. Laß uns die Zelte hier aufschlagen.«

In Minutenschnelle standen beide Zelte und waren mit Zweigen bedeckt. Völlig außer Atem blickten wir einander an und ließen uns auf die Eingangsplane zu seinem Zelt sinken.

Nach einer geraumen Weile fragte ich: »Was ist deiner Meinung nach da oben passiert?«

Sein Gesicht wirkte ausgezehrt, als er seinen Rucksack nach dem Wasserbehälter durchsuchte. »Genau, was wir vermutet haben. Sie richten ihren Fokus auf eine entlegene Gegend.« Er nahm einen langen Schluck. »Sie ruinieren dieses Tal. Man muß sie daran hindern.«

»Was hältst du von dem Rauch, den wir gerochen haben?«

»Weiß nicht, was ich davon halten soll«, murmelte Curtis. »Es war, als wäre Doktor Williams persönlich anwesend – fast, als könnte ich seine Stimme und den genauen Tonfall hören, in dem er sich zu unserer Lage geäußert hätte.«

Ich fing seinen Blick auf. »Für mich war er anwesend.«

Curtis reichte mir den Wasserbehälter. »Wie das?«

»›Wie‹ weiß ich auch nicht, aber er war da und wollte dir etwas mitteilen. Er kam zu *dir*, um eine dringende Botschaft loszuwerden. Als Wil und ich ihn bei seiner Lebensrückschau beobachtet haben, hat er Qualen ausgestanden, weil er nicht rechtzeitig genug aufgewacht ist, um zu begreifen, warum er eigentlich auf die Welt gekommen ist. Er hat gesehen, daß du und er selbst zu einer Gruppe mit einer ganz bestimmten Aufgabe gehören. Kannst du dich wirklich an nichts dergleichen entsinnen? Ich glaube, er wollte dir zu verstehen geben, daß diese Forscher nicht mit Gewalt aufgehalten werden können. Wir müssen uns etwas anderes einfallen lassen, etwas im Zusammenhang mit der globalen Vision, von der David gesprochen hat.«

Curtis warf mir einen leeren Blick zu.

»Was ist dir eigentlich passiert, als die Erdspalte sich aufgetan hat«, fragte ich. »Ich weiß, daß ich dich in den Abgrund rutschen sah, aber als ich nachschauen wollte, hast du wieder oben am äußersten Rand gelegen.«

Er sah völlig perplex aus. »Das frage ich mich auch. Ich konnte deine Hand nicht mehr halten, rutschte immer tiefer in die Spalte hinein, und währenddessen überkam mich ein Friede ... unglaublich. und dann fühlte sich alles so weich an, als würde ich auf aufgeschüttelte Daunen fallen. Ich sah nur ein weißes Etwas, das mich irgendwie umhüllt hat. Und als nächstes lag ich am Rand der Erdspalte und sah dich dort herumkriechen. Du glaubst wohl, daß Doktor Williams mich gerettet hat, wie?«

»Nein, so sehe ich es nicht. Mir ist gestern etwas Ähnliches passiert. Fast wäre ich von mehreren Felsbrocken erschlagen worden – aber dann sah ich eine weißliche Form, die mir dieses Schicksal erspart hat. Das muß etwas anderes sein als Doktor Williams.«

Curtis musterte mich einen Augenblick und entgegnete etwas, aber ich hörte nicht mehr, was er sagte. Ich war am Einnicken.

»Laß uns schlafen gehen«, sagte er.

Als ich aus meinem Zelt krabbelte, war Curtis bereits auf den Beinen. Die Morgenluft war klar, nur über dem Boden hingen noch weißliche Nebelschwaden. Ich spürte sofort, daß die Wut in ihm brodelte.

»Ich muß andauernd über diese Kerle nachdenken«, knurrte er,

»und daß sie garantiert nie aufgeben.« Er atmete tief durch. »Inzwischen haben sie herausgefunden, was sie da oben auf dem Hügel angerichtet haben. Jetzt bemühen sie sich, die Kalibrierungen zu präzisieren, was nicht allzu lange dauern dürfte. Dann geht's auf zum nächsten Versuch. Ich kann sie stoppen, aber erst müssen wir ihren Aufenthaltsort finden.«

»Curtis, Gewaltanwendung macht alles nur noch schlimmer. Hast du die Botschaft von Williams nicht verstanden?! Wir müssen herausfinden, wie wir die Vision für unsere Zwecke einsetzen können.«

»Nein!« brüllte er, plötzlich tief bewegt. »Das habe ich schon versucht!«

Ich sah ihn verblüfft an. »Wann denn?«

Nun wirkte er unvermittelt verwirrt. »Ach, ich weiß auch nicht.«

»Ich weiß es, glaube ich.«

Er fegte meine Bemerkung mit einer Handbewegung beiseite. »Erzähle mir nichts. Das ist alles viel zu verrückt. Was hier geschieht, ist letztlich meine Schuld. Wenn ich nicht an dieser Technologie mitgearbeitet hätte, wären sie vielleicht jetzt nicht so weit. Ich werde die Sache auf meine Art erledigen.« Er begann zu packen.

Ich zögerte, dann begann ich ebenfalls, mein Zelt abzubauen, und versuchte einen klaren Gedanken zu fassen. Nach einer Weile sagte ich: »Ich habe bereits jemanden gefunden, der uns Hilfe schicken will. Maya, eine Frau, der ich hier begegnet bin, glaubt, daß sie jemanden von der Ortspolizei bewegen kann, die Angelegenheit zu untersuchen. Du mußt mir versprechen, daß du uns noch etwas Zeit läßt.«

Er kniete neben seinem Rucksack und arrangierte etwas in einer vollgestopften Seitentasche. »Ich kann dir nichts versprechen. Wenn es soweit ist, muß ich die Gelegenheit ergreifen.«

»Hast du einen Sprengsatz in deinem Rucksack?«

Er kam auf mich zu. »Wie gesagt, ich sorge dafür, daß niemand verletzt wird.«

»Gib mir Zeit«, wiederholte ich. »Falls ich noch einmal mit Wil in

Kontakt komme, kann ich vielleicht mehr über diese globale Vision herausfinden.«

»Na gut«, brummte er. »Ich warte, solange ich warten kann, aber kurz bevor sie den nächsten Versuch machen, muß ich eingreifen.«

Während er sprach, sah ich Wils Gesicht vor mir, umgeben von einem smaragdgrünen Lichtfeld. »Gibt es hier in der Nähe noch einen Platz mit besonders hoher Energie?« fragte ich.

Er zeigte nach Süden. »Irgendwo da oben auf dem größten der Hügel gibt es einen überhängenden Felsbrocken, von dem man mir erzählt hat. Aber das Land ist im Privatbesitz. Es wurde vor kurzem verkauft, und ich weiß nicht, wem es jetzt gehört.«

»Ich werde danach Ausschau halten. Wenn ich den richtigen Platz finden kann, sehe ich Wil dort vielleicht wieder.«

Curtis verstaute seine Sachen und half mir, mein Zeug einzupacken. Danach streuten wir altes Laub über unseren Zeltplatz. Aus dem Nordwesten drang das ferne Geräusch fahrender Autos an unsere Ohren.

»Ich gehe nach Osten«, sagte Curtis.

Ich nickte, und er stapfte davon, dann setzte ich meinen Rucksack auf und machte mich auf den Weg nach Süden. Nachdem ich mehrere kleinere Anhöhen überquert hatte, nahm ich die höchste und steilste Hügelkette in Angriff. Auf halber Höhe begann ich Ausschau nach dem überhängenden Felsbrocken zu halten, aber der dichte Waldbestand gewährte mir kaum einen Durchblick.

Nachdem ich ein paar hundert Meter weitergeklettert war, blieb ich stehen. Noch immer war kein Felsvorsprung in Sicht, und auf dem Kamm des Hügels sah ich ebenfalls nichts. Da ich nicht mehr wußte, wo ich langgehen sollte, setzte ich mich einfach auf den Boden und versuchte, meine Energie zu erhöhen. Nach einigen Minuten fühlte ich mich besser und nahm das Zwitschern der Vögel und alle anderen Geräusche des Waldes in mich auf, als ich hörte, wie ein großer Adler von seinem Nest in den Felsen aufstieg und den Hügelkamm in östlicher Richtung umsegelte.

Auch diesmal verstand ich das Verhalten des Vogels als richtungweisend und folgte ihm. Der Weg führte allmählich nur noch über zerklüftetes Felsgestein. Ich überquerte eine Quelle, die den Felsen entsprang, füllte meinen Vorratsbehälter mit dem reinen Wasser und wusch mein Gesicht und die Hände. Nach einer weiteren halben Meile mußte ich mich durch eine Gruppe junger Fichten hindurchzwängen, und dann, endlich, erblickte ich einen majestätischen Felsvorsprung schräg über mir. Enorme terrassenförmige Stiegen aus dickem Kalkstein führten hinauf zu einer fast zehn Meter breiten Plattform, die mindestens zwanzig Meter weit aus dem Felsmassiv herausragte und einen spektakulären Blick auf das darunterliegende Tal bot. Eine Sekunde lang nahm ich ein smaragdfarbenes Lichtspiel am unteren Ende der Plattform wahr. Oben, am Rande des Vorsprungs sah ich ein Gebüsch, unter dem ich meinen Rucksack versteckte, dann betrat ich die Felsplatte und setzte mich in ihre Mitte. Während ich in mich ging, stieg das Bild von Wil mühelos in mir auf. Ich atmete noch einmal tief ein und aus, dann spürte ich den Sog, der mich davontrug.

Eine Erweckungsgeschichte

Als ich die Augen öffnete, fand ich mich in einem tiefgrünen Lichtfeld wieder und wurde von dem mittlerweile vertrauten Gefühl vollkommenen Wohlbefindens und Friedens durchflutet. Wil stand links hinter mir.

Ich wandte mich zu ihm um und sah die Erleichterung über meine Rückkehr in seinem Gesicht. Er kam näher an mich heran und flüsterte verheißungsvoll: »Hier wirst du dich wohl fühlen.«

»Wo sind wir?« gab ich zurück.

»Schau genauer hin.«

Ich schüttelte den Kopf. »Erst muß ich dir etwas sagen, Wil. Wir müssen diese Forscher finden und alle weiteren Experimente verhindern. Einen Hügel haben sie bereits in die Luft gejagt. Gott weiß, was sie als nächstes in Angriff nehmen.«

»Und was geschieht, wenn wir sie finden?« fragte Wil.

»Ich weiß es nicht.«

»Und ich genausowenig. Was ist inzwischen passiert?«

Ich schloß die Augen und versuchte, meine innere Mitte zu finden, dann beschrieb ich ihm, was sich seit unserer letzten Begegnung ereignet hatte, und betonte Mayas Widerstand gegen meine Behauptung, daß sie zur Gruppe der sieben gehören könnte.

Wil nickte, ohne etwas dazu zu sagen.

Ich schilderte ihm meine Erlebnisse mit Curtis, das Erscheinen von Williams und wie wir die Folgen des Experiments überlebt hatten.

»Williams hat mit euch gesprochen?« fragte Wil.

»Nicht in dem Sinne, wie wir jetzt miteinander kommunizieren. Es kam mir eher vor wie eine Beeinflussung unserer Gedanken, bei der Williams mir Informationen vermittelt hat, die ich bereits auf anderer Ebene gewußt habe. Es war sehr seltsam, aber für mich besteht kein Zweifel, daß er anwesend war.«

»Was hat er euch mitgeteilt?

»Er bestätigte, was du und ich schon bei Mayas Visionen gesehen haben, und zwar, daß wir uns an mehr als unsere individuellen Absichten für dieses Leben erinnern können, denn darüber hinaus existiert ein Wissen über die Absichten und Fernziele der Menschheit schlechthin. Offenbar versetzt dieses umfassendere Wissen uns auf eine höhere Ebene der Energie und verleiht uns eine Kraft, die der Angst ein Ende bereitet ... und diesem Experiment ebenfalls. Er nannte es ›die globale Vision‹.«

Wil schwieg.

»Was denkst du?« fragte ich.

»Daß es sich hierbei um weitere Ausführungen der Zehnten Erkenntnis handelt. Bitte verstehe mich: Ich teile deine Ansicht, daß wir keine Zeit mehr verlieren dürfen, aber die einzige Art, uns nützlich zu machen, besteht darin, das Jenseits besser zu begreifen und die umfassendere Vision, von der Williams gesprochen hat, in uns aufzunehmen. Es muß eine Methode geben, die unserer Erinnerung auf die Sprünge hilft.«

Eine Bewegung in der Ferne erregte meine Aufmerksamkeit. Acht bis zehn unterschiedliche Wesen, deren Umrisse sich nur teilweise meinem Blickfeld entzogen, näherten sich uns bis zu einer Entfernung von etwa zwanzig Metern. Hinter ihnen erschienen Dutzende mehr, in ihre bernsteinfarbene Lichtwolke eingehüllt. Von allen diesen Seelen ging eine eigentümliche Rührung aus, die mir nur allzu vertraut vorkam.

»Erkennst du sie?« fragte Wil lächelnd.

Ich betrachtete die Gruppe und empfand ein eigentümlich nostalgisches Verwandtschaftsgefühl. Ja, ich kannte sie – und doch wieder nicht. Während ich die Wesen anschaute, intensivierte sich die emotionale Verbindung mit ihnen in einem Maße, das alles Bisherige in meinem Leben überstieg. Andererseits hatte die Tatsache ihrer unmittelbaren Nähe ebenfalls etwas sehr Vertrautes … Ich war wohl nicht zum ersten Mal hier.

Die Gruppe glitt noch näher an mich heran, wobei sich die Euphorie und das Geborgenheitsgefühl noch vertiefte. Ich überließ mich dieser Flut, wollte nichts mehr, als darin untergehen – in dieser vollständigen Zufriedenheit, die ich wahrscheinlich zum ersten Mal in meinem Leben empfand. Wogen der Erkenntnis und Dankbarkeit erfüllten mich.

»Weißt du, wer sie sind?« fragte Wil.

Ich wandte mich ihm zu. »Meine Seelengruppe, nicht wahr?«

Allein der Gedanke löste eine Vielzahl von Erinnerungen aus. Frankreich im dreizehnten Jahrhundert, ein Kloster und ein Innenhof. Rings um mich herum eine Gruppe von Mönchen, Gelächter, Vertrautheit, dann allein bei einem Spaziergang durch einen Wald. Plötzlich zwei zerlumpte Gestalten, Asketen, sie bitten mich um Hilfe, irgend etwas über die Erhaltung eines geheimen Wissens.

Ich schüttelte die Vision ab und schaute Wil an, unversehens von einer unnatürlichen Angst ergriffen. Was sollte ich als nächstes gleich sehen? Ich versuchte mich zu stabilisieren, und als wollte sie mir beistehen, kam meine Seelengruppe noch näher.

»Was hast du gerade gesehen?« fragte Wil. »Ich konnte es nicht ganz nachvollziehen.«

Ich beschrieb ihm meine bildhaften Eindrücke.

»Geh noch tiefer in diese Bilder hinein«, schlug er vor.

Sofort sah ich die Asketen wieder und wußte, daß sie einem geheimen Orden von Franziskanern, den »Geistlichen«, angehörten und vor kurzem exkommuniziert worden waren, nachdem Papst Celestine V. seinen Amtssitz verloren hatte.

»Papst Celestine?« fragte ich Wil. »Hast du das mitbekommen? Hat ein Papst mit diesem Namen je existiert?«

»Spätes dreizehntes Jahrhundert«, bestätigte er. »Die Ruinen in Peru, wo die Neunte Erkenntnis gefunden wurde, sind nach ihm benannt worden, nachdem die Europäer sie im sechzehnten Jahrhundert entdeckt hatten.«

»Wer waren diese ›Geistlichen‹?«

»Eine Gruppe von Mönchen, die glaubte, daß sie eine höhere Bewußtseinsstufe erreicht, wenn sie sich von allen weltlichen Dingen zurückzieht und ein beschauliches Leben in der Natur führt. Papst Celestine hat diese Auffassung geteilt und sich selbst eine Weile lang in eine Höhle zurückgezogen. Daraufhin wurde er natürlich gestürzt, und nicht viel später wurden die meisten Sekten der Geistlichen als Gnostiker verdammt und aus der Kirchengemeinde ausgestoßen.«

Weitere Erinnerungen stiegen in mir auf. Die beiden Asketen hatten mich um Hilfe gebeten, worauf ich widerstrebend auf ein Treffen im tiefsten Wald einwilligte. Ich hatte keine Wahl; so zwingend war der Blick in ihren Augen gewesen, so furchtlos ihr Gebaren. Sie erklärten mir, daß uralte Dokumente der Menschheit für immer verlorengingen, wenn ich sie nicht in Gewahrsam nehmen würde. Später hatte ich die Papiere in mein Kloster geschmuggelt und bei Kerzenlicht in meiner Zelle studiert, allein hinter meiner vorsorglich verriegelten Tür.

Diese Dokumente waren alte lateinische Nachschriften der Neun Erkenntnisse, und nun hatte ich mich bereiterklärt, sie zu kopieren, bevor es zu spät war. Jede freie Minute verbrachte ich damit, handschriftliche Kopien anzufertigen, bis Dutzende davon fertig waren. An einem Punkt fühlte ich mich so beflügelt von dem Text, daß ich die Asketen aufsuchte, um sie zu bewegen, die Erkenntnisse öffentlich zu verbreiten.

Sie weigerten sich standhaft und erklärten, daß sie die Dokumente schon seit Jahrhunderten heimlich verwahrt hatten, um auf eine Zeit zu warten, in der das notwendige Verständnis innerhalb der Kirche selbst herangewachsen war. Als ich diese Überlegung in Frage stellte, erklärten sie mir, daß die Erkenntnisse nicht akzeptiert würden, bis die Kleriker das »gnostische Dilemma«, wie sie es nannten, gelöst hatten.

Die Gnostiker, so fiel mir jetzt ein, waren frühe Christen, die glaubten, daß die Anhänger des Einen Gottes Christus nicht nur verehren, sondern es ihm im Geist des Pfingstwunders gleichtun müssen. Sie kleideten ihre Erkenntnisse in philosophische Begriffe und beschrieben Methoden, die praktiziert werden konnten. Während die frühe Kirche ihre Ordensregeln formulierte, wurden die Gnostiker schließlich als eigensinnige Gotteslästerer verschrien, denen es am wahren Glauben und Gottvertrauen mangelte. Ein wahrer Gläubiger, so bestimmten die ersten Kirchenführer, entsagt dem Bedürfnis, Gott zu verstehen und ihn zu analysieren. Der wahrhaft fromme Mensch hält sich in jedem Augenblick an Gottes Gebote und fügt sich dem Willen Gottes, ohne dessen umfassenden Plan begreifen zu wollen.

Die Gnostiker warfen den Kirchenfürsten Tyrannei und hierarchisches Machtstreben vor und verkündeten, ihre Erkenntnisse und Methoden führten in Wirklichkeit zu jenem Akt der »Hingabe an den Willen Gottes«, wie ihn die Kirche verlangte, aber dies nicht nur in Form von Lippenbekenntnissen, die den Klerikern so leicht aus dem Munde flossen.

Am Ende verloren die Gnostiker jeden Einfluß und wurden aus allen kirchlichen Ämtern vertrieben. Im Untergrund verbreiteten sie ihren Glauben in unterschiedlichen Gruppen und geheimen Orden weiter. Das Dilemma war offensichtlich. Solange die Kleriker an der Idee einer transformierenden spirituellen Verbindung zu Gott festhielten, andererseits aber jeden Menschen verfolgten, der sich offen über die Einzelheiten dieser Erfahrung ausließ – wie man dieses Gottesbewußtsein tatsächlich erlangt und wie es sich anfühlt –, so lange blieb das »Königreich Gottes in dir« nur eines von vielen intellektuellen Konzepten innerhalb der Kirchendoktrin, und jedes öffentliche Auftauchen der Erkenntnisse mußte mit allen Mitteln verhindert werden.

Ich hörte mir die Einwände der beiden Asketen aufmerksam an

und widersprach ihnen nicht, aber innerlich war ich nicht ihrer Meinung. Ich gehörte einem Benediktinerorden an, der mit Sicherheit an diesen Schriften interessiert war, zum mindesten auf individueller Ebene. Ohne es den Geistlichen zu sagen, gab ich einem befreundeten Mönch eine Kopie, der diese Kardinal Nicholas zutrug, dessen engster Berater er war. Die Antwort kam unverzüglich: Der Kardinal befand sich gerade außer Landes, und so wurde mir aufgetragen, jede Diskussion über das Thema sofort einzustellen und auf der Stelle nach Neapel zu reisen, um den höheren Instanzen Bericht zu erstatten. In panischer Angst verteilte ich die Handschriften sofort in meinem Kloster und hoffte, mir damit die Unterstützung der anderen Ordensbrüder zu sichern.

Um meine Reise nach Neapel so lange wie möglich hinauszuzögern, täuschte ich eine Fußverstauchung vor und schrieb eine Reihe von Briefen, in denen ich meine schwere Verletzung für mein monatelanges Ausbleiben verantwortlich machte, während ich in Wirklichkeit allein in meiner Zelle hockte und so viele Kopien wie möglich anfertigte. Dann, in einer Neumondnacht, kam eine Truppe von Soldaten, trat meine Tür ein und schlug mich nieder. Danach wurde ich mit verbundenen Augen in die Burg des örtlichen Edelmannes geschleppt, wo ich später tagelang gequält wurde, bevor man mir den Kopf abschlug.

Die Erinnerung an diesen Tod war so schockierend, daß wieder die Angst in mir hochstieg und ich ein starkes Kribbeln in meinem verletzten Knöchel spürte. Die Seelengruppe trat noch ein Stück näher an mich heran und wartete, bis ich mein inneres Gleichgewicht wiedergefunden hatte. Danach blieb ein gewisses Maß an Verwirrtheit in mir zurück, und ich blickte Wil fragend an, der nickte, um mir zu sagen, daß er die ganze Geschichte gesehen hatte.

»Das war der Beginn meiner Probleme mit dem Fußgelenk, nicht?« fragte ich.

»Ja.«

»Und verstehst du die anderen Erinnerungen – das ›gnostische Dilemma‹ zum Beispiel?«

Wil drehte sich um und schaute mir direkt in die Augen.

»Warum haben die Kleriker einen solchen Zwiespalt geschaffen?« fragte ich.

»Weil die frühe Kirche nicht in aller Öffentlichkeit zugeben wollte, daß Christus dem Volk eine Lebensweise vorgeführt hat, die jeder von uns anstreben kann, obwohl diese Aussage klar in ihren eigenen Schriften zum Ausdruck kommt. Die Kleriker fürchteten, daß diese Vorstellung den Gläubigen zuviel Macht geben könnte. Daraus erklärt sich der Widerspruch zu ihren eigenen Schriften. Einerseits wurden die Gläubigen aufgerufen, sich nach innen zu wenden, um das mystische Königreich Gottes zu finden, auch sollten sie Gottes Willen in Form von Eingebungen empfangen und sich vom Heiligen Geist erfüllen lassen. Und andererseits wurde jede Diskussion über den individuellen Weg zu derartigen Erfahrungen als Blasphemie verdammt und nicht selten mit Mord geahndet.«

»Mit anderen Worten, mein Versuch, die Erkenntnisse zu verbreiten, war idiotisch.«

»Idiotisch würde ich es nicht nennen«, meinte Wil. »Eher undiplomatisch. Du bist ermordet worden, weil du deiner Kultur ein Verständnis aufzwingen wolltest, bevor die Zeit reif dafür war.«

Ich blickte Wil noch einen Moment in die Augen, dann konzentrierte ich mich erneut auf das Wissen meiner Seelengruppe und fand mich in der nächtlichen Lagerfeuerszene im neunzehnten Jahrhundert wieder, wo die Häuptlinge ihre Lage diskutierten. Ich war kurz davor, mit meinem Pferd weiterzuziehen. Als Bergbewohner und Trapper war ich ebenso gut mit den Indianern wie den europäischen Siedlern ausgekommen, aber fast alle Indianer sprachen sich jetzt für einen Krieg gegen die Weißhäute aus, obwohl Maya ein paar von ihnen mit ihrem unerschütterlichen Glauben an eine friedliche Lösung für sich eingenommen hatte. Ich hörte beiden Seiten schweigend zu, dann ritt die Mehrzahl der Häuptlinge davon.

An diesem Punkt kam Maya auf mich zu und sagte: »Jetzt gehst du wohl auch gleich?«

Ich nickte und sagte: »Wenn die Medizinmänner dein Verhalten nicht begreifen, dann begreife ich es um so weniger.«

Sie schaute mich an, als hätte ich einen schlechten Scherz gemacht, dann wandte sie sich einer anderen Person zu. Charlene! Erst jetzt ging mir auf, daß sie die ganze Zeit schon in der Runde gesessen hatte. Sie war eine Indianerfrau mit außergewöhnlichen Kräften, wurde wegen ihrer Geschlechtszugehörigkeit jedoch häufig von ihren neidvollen männlichen Stammesgenossen ignoriert. Es schien, als wüßte sie etwas über die Rolle der Ahnen, etwas sehr Wichtiges, aber ihre Worte trafen auch in dieser Runde auf taube Ohren.

Ich verspürte ein inneres Bedürfnis, zu bleiben und Maya nach bestem Vermögen zu unterstützen; auch meine tieferen Gefühle für Charlene wollte ich zum Ausdruck bringen. Aber am Ende zog ich von dannen, denn die unbewußte Erinnerung an meine Fehleinschätzung im dreizehnten Jahrhundert war der Oberfläche zu nahe gekommen. »So schnell wie möglich fort hier«, dachte ich, »und der Verantwortung aus dem Weg gehen.« Mein Leben verlief in geregelten Bahnen; ich stellte Fallen, handelte mit Fellen und Häuten, kam zurecht und wollte meinen Hals für niemanden hinhalten. Vielleicht beim nächsten Mal ...

Beim nächsten Mal? Mein Bewußtsein tat einen Sprung nach vorn, und ich sah mich aus weiter Ferne auf die Erde herabblicken und meine nächste Inkarnation verfolgen – die aktuelle. Ich hatte meine eigene vorgeburtliche Vision vor Augen und mit ihr die Möglichkeit, meine Handlungsunfähigkeit und Mutlosigkeit zu überwinden. Ich stellte mir vor, wie ich das Beste aus meiner zukünftigen Familienkonstellation machen würde: Empfindsamkeit von meiner Mutter übernehmen, Integrität und Humor von meinem Vater. Der Großvater würde mir das Leben in der Natur ans Herz legen, ein Onkel und eine Tante könnten mir Sparsamkeit und Disziplin vermitteln.

Als ausgenommen starke Individuen würden sie mir die Tendenz, mich hinter einer gewissen Unnahbarkeit zu verstecken, sehr rasch bewußtmachen. Sie würden hohe Anforderungen an mich stellen, worauf ich zunächst versuchte, mich den Botschaften dieser Verwandten zu entziehen. Doch bald würde ich meinen Ängsten auf den Grund gehen müssen und einsehen, daß diese Familie mir nur bei der Überwindung meiner negativen Tendenzen helfen wollte, was mir wiederum die Gelegenheit gab, meinen wahren Lebensweg rechtzeitig genug zu erkennen.

Eine bessere Vorbereitung konnte ich mir nicht wünschen; ich würde diesen neuen Blickwinkel benutzen, um die spirituellen Erfahrungen zu machen, von denen die Dokumente im dreizehnten Jahrhundert gesprochen hatten. Ich würde die psychologischen Erkenntnisse der neuesten Therapien für mich entdecken, die Weisheit des Ostens, die Mysterienschulen des Westens, und dann – eines schönen Tages – würde ich den Erkenntnissen wiederbegegnen, und genau zu der Zeit, wo sie endlich in das Bewußtsein von Millionen drangen. Diese vorbereitende Arbeit an meiner Person würde es mir ermöglichen, die Veränderung der menschlichen Kultur durch Erkenntnisse zu erforschen – und ein Mitglied von Williams' Gruppe zu werden.

Ich schaltete ab und blickte Wil an.

»Stimmt etwas nicht?« fragte er.

»In meinem Fall ist es auch nicht gerade ideal verlaufen. Ich glaube, ich habe meine Vorbereitungszeit verschwendet. Selbst die Unnahbarkeit habe ich noch nicht ganz überwunden. Eine Reihe von Büchern habe ich gar nicht erst gelesen, und zahllose Menschen, die mir eine Botschaft mitzuteilen hatten, habe ich vollkommen ignoriert. Wenn ich zurückblicke, kommt es mir vor, als hätte ich alle Möglichkeiten verpaßt.«

Wil verkniff sich ein Lachen. »Keiner von uns kann seine Geburtsvision exakt verwirklichen.«

Er starrte mich an. »Ist dir klar, was du gerade erlebt hast? Du hast dir die Idealvorstellung von deinem Leben in Erinnerung rufen können, die Version, die dir am besten gefallen hätte, und nun siehst du, was du tatsächlich aus deinem Leben gemacht hast, und wirst mit tiefem Bedauern erfüllt, genau wie Williams nach seinem Tode. Aber im Gegensatz zu ihm mußt du nicht erst warten, bis du stirbst, weil du deine Lebensrückschau *jetzt* schon erfährst.«

Ich verstand nicht genau, wie er es meinte.

»Siehst du nicht, daß es sich hierbei um einen wichtigen Bestandteil der Zehnten Erkenntnis handelt? Wir entdecken nicht nur, daß unsere Intuitionen und Vorahnungen tatsächlich Erinnerungen an unsere Absichten vor der Geburt sind, sondern auch, wann und wo wir vom Wege abgekommen sind oder Gelegenheiten verpaßt haben, so daß wir im irdischen Leben schon zu dem Weg zurückfinden können, den wir von vornherein gehen wollten. Mit anderen Worten, wir bringen diese Vorgänge immer mehr in unser irdisches Bewußtsein. In der Vergangenheit mußten wir sterben, um unser Leben in einer Rückschau dieser Art betrachten zu können, aber heute können wir schon früher aufwachen und den Tod letzten Endes vollkommen unnötig machen, wie es in der Neunten Erkenntnis vorausgesagt wird.«

Jetzt wurde mir etwas klar. »Die Menschen kommen also deshalb auf die Erde – um sich systematisch zu erinnern und allmählich aufzuwachen.«

»Genau. Jetzt endlich dringt ein Vorgang in unser Bewußtsein, der seit Urzeiten unbewußt abgelaufen ist. Von Beginn an haben Menschen eine vorgeburtliche Vision gehabt und sind nach ihrer Geburt in einen Zustand der Unbewußtheit gefallen, in dem sie nur sehr vage intuitive Geistesblitze auffangen konnten. Am Anfang der Menschheitsgeschichte war der Abstand zwischen unseren ursprünglichen Absichten und dem, was wir dann tatsächlich erreicht haben, riesengroß, aber mit der Zeit wurde die Kluft immer geringer. Heute stehen wir kurz davor, uns an alles zu erinnern.«

In dem Augenblick wurde ich erneut von dem Wissen meiner Seelengruppe angezogen. Blitzartig erweiterte sich mein Bewußtsein und wurde auf eine Ebene gehoben, die Wils Ansichten bestätigte. Jetzt, endlich, konnten wir unsere Vorgeschichte nicht mehr als den blutigen Kampf des menschlichen Tieres begreifen, das von Selbstsucht getrieben danach strebt, die Natur zu bezwingen und ihr angenehmere Lebensbedingungen abzuringen, indem es sich aus dem Dschungel herauskämpft und eine unüberschaubare, komplexe Zivilisation schafft. Jetzt sahen wir die gesamte Menschheitsgeschichte als einen spirituellen Prozeß, einen tieferen, systematischen Seelenweg, bei dem der Mensch, Generation für Generation, Leben für Leben, einem einzigen Ziel entgegenstrebt: der Erinnerung an das, was wir im Jenseits bereits gewußt haben, und der Verbreitung dieses Wissens auf der Erde.

Wie ein holographisches Panorama lag die ganze Menschheitsgeschichte jetzt vor mir. Ohne Vorwarnung wurde ich in das Hologramm hineingezogen und fühlte mich daran beteiligt, wie jemand, der alles im Zeitraffer noch einmal miterlebt.

So wurde ich Zeuge der Morgendämmerung des menschlichen Bewußtseins. Vor mir lag eine weite, windumtoste Ebene irgendwo in Asien. Eine Bewegung zog meine Aufmerksamkeit auf eine kleine Gruppe von Menschen, die unbekleidet zwischen Büschen herumlief und Beeren aß. Beim Beobachten der Szene konnte ich mich in das Bewußtsein dieser Geschichtsperiode hineinversetzen. Wir waren zutiefst mit den Rhythmen und Signalen der Natur verwoben und lebten instinktiv. Der Alltag drehte sich um Nahrungssuche und die Zugehörigkeit zu unserem individuellen Klan. Die körperlich stärkeren Menschen dominierten die jeweils schwächeren, und innerhalb dieser Hierarchie akzeptierte jeder seinen Platz auf die gleiche Weise, wie wir alle anderen unabwendbaren Tragödien und Herausforderungen unserer Existenz hinnahmen: ohne jede Reflexion.

Tausende von Jahren flossen vor meinen Augen dahin, zahllose Generationen lebten und starben. Dann, allmählich, wurden einige Individuen unzufrieden und begannen, ihren Lebensalltag in Frage zu stellen. Wenn ein Kind in ihren Armen starb, drang plötzlich etwas in ihr Bewußtsein, das fragen konnte: Warum? – etwas, das überlegen konnte, wie dieses Unglück in Zukunft vermieden werden könnte. Diese Individuen fingen an, ein *Selbstbewußtsein* zu entwickeln, im Sinne der Erkenntnis: »Ich bin hier, jetzt, am Leben.« Sie waren fähig, Abstand von ihren instinktiven Reaktionen zu nehmen, und das Ausmaß der gesamten Existenz in einem Geistesblitz zu erahnen. Das Leben, so wußten sie, kehrte in den Zyklen von Sonne, Mond und den Jahreszeiten wieder, doch die Toten ringsumher wiesen auch auf das unvermeidliche Ende dieses Lebens hin. Wo lag der Sinn?

Als ich diese Individuen näher in Augenschein nahm, fiel mir plötzlich auf, daß ich ihre Geburtsvisionen wahrnehmen konnte. Sie waren mit einer ganz bestimmten Absicht zur Erde gekommen; sie hatten die Aufgabe, die erste existentielle Erweckung der Menschheit auszulösen. Und obwohl mir der Gesamtumfang ihrer Visionen noch verborgen blieb, erkannte ich, daß sie von einer weitaus gewaltigeren Inspiration dazu bewegt wurden: der globalen Vision. Vor ihrer Geburt hatten sie den langen Entwicklungsweg der Menschheit bereits vorausgesehen und wußten, daß jeder Fortschritt mühsam verdient werden mußte, von jeder Generation erarbeitet – denn mit dem zunehmenden Bewußtsein über unsere höheren Ziele verloren wir gleichzeitig auch den friedlichen Zustand der Unbewußtheit. Das Hochgefühl des bewußten Lebendigseins brachte gleichzeitig auch die Angst und Ungewißheit eines Lebendigseins ohne erkennbaren Sinn und Zweck mit sich.

Jetzt sah ich, daß die Menschheit von zwei völlig widersprüchlichen Bedürfnissen getrieben wurde. Einerseits konnten wir durch unsere Eingebungen unsere Ängste überwinden, denn die inneren Bilder zeigten uns, daß es letztlich darum ging, der gesamten Kultur eine positive Richtung zu geben, die nur wir, als Individuen, durch persönlichen Mut und Weisheit vorgeben konnten. Die Stärke dieser Gefühle erinnerte uns daran, daß wir, trotz der scheinbaren Unsicherheit dieses Lebens, *nicht allein* waren, daß ein Sinn und eine Bedeutung im Mysterium unserer Existenz lagen.

Andererseits ließ es sich nicht verhindern, daß wir dem entgegengesetzten Bedürfnis zum Opfer fielen, dem zutiefst menschlichen Drang, der Angst vor dem Getrenntsein und Verlassenwerden zu entgehen, uns um jeden Preis vor ihr zu schützen und somit nach Machtpositionen zu streben, die uns gestatteten, anderen Menschen die Energie zu stehlen. Diese Urangst verführte uns dazu, den wahren Sinn unseres Daseins immer wieder aus den Augen zu verlieren, eine Weiterentwicklung oder Veränderung zu verhindern, auch wenn die vorhandenen Informationen dafür sprachen.

Der Erweckungsprozeß nahm Jahrtausende in Anspruch, in denen ich sah, wie die Menschen sich allmählich in größeren Gruppen zusammenschlossen, dem Urinstinkt folgend, der uns veranlaßt, die Identifikation mit Gleichgesinnten zu suchen und immer komplexere Sozialstrukturen zu schaffen. Mir wurde klar, daß dieser Trieb einer vagen, intuitiven Ahnung entspringt, daß es das Schicksal der Menschheit ist, einer Vereinigung langsam, aber stetig entgegenzustreben, eine Tatsache, die uns gewöhnlich erst im Jenseits vollauf bewußt wird. Wir folgten dieser Intuition und entwickelten uns über das Nomadendasein der Jäger und Sammler hinaus, wurden seßhaft, um die Pflanzenwelt zu kultivieren und ihre Früchte Jahr um Jahr ernten zu können. Unterdessen gelang es uns, viele Tiere in unserer Umgebung zu domestizieren und zu züchten, was zusätzlich die Nahrungsversorgung sicherte. Tief im Unbewußten schlummerte die globale Vision und trieb uns mit Hilfe von archetypischen Bildern voran, um eine der dramatischsten Transformationen in der Geschichte der Menschheit einzuleiten: den Sprung vom nomadischen Wanderleben zu seßhaften Gemeinden, die Landwirtschaft betrieben.

Die Dörfer entwickelten sich schnell, und überreichliche Ernten führten zu Tauschhandel, der wiederum die ersten beruflichen Trennungen bedingte: Es gab Schafhirten, Handwerker, Weber, bald darauf auch Kaufleute, Metallarbeiter und Soldaten. Zugleich wurden die Schrift und das Rechnen mit Zahlen eingeführt. Aber die Unberechenbarkeit der Naturgewalten und die Mühsal des Erdendaseins nagten am Bewußtsein der frühen Menschheit, und die unausgesprochene Frage drängte sich weiterhin auf: Warum sind wir am Leben?

Wie zuvor sah ich die Geburtsvisionen der Individuen, die nach tieferen Einsichten in die spirituellen Zusammenhänge strebten. Sie waren zur Erde gekommen, um die Menschen auf ihren göttlichen Ursprung aufmerksam zu machen, ihre wahre Herkunft, auch wenn sie diese Herkunft noch sehr ungenau wahrnahmen und sie in Form eines Glaubens an viele übermächtige Götter verbreiteten. Dies waren Götter, die außerhalb von uns selbst existierten, grausam und fordernd waren, das Wetter bestimmten, die Jahreszeiten ihrer Willkür unterwarfen ebenso wie die Ernte in jedem Jahr. In unserer Unwissenheit glaubten wir, diese zornigen Götter versöhnen zu müssen, mit Ritualen und Opfergaben.

Im Lauf von weiteren Jahrtausenden schlossen die Bauerngemeinden sich zu mächtigen Zivilisationen in Mesopotamien, Ägypten, Hinterindien, Kreta und Nordchina zusammen, wobei jede Kultur völlig eigene Naturgottheiten und Tiergötter schuf. Aber auch sie konnten die Urangst nicht lange in Schach halten. Ich sah Generationen von Seelen in den irdischen Existenzbereich eintreten, immer mit der Absicht, den Völkern die Botschaft zu bringen, daß es der Menschheit bestimmt sei, sich durch Wissensaustausch und vergleichende Wissenschaften fortzuentwickeln. Aber im Zuge ihres Daseins auf der Erde unterlagen auch diese Seelen der Angst und verknüpften ihre Intuitionen mit dem unbewußten Drang, zu erobern, zu dominieren und ihre Sichtweise den Mitmenschen mit Gewalt aufzuzwingen.

So begann die Ära der »Weltreiche« und Tyrannen, in der ein Herrscher dem anderen folgte, die Streitkräfte seines Volkes mobilisierte und soviel Land wie möglich eroberte, immer mit der felsenfesten Überzeugung, daß die Ansichten seiner Kultur vom Rest der Welt übernommen werden sollten. Irgendwann wurden alle diese Tyrannen jedoch ihrerseits besiegt und dem Joch einer stärkeren, zwingenderen kulturellen Anschauung unterworfen. Im Lauf der Jahrtausende übernahmen sehr unterschiedliche Kulturen die Führung, bestimmten das Massenbewußtsein, unterdrückten neue Ideen und erfuhren aufgrund ihres effektvolleren Realitätsbilds, ihrer Wirtschaftsplanung und Rüstungskapazität eine Blütezeit, nur um später einer überlegenen, besser durchorganisierten Vision Platz zu machen. So wurden alte, überholte Vorstellungen ganz allmählich von neuen ersetzt.

Und doch – so langsam und blutig dieser Vorgang auch vonstatten ging –, ich sah deutlich, daß gewisse Kernwahrheiten unablässig aus dem Jenseits in die physische Dimension getragen wurden. Eine der wichtigsten Wahrheiten – eine neue Ethik der zwischenmenschlichen Interaktion – drang gleichzeitig an verschiedenen Stellen auf dem Planeten an die Oberfläche und fand letztlich einen klaren Ausdruck in der Philosophie des griechischen Altertums. Auch hier konnte ich die Geburtsvisionen der Seelen erkennen, die später zu Hunderten in diese Kultur hineingeboren wurden, immer in der Hoffnung, sich an die zeitgemäßen Erkenntnisse auch auf Erden erinnern zu können.

Über Generationen hinweg hatten sie die sinnlose, nicht enden wollende Gewaltanwendung unter den Menschen mitangesehen und dabei immer gewußt, daß der Mensch seine gewohnheitsmäßige Machtgier und Streitsucht transzendieren kann, um ein neues System des Ideenaustauschs und -vergleichs einzuführen, ein System, das jedem Individuum das unabdingbare Recht garantierte, eine einzigartige Meinung zum Ausdruck zu bringen, ungeachtet seiner körperlichen Kraft – ein System, das im Jenseits bereits bekannt war und befolgt wurde. Ich sah, wie diese neue Auffassung vom Umgang zwischen Menschen Formen auf der Erde annahm, sich verbreitete und schließlich als *Demokratie* bekannt wurde.

Auch nach der Einführung dieser Ideale artete die zwischenmenschliche Kommunikation noch häufig in einen Machtkampf aus, aber allmählich etablierte sich das neue System, und zum erstenmal in der Menschheitsgeschichte wurden Fortschritte auf verbaler Ebene verfolgt, anstatt mit physischer Gewalt.

Zur selben Zeit tauchte eine weitere Vorstellung von immenser Tragweite in den Schriften eines kleinen Volksstammes im Mittleren Osten auf – und diese Idee sollte die Auffassung von der *spirituellen Realität* verändern. Wie zuvor sah ich auch hier die vorgeburtlichen Visionen vieler Seelen. Sie wurden in die jüdische Kultur hineingeboren und wußten bereits vor ihrer Geburt, daß wir zwar ganz richtig von einer göttlichen Quelle ausgingen, diese aber nur verschwommen und fehlerhaft beschrieben. Der Glauben an viele Götter war nur die bruchstückhafte Einsicht in ein weit größeres Gesamtbild. In Wahrheit gab es nur eine einzige göttliche Ursprungsquelle, einen Gott, der ihrer Ansicht nach zwar weiterhin fordernde, bedrohliche und patriarchalische Merkmale hatte und außerhalb vom Menschen existierte, aber zum erstenmal wurde Gott als persönlich ansprechbar und als einziger Schöpfer aller Dinge beschrieben.

Ich sah, daß viele andere Kulturen auf der ganzen Welt die Vorstellung von einem einzigen Gott aufgriffen und lehrten. In China und Indien, die schon seit langem richtungweisend in technologischer, kommerzieller und sozialer Hinsicht waren, wiesen der Hinduismus, Buddhismus und andere asiatische Religionen dem Osten eine Richtung, bei der die »Innenschau« oder »Selbstversenkung« im Vordergrund stand.

Die Gründer dieser Religionen hatten erkannt, daß Gott weit mehr als eine überdimensionale Persönlichkeit ist. Für sie war Gott eine Urkraft, ein Bewußtsein, das nur durch eine »Erleuchtungserfahrung«, wie sie es nannten, erlangt werden konnte. Insofern ging es nicht darum, Gott gnädig zu stimmen, indem man festgelegte Gebote befolgte oder Rituale vollzog, sondern um den unmittelbaren Kontakt mit Gott im eigenen Wesensgrund, auf das man sein Bewußtsein verlagern mußte, um eine innewohnende Harmonie und Geborgenheit wahrzunehmen, die jederzeit vorhanden war.

Meine Aufmerksamkeit richtete sich plötzlich auf den See Genezareth, und ich sah, daß die Vorstellung von dem Einen Gott, die alle Kulturen der westlichen Welt eines Tages transformieren sollte, sich fortentwickelte – fort von dem urteilenden und strafenden Gottvater – und sich der östlichen Vorstellung annäherte, in der Gott eine innewohnende Kraftquelle war, deren himmlisches Königreich in jedem einzelnen existierte. Ich sah, wie ein Mensch auf die Erde kam, der sich an nahezu jede Einzelheit seiner vorgeburtlichen Vision erinnern konnte.

Er kam wissentlich, um eine neue Kraft in die Welt zu tragen und eine Kulturform, die auf Liebe beruhte. Seine Botschaft war die folgende: Der Eine Gott ist ein heiliger Geist, eine göttliche Energie, deren Existenz in der direkten Erfahrung bewiesen wird. Die Hinwendung zu dieser geistigen Ebene verlangt mehr als Rituale, Opfer und öffentliche Gebete. Sie erfordert eine tiefere Art der Reue, eine innere psychologische Abkehr vom Ego und eine Hingabe an das Große Eine, das uns alle wahren Früchte eines spirituellen Lebens beschert.

Während diese Botschaft sich allmählich verbreitete, wurde mir gezeigt, wie das römische Kaiserreich, das einflußreichste der damaligen Zeit, die neue Religion übernahm und die Idee von dem einen, innewohnenden Gott in weiten Teilen Europas verbreitete. Später, nachdem die Barbarenhorden von Norden eingefallen waren und das römische Imperium zerschlagen hatten, überlebte die Idee selbst die nachfolgende feudalistische Organisation des Christentums.

An diesem Punkt sah ich die Appelle der Gnostiker noch einmal: Sie drängten die Kleriker, den Schwerpunkt doch endlich auf die inneren, transformierenden Gotteserfahrungen zu legen und das Leben des Christus als ein Beispiel darzustellen, dem jeder Mensch folgen und nahekommen kann. Doch die Kleriker zogen sich in die altgewohnte Abwehrhaltung zurück, weil sie ihre Vormachtstellung als Vermittler zwischen Gott und Mensch nicht aufgeben wollten. Bald darauf wurden sämtliche Texte mit gnostischen Untertönen aus der Bibel entfernt.

Obwohl viele Seelen aus der anderen Dimension auf die Erde kamen, um der neuen Religion weiterführende und demokratischere Züge zu verleihen, war diese Geschichtsperiode von Angst bestimmt, und der Versuch, andere Kulturen von christlichen Grundsätzen zu überzeugen, artete in ein gewaltsames Machtstreben aus.

An dieser Stelle erkannte ich den Beitrag der geheimen Benediktiner- und Franziskanerorden, bei denen Ehrfurcht vor der Natur und eine Umkehr nach innen als wesentliche Bestandteile des Christentums gelehrt wurden. Diese Menschen befanden sich in der irdischen Dimension, um die alten Texte und Manuskripte in Gewahrsam zu nehmen, bis die Zeit gekommen war, wo der gnostische Widerspruch endgültig gelöst werden sollte. Dann sah ich noch einmal, welche fatalen Folgen mein Versuch hatte, diese brisanten Texte zu früh an die Öffentlichkeit tragen zu wollen.

Und dennoch wurde mir deutlich gezeigt, daß eine neue Ära im Westen herannahte. Die Macht der Kleriker wurde zusehends von einem neuartigen Gesellschaftssystem untergraben: dem Nationalstaat. Das zunehmende Wissen um die vielen, sehr unterschiedlichen Volksstämme leitete das Ende der großen Imperien ein. Unterdessen brachten neue Generationen vage Erinnerungen an unser Schicksal von der Vereinigung mit und strebten nun danach, ein Bewußtsein für eine nationale Herkunft zu erwecken, das gleichsprachige Völker in einem selbstregierten Landstrich vereinen sollte. Die so entstandenen Nationalstaaten wurden zwar immer noch von autokratischen Herrschern dominiert, denen oft sogar ein göttlicher Regierungsauftrag unterstellt wurde, aber hierdurch entfaltete sich eine neue Zivilisationsform mit anerkannten Grenzen, eigener Währung und etablierten Handelswegen.

So begann eine Renaissance in Europa, wo sich die Schriftgelehrtheit und der Wohlstand auf immer breitere Schichten der Bevölkerung übertragen hatte. Ich sah die Geburtsvisionen vieler Menschen, die einen Beitrag zu der Entwicklung dieser demokratischen Staatsform leisten wollten, weil sie intuitiv spürten, daß es das

Schicksal so bestimmt hatte. Auf der Erde entdeckten sie alte griechische und römische Schriften, die ihr Gedächtnis anregten, woraufhin sie die ersten demokratischen Parlamente etablierten und Rufe laut wurden, nach denen Königen jede göttliche Regierungsmacht abgesprochen werden sollte und den Kirchenfürsten die blutige Herrschaft über das geistige und soziale Leben des Volkes. Dann kam die Reformation und mit ihr die Verheißung, daß jeder Mensch ein Recht auf unmittelbaren Zugang zu allen wichtigen Schriften haben würde und eine direkte Verbindung zur Gotteskraft empfangen könne.

Auf ihrer Suche nach Selbstbestimmung und Freiheit erkundeten andere Individuen zur gleichen Zeit den amerikanischen Doppelkontinent, eine Landmasse, die auf symbolträchtige Weise zwischen den Kulturen des Westens und Ostens liegt. Aus den Geburtsvisionen der Europäer, die sich zu dieser »Neuen Welt« hingezogen fühlten, ging deutlich hervor, daß sie erkannten, daß dieses Land bereits weitgehend besiedelt war und sie nur mit der Zustimmung der Ureinwohner einwandern durften. Diese Seelen wußten, daß sie als europäische Einwanderer zu einem intimeren Naturverständnis zurückfinden konnten, zu einer heilsamen Erdverbundenheit, von der das zunehmend weltlich orientierte Europa sich bereits gefährlich weit entfernt hatte. Die indianischen Kulturen veranschaulichten eine zwar nicht perfekte, doch nachahmenswerte Lebensweise, in der die europäische Mentalität das Wesentliche wiederentdecken konnte.

Einmal auf der Erde, konnten diese Menschen allerdings nur noch den intuitiven Drang wahrnehmen, in dieses ferne Land reisen zu müssen, das ihnen Frieden und Geistesfreiheit zu versprechen schien. Doch nach ihrer Landung auf dem fremden Kontinent ergriff die altgewohnte Angst Besitz von ihnen und trieb sie dazu, das Land zu erobern und zu beherrschen und die natürlichen Bodenschätze auszubeuten. Die geistigen Botschaften der Indianerkulturen gingen unter in der rasenden Verfolgung.

Mittlerweile trieb die Renaissance in Europa neue Blüten, und ich begann, die volle Tragweite der Zweiten Erkenntnis wahrzunehmen. Die Macht der Kirche verringerte sich zusehends, und das Christentum konnte die Realität nicht länger definieren. Die Europäer betrachteten die Welt mit neuen Augen, als seien sie eben erst aufgewacht. Die Zivilcourage von zahllosen Individuen – allesamt von ihren intuitiven Erinnerungen inspiriert – hatte dafür gesorgt, daß die wissenschaftliche Methode der Forschung und Entdeckung immer mehr in den Vordergrund gerückt wurde. Diese Methode bestand darin, einen Aspekt der natürlichen Umgebung so unvoreingenommen wie möglich zu untersuchen, wohlfundierte Schlußfolgerungen zu ziehen und diese dann der Öffentlichkeit zu präsentieren, um zu einem Konsens zu gelangen, der uns letztlich zu einem Verständnis der realen Situation des Menschen auf diesem Planeten führen sollte, wozu selbstverständlich auch unsere spirituelle Wesensnatur gehörte.

Aber die Kleriker zogen sich angstvoll zurück und bekämpften die neuartigen Wissenschaften. Nachdem sich politische Kräfte auf beiden Seiten erhoben, einigte man sich schließlich auf einen Kompromiß: Die Kleriker räumten den Wissenschaftlern die Freiheit ein, die Erscheinungsformen der äußerlichen, materiellen Welt erforschen zu dürfen, aber als Gegenleistung mußten sie alle spirituellen Phänomene aussparen und dem Diktat der weiterhin einflußreichen Kirche überlassen. Die gesamte innerlich erfahrbare Welt – unsere höheren Wahrnehmungen von Schönheit und Liebe, unsere Eingebungen, schicksalhaften Fügungen, Energiephänomene, selbst Traumbilder – war damit zunächst einmal grundsätzlich für die Wissenschaft tabuisiert worden.

Trotz dieser Restriktionen machten Wissenschaftler sich jetzt mit Feuereifer daran, die Funktionsweise der physischen Welt zu erkunden und mit Hilfe der gewonnenen Erkenntnisse die natürlichen Ressourcen auszunutzen und den Handel zu beleben. Während die wirtschaftliche Entwicklung florierte, verloren wir allmählich unser Gefühl für das Mysterium und die tieferen Fragen über den Sinn des Lebens. Wir beschlossen, daß es sinnvoll genug war, bequem zu überleben und unseren Kindern eine noch gründlicher abgesicherte Welt zu hinterlassen. Langsam traten wir in den kollektiven Trancezustand, in dem die Realität des Todes geleugnet wird, und verbreiteten die Illusion, daß die Welt hinlänglich erklärt, für ganz gewöhnlich und bar jeglichen Mysteriums befunden worden war.

Unsere einstmals starke intuitive Ahnung von einer spirituellen Quelle, die alles durchdringt, wurde immer mehr in den Hintergrund gedrängt, auch wenn in gewissen Kreisen heftig darüber diskutiert wurde. In dieser zunehmend materialistischen Atmosphäre konnte Gott bestenfalls noch als eine ferne, unbeteiligte Instanz betrachtet werden, die das Universum hervorgebracht hatte und dann innehielt, um die Entwicklung mechanisch ablaufen zu lassen, wie ein Räderwerk, in dem jede Wirkung ihre Ursache hatte und zusammenhangslose Ereignisse durch gelegentliche Zufälle oder Abweichungen von der Norm erklärt werden konnten.

Und doch ging aus den Visionen vieler Menschen dieser Zeit hervor, daß sie vor ihrer Geburt die Absicht gehabt hatten, die technologische und wirtschaftliche Produktivität auf Erden zu steigern, weil sie wußten, daß diese Dinge eines Tages nicht mehr umweltschädlich gehandhabt werden konnten, sondern der Menschheit eine Freiheit bescheren würden, die noch die kühnsten Träume übertraf. Aber nach ihrer Geburt in die damalige Atmosphäre konnten sie sich nur noch an ihr generelles Vorhaben erinnern: »Schaffe, baue, produziere, und halte dabei stets am demokratischen Ideal fest.«

Meine Aufmerksamkeit verlagerte sich, und ich sah, daß diese Intuition nirgends deutlicher hervortrat als bei der Gründung der Vereinigten Staaten von Amerika, mit ihrer demokratischen Verfassung und ihrem Kontrollsystem zur Verhinderung von Machtmißbrauch. Amerika war ein gigantisches Experiment, das sich auf den raschen, ungehinderten Austausch von Informationen gründete, der unsere Zukunft charakterisieren sollte. Aber unter dieser glatten Oberfläche bot sich ein ganz anderes Bild: Die Indianerstämme, versklavten Afrikaner und andere völkische Minderheiten, auf deren Rücken das amerikanische Gesellschaftsexperiment ausgetragen wurde, schrien unaufhörlich, um sich Gehör zu verschaffen und als gleichberechtigt anerkannt zu werden.

Im neunzehnten Jahrhundert standen wir kurz vor einer zweiten Transformation der menschlichen Kultur, ausgelöst von den neuentdeckten Energiequellen, wie Öl und Dampfantrieb und schließlich auch dem elektrischen Strom. Die Volkswirtschaft war zu einem enorm vielschichtigen und zunehmend spezialisierten Betätigungsfeld geworden, das mehr Güter denn je produzierte, weil ständig neue Techniken entwickelt wurden. Ein Großteil der ländlichen Bevölkerung zog von ihren Bauernhöfen und Dorfgemeinden in die großen städtischen Produktionszentren, um sich an der fortschreitenden *Industriellen Revolution* zu beteiligen.

Zu der Zeit glaubte die Mehrheit, daß ein demokratisch verankerter Kapitalismus, der von den Regierungsmächten weder geregelt noch eingeschränkt wird, die bestmögliche Gesellschaftsform darstellte. Nur sah ich auch hier wieder, daß die meisten Individuen, die zu dieser Zeit auf die Erde kamen, eigentlich die Hoffnung hatten, den Kapitalismus in besserer Form weiterzuentwickeln. Aber die allgemeine Angst hatte inzwischen derartige Ausmaße angenommen, daß diese Individuen letztlich nur noch an die eigene Sicherheit, ihre Profite dachten, die Arbeiter ausbeuteten und heimliche Absprachen mit der Konkurrenz und den Regierungen trafen. Dies war die Ära der Räuberbarone, der geheimen Bank- und Industriekartelle.

Um den Auswüchsen dieser Variante des Kapitalismus Einhalt zu gebieten, wurden im frühen zwanzigsten Jahrhundert zwei neue Wirtschaftssysteme propagiert und als Alternative angeboten. Vor der Jahrhundertwende hatten zwei Männer in England ein »Manifest« veröffentlicht, das eine neue, von den Arbeitern selbst organisierte Gesellschaftsform forderte, die mit der Zeit ein ökonomisches Utopia hervorbringen sollte, wo sämtliche Ressourcen der Menschheit jedem einzelnen nach Bedarf zugänglich gemacht wurden – ohne jegliche Konkurrenz oder Habgier.

Aufgrund der furchtbaren Arbeitsbedingungen zu jener Zeit fand die Idee bald viele Anhänger. Nur sah ich auch hier, daß dieses materialistische Arbeitermanifest nicht den ursprünglichen Absichten seiner Verfasser entsprach. Aus ihren vorgeburtlichen Visionen ging hervor, daß die beiden Männer auf der Erde nur noch Ahnungen von dem Utopia hatten, das eines Tages auf diesem Planeten verwirklicht werden sollte. Tragischerweise war ihnen völlig entfallen, daß eine Umwandlung nur mit Hilfe von demokratischen Grundgesetzen und nur sehr langsam, mit der freiwilligen Beteiligung aller, durchgesetzt werden kann.

Die Urheber des Kommunismus, angefangen mit der ersten Revolution in Rußland bis zu den nachfolgenden Satellitenstaaten, gingen irrtümlicherweise davon aus, daß dieses System nur durch diktatorische Gewalt durchgesetzt werden konnte, ein Ansatz, der vollkommen falsch war und Millionen Menschenleben kostete. In ihrer Ungeduld hatten diese Visionäre ein Utopia angestrebt und dabei den Kommunismus in die Welt gesetzt, der Jahrzehnte voller Tragödien nach sich zog.

Die Szene verlagerte sich auf die andere Alternative zum demokratischen Kapitalismus: den Faschismus. Diese Gesellschaftsform wollte einer elitären Oberschicht, die sich von der Schicksalsmacht zu diesem Zweck auserkoren fühlte, jede Verfügungsgewalt garantieren. Die Faschisten glaubten, daß eine Nation ihr höchstes Potential nur dann erreicht und ihre rechtmäßige Position im Weltgefüge nur dann einnimmt, wenn demokratische Grundsätze ausgeschaltet werden und die Regierung an allen führenden Industrien beteiligt ist.

Deutlich sah ich, daß die Befürworter dieses Systems die Erinnerungen an ihre ursprünglichen Absichten fast völlig vergessen hatten. Eigentlich wollten sie die Vorstellung verbreiten, daß wir ein höheres Ideal des Menschseins verwirklichen sollen und daß ein vereintes, allein auf dieses Ziel ausgerichtetes Volk sich zu ungeahnten Höhen der Produktivität und Geistesgröße aufschwingen kann. Was im Dritten Reich daraus gemacht wurde, war eine selbstherrliche, doch letztlich auf Angst beruhende Zukunftsvision, bei der einer einzigen Menschenrasse eine naturgewollte Überlegenheit über alle anderen zugesprochen wurde und die es ermöglichte, eine allgewaltige Über-Nation zu schaffen, die eines Tages die ganze Welt beherrschen sollte.

Ich sah, daß auch andere Völker die Vision von den höheren Zielen aufgriffen, sich aber der Bedeutung einer starken Demokratie bewußt waren und deshalb aktiv gegen Faschismus und Kommunismus kämpften, um einer freien Marktwirtschaft den Weg zu ebnen. Und so wurde ein blutiger Weltkrieg gegen die faschistische Verzerrung der Menschheitsvision geführt, deren Sieg extrem teuer erkauft werden mußte. Die zweite Verzerrung unserer globalen Vision wurde in einem langen, erbitterten kalten Krieg gegen die kommunistischen Blockstaaten bekämpft.

An dem Punkt wurde mein Augenmerk auf die Vereinigten Staaten zu Beginn dieses kalten Krieges gelenkt. Anfang der fünfziger Jahre war Amerika erfolgreich am Gipfelpunkt seiner vierhundert Jahre währenden Beschäftigung mit einem weltlichen Materialismus angelangt. Wohlstand und Sicherheit hatten sich auf eine breite, stetig wachsende Mittelklasse ausgedehnt, und nun wurde eine junge Generation in diese Welt hineingeboren – eine Generation, die eine dritte, einschneidende Umwandlung im Bewußtsein der Menschheit auslösen sollte.

Diese Jugend wurde während ihres Heranwachsens ständig daran erinnert, daß sie im herrlichsten Land der Welt lebte, dem Land, das jedem Bürger Freiheit und Gerechtigkeit garantierte. Doch mit den Jahren wurde dieser Generation bewußt, daß eine tiefe Kluft zwischen dem populären amerikanischen Selbstbild und der Realität bestand. Die Jugend stellte fest, daß gewisse rassische Minderheiten und Frauen eindeutig nicht frei waren, weder im Auge des Gesetzes noch in den Augen der Allgemeinheit. In den sechziger Jahren fand diese Generation den blinden Patriotismus immer unerträglicher, der voraussetzte, daß junge Männer sich fraglos in ein fremdes Land begaben, um dort einen politisch motivierten Krieg auszufechten, der weder klar umrissene Ziele noch eine Aussicht auf einen ehrenwerten Sieg hatte.

Ebenso unerträglich waren die spirituellen Praktiken dieser Kultur. Der Materialismus der letzten vier Jahrhunderte hatte dafür gesorgt, daß die Mysterien des Lebens und des Todes in die hinterste Ecke des Bewußtseins gedrängt wurden, und nun konnte die Jugend nur noch bombastische, aber sinnentleerte Rituale in den Kirchen und Synagogen entdecken. Die Beteiligung an dieser Art von Religiosität schien eher soziale denn spirituelle Bedürfnisse zu befriedigen, und die Gläubigen zeigten sich offenbar mehr an den Meinungen und Urteilen von ihresgleichen interessiert als an einer echten Hinwendung zu Gott.

Während die Vision noch weiter fortschritt, ging mir auf, daß die analytischen und kritischen Tendenzen dieser neuen Generation einer tieferliegenden Intuition entsprangen, die verkündete, daß das Leben weitaus mehr bereithielt als die materielle Weltanschauung. Die jungen Menschen fühlten eine neue spirituelle Sinngebung in greifbare Nähe rücken und begaben sich auf eine Entdeckungsreise nach anderen, weniger bekannten Religionen und Philosophien. Zum ersten Mal wurden die Religionen des Ostens von zahlreichen im Westen aufgewachsenen Menschen verstanden. Viele dieser Lehren bestätigten die intuitive Ahnung der neuen Generation, daß innere Erfahrungen gemacht werden können, die zu einer Veränderung der Wahrnehmung führen und das Bewußtsein von Sinn und Sein für immer verändern. Zu den einflußreichen Beschreibungen einer tieferen geistigen Erweckung gehörten unter anderem die Schriften der jüdischen Kabbalisten sowie der christlichen Mystiker des Westens wie Meister Eckhart und Teilhard de Chardin.

Gleichzeitig wurden neue Erkenntnisse auf dem Gebiet der Soziologie, Psychiatrie, Psychologie und Anthropologie gewonnen sowie in der modernen Physik, durch die das menschliche Bewußtsein in einem neuen Licht betrachtet werden konnte. Dieses Gedankengut, verbunden mit den östlichen Weisheitslehren, kristallisierte sich allmählich zu dem, was später das *Human Potential Movement* genannt wurde, eine neue geistige Schule, die davon ausging, daß der Mensch nur einen Bruchteil seines immensen körperlichen, psychischen und spirituellen Potentials verwirklicht.

Ich sah, wie dieses Gedankengut im Laufe mehrerer Jahrhunderte eine Welle der spirituellen Selbsterkundung auslöste und schließlich eine *kritische Masse* im Bewußtsein erreichte, die einen Sprung nach vorne bedeutete. So formulierten wir eine vollkommen neue Lebensanschauung, zu der letzten Endes auch die Erinnerung an die Neun Erkenntnisse gehörte.

Und doch ..., während diese Sichtweise immer weitere Kreise zog und das Bewußtsein von Menschen auf der ganzen Welt beeinflußte, zogen sich viele Mitglieder der jungen Generation plötzlich erschrocken zurück, höchst alarmiert von der wachsenden Instabilität des kulturellen Gefüges, die offenbar mit Verbreitung des neuen Paradigmas einherging. Feste, von der Mehrheit eingehaltene Übereinkünfte der alten Welt hatten seit Jahrhunderten für eine klar umrissene, vielfach auch rigide Ordnung gesorgt, in der jeder seinen Platz hatte und die Rollenverteilung eindeutig definiert war: Der Mann arbeitet, die Frau und die Kinder sind im Haus, die Familien und Sippen bleiben intakt, und die Arbeitsmoral ist allgegenwärtig. Von jedem guten Bürger wurde erwartet, daß er seinen Platz in der Wirtschaft einnahm, Sinn in seiner Familie fand und einsah, daß sein Lebenszweck darin bestand, Wohlstand zu erzeugen und der nachfolgenden Generation ein materiell abgesichertes Dasein zu ermöglichen.

Mit den sechziger Jahren kamen Analyse und Gesellschaftskritik, und nun wurden bisher unbestrittene Gesetze allseits in Frage gestellt. Auf einmal beruhte das Verhalten nicht mehr auf althergebrachten Übereinkünften, nein, jeder fühlte sich plötzlich bemächtigt und frei, sein Leben nach eigenem Gutdünken zu gestalten, um die verschwommenen Ideen von einem noch unentdeckten Potential zu verwirklichen. In diesem gesellschaftlichen Klima hörten wir auf, unser Handeln von den Ansichten anderer Menschen bestimmen zu lassen; immer mehr folgten wir unseren innersten Gefühlen und ethischen Richtlinien.

Für alle, die ernsthaft zu neuen spirituellen Ansichten gelangt waren, größere Ehrlichkeit und Liebe gegenüber anderen Menschen entwickelt hatten, waren moralische Verhaltensweisen nicht das Problem. Besorgnis erregten jene, die sich von allen äußeren Richtlinien losgesagt hatten, ohne gleichzeitig zu ihrem starken inneren Sittenkodex zurückzufinden. Diese Zeitgenossen stürzten sich kopfüber in ein kulturelles Niemandsland, wo anscheinend alles erlaubt war: Kriminalität, Drogenmißbrauch und Suchtverhalten jeder Prägung, ganz abgesehen von einem Verlust der Arbeitsmoral. Alarmierend war auch, daß die Erkenntnisse des *Human Potential Movement* plötzlich benutzt wurden, um Verbrecher und Abweichler zu entschuldigen, als seien sie für die eigenen Handlungen in keiner Weise verantwortlich. Statt dessen wurden sie als Opfer einer repressiven Gesellschaft dargestellt, die sich weigerte, die sozialen Bedingungen zu ändern, auf die das Verhalten ihrer Bürger zurückzuführen war.

Beim längeren Zusehen wurde mir klar, was hier geschehen war: eine Polarisierung der Ansichten überall auf dem Planeten, wobei die Unentschlossenen sich der Reihe nach gegen den kulturellen Standpunkt entschieden, der ihrer Ansicht nach zu Chaos und Haltlosigkeit führen mußte, die schließlich im totalen Zerfall des Gesamtgefüges enden würden. In den Vereinigten Staaten war eine wachsende Anzahl von Menschen zu der Überzeugung gelangt, daß sie es mit einem Kampf um Leben und Tod zu tun hatte, einem Kulturkrieg, wie sie es nannten, gegen die Freizügigkeit und den Liberalismus der letzten fünfundzwanzig Jahre, bei dem nichts Geringeres als die Erhaltung der westlichen Zivilisation auf dem Spiel stand. Ich sah, daß viele diesen Kampf als mittlerweile nahezu verloren betrachteten und bereit waren, extreme Maßnahmen in Betracht zu ziehen.

Im Angesicht dieser Abwehrreaktion traten die Befürworter des *Human Potential Movement* ihrerseits einen Rückzug in die Angst an und wurden defensiv, denn jetzt sahen sie ihre hart verdienten Erfolge im Bereich der Menschenrechte und sozialen Gleichberechtigung in einer Flutwelle des Konservativismus untergehen. Viele interpretierten diesen Kampf als einen letzten Feldzug der von Habgier und Ausbeutung getriebenen Kräfte, die damit einen letzten Versuch unternahmen, die schwächeren Mitglieder der Gesellschaft zu beherrschen.

Und an diesem Punkt trat in aller Deutlichkeit hervor, was der Polarisierung ihre Intensität verlieh: Jede Seite glaubte, daß die andere sich mit der Macht des Bösen verschworen hatte.

Die alte Garde hielt die Humanisten nicht länger nur für albern, fehlgeleitet oder naiv, sondern fürchtete, daß sie es in Wahrheit mit Handlangern einer weit größeren sozialistischen Verschwörung zu tun hatte, mit alten Anhängern der kommunistischen Alternative, die genau das erreichen wollten, was momentan im Gange war: den Zerfall der Kultur bis zu dem Punkt, wo die Politiker in Washington einschreiten und mit Gewalt für Ordnung sorgen konnten. So, wie sie es sahen, benutzte die amerikanische Regierung die wachsende Kriminalität des Landes als Vorwand, um Schußwaffen registrieren zu können und die Staatsbürger auf diese Weise systematisch wehrlos zu machen. Gleichzeitig sah man, wie der Politbürokratie immer mehr Kontrolle gegeben wurde. Ihre Computerzentralen konnten jede Bargeld- oder Kreditkartentransaktion elektronisch registrieren, angeblich, um kriminellen Umtrieben vorzubeugen oder Steuern einzutreiben und Sabotageakte zu verhindern. Aber in Wirklichkeit wollte *Big Brother* – möglicherweise unter dem Vorwand einer bevorstehenden Naturkatastrophe – endlich ganz hart durchgreifen, Privatbesitz beschlagnahmen und das Kriegsrecht verhängen.

Die Vertreter der liberalen, nach Erneuerung strebenden Seite hielten das genaue Gegenteil für wahrscheinlicher. Angesichts der politischen Siege der Konservativen sahen sie ihre mühsam erstrittenen

Gesellschaftsreformen den Bach heruntergehen. Auch ihnen war die wachsende Kriminalität nicht entgangen, genausowenig wie die Auflösung bestehender Familienstrukturen, nur führten sie diese Symptome nicht auf wachsende Reglementierungen von seiten der Regierung zurück, sondern auf die fehlende Intervention letzterer, die, wenn überhaupt, viel zu spät erfolgte.

In sämtlichen Ländern der Welt hatte der Kapitalismus einer ganz bestimmten Bevölkerungsschicht seinen Dienst versagt, und der Grund war offensichtlich: Mittellose Menschen hatten keine Chance, an diesem System teilzuhaben. Es gab keine Ausbildung, die sie sich leisten konnten, keine Jobs, die ihnen offenstanden. Und anstatt dieser Klasse auf die Beine zu helfen, zog die Regierung sich zurück und strich die Armenhilfe und andere einschlägige Gegenmaßnahmen aus ihrem Programm, ebenso wie alle anderen mühsam erkämpften sozialen Verbesserungen der letzten fünfundzwanzig Jahre.

Ich sah deutlich, daß die Reformierer desillusioniert genug waren, um ihrerseits das Schlimmste zu befürchten: Der politische Schwenk nach rechts konnte nur auf den Einfluß der großen Konzerne und Geldgeber zurückgeführt werden. Ihr Interesse war es, Politiker und Massenmedien einzukaufen. Letztlich wollten sie, wie damals die Nazis in Deutschland, die ganze Welt in Reiche und Habenichtse aufteilen: Die größten Konzerne mußten die kleinen Unternehmer entweder schlucken oder kaputtmachen, um sich nach und nach immer größere Stücke am Wohlstand zu sichern. Natürlich würde es Aufstände geben, aber das lag eindeutig im Interesse der Elite, die damit das legale Recht hatte, der Polizei noch mehr Befugnisgewalt einzuräumen.

Mein Bewußtsein verlagerte sich plötzlich auf eine höhere Ebene, von der aus ich endlich völlig verstehen konnte, was diese Polarisierung bedeutete: Immer mehr Menschen fühlten sich entweder zu der einen oder der anderen Weltanschauung hingezogen, wobei beide Seiten die Gefahr eines eventuellen Krieges heraufbeschworen, eines Krieges von »gut« gegen »böse«, bei dem die jeweiligen

Gegner sich gegenseitig verdächtigten, eine finstere Verschwörung zu planen.

Vor diesem Hintergrund verstand ich auch, warum Leute, die eine Erklärung für diesen schreckenerregenden Zwiespalt anbieten konnten, immer mehr Einfluß gewannen, zum Beispiel die »Endzeit«-Propheten, von denen Joel mir erzählt hatte. Aus dem zunehmenden Chaos des Übergangs bezogen diese Unheilskünder jeden Tag mehr Kraft. Ihrer Meinung nach mußten die Prophezeiungen in der Bibel wörtlich genommen werden, und so erkannten sie in der Zwiegespaltenheit unserer Gegenwart deutliche Zeichen der lang erwarteten Apokalypse. Bald würden die beiden opponierenden Kräfte auf der Erde in einem heiligen Krieg gegeneinander antreten, die Mächte der Finsternis auf der einen, die Heerscharen des Lichts auf der anderen Seite. Sie sahen eine blutige Schlacht voraus, wobei nur entscheidend war, von Anfang an auf der richtigen Seite zu stehen.

Doch auch hier konnte ich jenseits von Angst und Engstirnigkeit die Geburtsvisionen der Menschen auf beiden Seiten sehen. Wie bei jeder entscheidenden Umwandlung im Lauf der Menschheitsgeschichte war eigentlich geplant, den Übergang so schmerzlos wie möglich zu gestalten. Wir wollten keine Polarisation von schreckenerregender Intensität herbeiführen, sondern ganz allmählich und sanft von der alten materialistischen Weltanschauung in eine neue, spirituelle Weltsicht hinübergleiten, und bei dieser Transformation sollte das Beste von den alten Traditionen bewahrt und in die neue Lebensauffassung integriert werden.

Für mich war offensichtlich, daß diese fortschreitende Kriegslust auf beiden Seiten nur eine Verirrung war, zu der die Angst uns getrieben hatte. In unserer ursprünglichen Vision wollten wir die gesellschaftlichen Umgangsformen wahren, während jeder einzelne Mensch das Recht auf freie Entfaltung hätte und unsere Umwelt nach bestem Vermögen geschützt würde. Darüber hinaus wollten wir die Kreativität der freien Marktwirtschaft erhalten und die Weltwirtschaft gleichzeitig transformieren – und all dies durch die Einführung eines einleuchtenderen Sinns und Ziels. Wir hatten vor, das spirituelle Bewußtsein auf die Erde zu tragen und zu verbreiten und dadurch ein geistiges *Utopia* zu schaffen. Auf diesem Weg wollten wir die Prophezeiungen der Endzeit-Gläubigen symbolisch erfüllen.

In dem Moment dehnte sich mein Bewußtsein plötzlich so weit aus, daß ich mich für einen Sekundenbruchteil in das komplette Zukunftspanorama hineinversetzen und den Weg sehen konnte, den wir einschlagen würden, um die beiden scheinbar unvereinbaren Realitätsauffassungen zu vereinen und das Schicksal der Menschheit zu erfüllen. Aber dann wurde mir schwindlig und ich verlor meine Konzentrationsfähigkeit. Es gelang mir nicht, mein Energieniveau jetzt noch so weit zu steigern, um die Vision vollständig zu begreifen.

Ich versuchte, sie zu halten, sah aber nur noch unsere momentane Lage und auch das zum letztenmal. Es war offensichtlich, daß die Polarisierung sich unaufhaltsam verstärken würde, wenn die globale Vision nicht vermittelnd und überbrückend eingreifen konnte. In beiden Lagern verhärteten sich die Standpunkte und Haßgefühle zusehends, und beide hielten die gegnerische Seite nicht länger nur für irregeleitet, sondern für böswillig, korrupt ..., vom Teufel besessen.

Nach einer schwindelerregend schnellen Bewegung blickte ich mich um und sah Wil neben mir stehen. Er betrachtete die dunkelgraue Umgebung, in der wir uns plötzlich befanden und machte ein besorgtes Gesicht.

»Hast du meine Vision der Menschheitsgeschichte nachvollziehen können?« fragte ich ihn.

Er musterte mich prüfend und nickte. »Was wir eben gesehen haben, war eine neuartige, spirituelle Auslegung des Geschichtsablaufs – bis zu einem gewissen Grad von deinem kulturellen Standpunkt beeinflußt, aber erstaunlich einleuchtend. Ich habe noch nie etwas Vergleichbares gesehen: eine Veranschaulichung des menschlichen Strebens, wie es im Jenseits betrachtet wird. Dies muß ein Teil der Zehnten Erkenntnis sein, denn uns wurde eindeutig vorgeführt, daß jeder Mensch ursprünglich mit positiven Absichten auf die Welt kommt und sich bemühen will, mehr von dem Wissen der Nachwelt in die physische Dimension zu tragen. Jeder von uns! Die Menschheitsgeschichte ist ein langwährender Erweckungsprozeß. Aber sobald wir fleischliche Gestalt annehmen, verlieren wir den größten Teil unseres Bewußtseins, und danach müssen wir uns auch noch den derzeitigen Gepflogenheiten und kulturellen Umständen unterwerfen. Unter diesen Umständen können wir bestenfalls noch einen intuitiven Drang wahrnehmen, bestimmte Dinge tun und andere lassen zu müssen. Aber da ist immer wieder die Angst, die so stark ist, daß wir unsere Vorhaben nicht zu Ende bringen können oder sie irgendwie beeinträchtigen. Und doch kommt jeder, und ich meine wirklich: jeder, mit den besten Absichten auf die Erde.«

»Meinst du tatsächlich, daß selbst ein Serienmörder gute Absichten hatte?«

»Ja, ursprünglich schon. Mord ist als ein Verzweiflungsakt zu sehen, ein Versuch, die inneren Ängste und die Hilflosigkeit zu überwinden.

»Also, ich weiß nicht«, wandte ich ein. »Sind manche Leute nicht einfach von Grund auf schlecht?«

»Nein, sie lassen sich nur von der Angst verrückt machen und dabei zu gräßlichen Fehlern hinreißen. Aber letzten Endes muß jeder die volle Verantwortung für seine Fehltritte übernehmen. Was wir unbedingt verstehen müssen ist, daß schreckliche Taten wenigstens zum Teil auf unsere Neigung zurückzuführen sind, einige Menschen für von Grund auf schlecht zu halten. Weder die eine noch die andere Seite kann sich vorstellen, daß menschliche Wesen zu ihren allgemein beobachteten Handlungsweisen fähig sind, ohne dabei von Natur aus böse zu sein, und so entmenschlichen sich beide Seiten in zunehmendem Maße.« Wil wirkte abgelenkt und blickte sich erneut in der grauen Leere um.

Dann fügte er hinzu: »Jede Seite glaubt, daß die andere an einer unheilvollen Verschwörung beteiligt und sozusagen die Verkörperung alles Negativen ist.«

Ich sah, daß er suchend in die Ferne starrte, und als ich seinem Blick folgte und mich eingehender auf die Umgebung konzentrierte, beschlich mich eine düstere Ahnung.

»Ich glaube«, sagte Wil langsam, »daß wir die Polarisierung nicht aufheben und die globale Vision nicht überzeugend vortragen können, ohne die wahre Natur des Bösen und die tatsächliche Beschaffenheit der Hölle zu verstehen.«

»Warum sagst du das?«

Er blickte mich noch einmal stirnrunzelnd an, dann starrte er wieder in das bleierne Grau hinein. »Weil wir in der Hölle gelandet sind.«

Eine innere Hölle

Ein Schauer durchlief meinen Körper, als ich die bleierne Umwelt genauer ins Auge faßte. Mein unheilvolles Ahnen verwandelte sich dabei in deutlich spürbare Entfremdung und Verzweiflung.

»Kennst du dich hier aus?« fragte ich Wil

»Ich war nur einmal hier, ganz am Rande. Weiter wollte ich nicht gehen. Spürst du diese Kälte?«

Ich nickte, während ich eine Bewegung aus dem Augenwinkel wahrnahm. »Was ist das?«

Wil schüttelte den Kopf. »Ich bin mir nicht sicher.«

Eine wirbelnde Energiemasse kam auf uns zu.

»Vielleicht ist es eine Seelengruppe«, sagte ich.

Während die Masse näher kam, konzentrierte ich mich auf ihren Informationsgehalt, wobei das Gefühl der Entfremdung sich immer mehr steigerte, bis ich eine tiefe Wut empfand. Ich versuchte, die Gefühle abzuschütteln und mich wieder mehr zu öffnen.

»Warte«, hörte ich Wil sagen, dann verschwamm seine Stimme. »Du bist nicht stark genug ...« Aber es war bereits zu spät. Ich wurde in eine intensive Schwärze hineingerissen und dann darüber hinauskatapultiert, in eine seltsam anmutende Großstadt hinein. In panischer Angst blickte ich mich um, versuchte meine Orientierung wiederzugewinnen und erkannte, daß die Bauwerke dem Stil des neunzehnten Jahrhunderts entsprachen. Ich stand an einer Straßenecke, umgeben von vorbeieilenden Passanten, und in der

Ferne sah ich die Kuppel eines höhergelegenen Regierungsgebäudes. Einen Augenblick dachte ich, ich sei tatsächlich im neunzehnten Jahrhundert gelandet, aber dann fiel mir auf, daß bestimmte Dinge völlig unrealistisch waren: zum Beispiel der Horizont, der nahtlos in ein ungesundes Grau überging, und der olivgrüne Himmel, dessen Farbe mich an Williams' Bürokonstruktion erinnerte, als er der Erkenntnis entrinnen wollte, daß er gerade gestorben war.

Dann spürte ich unvermittelt, daß ich von vier Männern auf der gegenüberliegenden Straßenseite beobachtet wurde. Ein eiskaltes Zittern schüttelte mich. Alle waren elegant gekleidet, und einer legte den Kopf auf die Seite und nahm einen Zug von seiner dicken Zigarre. Ein zweiter blickte demonstrativ auf seine Taschenuhr und steckte sie dann wieder in seine Weste. Die vier wirkten weltmännisch, aber bedrohlich.

»Wer auch immer den Zorn dieser Männer dort auf sich zieht, ist mein Freund«, brummte eine Stimme hinter mir.

Beim Umdrehen sah ich einen großen, enorm dickbauchigen Mann vor mir stehen, ebenfalls gut gekleidet, mit einem breitkrempigen Filzhut auf dem Haupt. Etwas an seinen Gesichtszügen kam mir bekannt vor. Aber wo hatte ich ihn schon einmal gesehen?

»Machen Sie sich nichts draus«, fügte er hinzu, »die sind ganz einfach zu überlisten.«

Ich starrte die imposante, leicht vornüber gebeugte Gestalt an, sah den unsteten Blick und erinnerte mich schlagartig. Es war der Kommandant der Föderationstruppen, den ich in Mayas Visionen vom frühen neunzehnten Jahrhundert gesehen hatte, der General, der sich geweigert hatte, die Missionarstochter in seinem Zelt zu empfangen, und statt dessen die Schlacht gegen die Indianer angeordnet hatte. Diese Stadt war wahrscheinlich nur eine Konstruktion, dachte ich. Der General muß seine späteren Lebensumstände rekonstruiert haben, um sich vormachen zu können, daß er nicht gestorben ist.

»Das ist alles eine Illusion«, stammelte ich. »Sie ... äh ... Sie sind längst gestorben.«

Er ignorierte meine Worte, als hätte er sie nicht gehört, und wurde vertraulich. »Hast du den räudigen Schakalen da drüben ans Bein gepinkelt, oder was hast du gemacht?«

»Ich habe überhaupt nichts gemacht.«

»O doch, du hast etwas gemacht. Ich kenne den Blick in ihren Augen. Sie führen sich auf, als gehörte ihnen die ganze Stadt – ach was, die ganze Welt!« Er schüttelte den Kopf. »Diese Viehtreiber fühlen sich berufen, dem Schicksal auf die Sprünge zu helfen, damit es sich exakt nach ihren Plänen richten kann. Sie wollen alles in die Hand nehmen: Wirtschaft, Regierung, Währung, Geldumlauf, alles. Was letzten Endes nicht verkehrt ist, wenn man bedenkt, wie viele Weichschädel und Vollidioten auf die Welt gesetzt werden, die alles verderben, wenn man nicht aufpaßt und sie gewähren läßt. Gewiß, man muß die Herde mit starker Hand im Zaum halten, und wenn dabei ein guter Lohn herausspringt – nun ja, warum nicht?

Aber diese Geier wollten *mich* austricksen, *mich*! Selbstredend ist es ihnen nie gelungen. Ich bin ihnen von vornherein haushoch überlegen gewesen. Also, was hast du verbrochen?«

»Hören Sie zu«, sagte ich. »Sie müssen begreifen, daß nichts von alledem real ist.«

»Na, na, na«, gab er zurück. »Ich rate dir, mir zu vertrauen. Mit solchen Feinden kannst du einen Freund wie mich nicht hoch genug einschätzen.«

Ich blickte zur Seite, während er mich verkniffen musterte.

»Das sind Betrüger«, fuhr er in vertraulicherem Ton fort. »Und auf Vergebung darfst du nicht hoffen. Hör dir an, was mir passiert ist. Sie wollten mich, einen erfahrenen Heerführer, benutzen, um ein paar Indianerstämme auszuschalten und einen ganzen Landstrich zu besetzen. Aber ich war auch nicht auf den Kopf gefallen. Ich habe gleich gewußt, daß ich ihnen nicht trauen kann und an meine eigene Haut denken muß.« Er warf mir einen ironischen Blick zu. »Aber wenn du ein Kriegsheld bist, kann man dich nicht so leicht ausnutzen und hinterher zu den alten Lumpen werfen, richtig? Nach dem

Krieg habe ich mich vom Volk feiern lassen. Danach mußten die Leute nach meiner Pfeife tanzen. Aber ich sage dir, unterschätzen darfst du sie nicht. Sie sind zu allem fähig.«

Er trat einen Schritt zurück, als wollte er meine Erscheinung noch einmal eingehend mustern.

»In der Tat«, sagte er. »Du könntest einer ihrer Spione sein.«

Darauf wußte ich nichts mehr zu sagen und ging einfach weiter.

»Bastard!« schrie er plötzlich. »Ich wußte es doch!«

Ich sah, wie er in seine Tasche griff und ein kurzes Messer herauszog. Eine entsetzliche Lähmung befiel mich, aber ich zwang mich, zu laufen, rannte die Straße hinab und bog in eine dunkle Gasse ein, seine schweren Schritte ganz nahe hinter mir. Zur Rechten war eine Tür halb offen. Ich rannte hindurch und schob den Bolzen vor, um die Tür zu verriegeln. Mit dem nächsten Atemzug drang der süßliche Geruch von Opium an meine Nase. Um mich herum lagen Dutzende von Rauchern, die abwesend zu mir hinaufblickten. Waren diese Gestalten echt, so fragte ich mich, oder ein Teil dieser konstruierten Illusionswelt? Die meisten wandten sich sofort wieder ihren gedämpften Unterhaltungen und Opiumpfeifen zu, also bahnte ich mir einen Weg durch schmuddlige Matratzen und Sofas und steuerte auf eine Tür weiter hinten zu.

»Dich kenne ich doch«, lallte eine Frauenstimme. Eine junge Frau lehnte an der Wand neben der Tür, ihr Kopf vornübergeneigt, als sei er zu schwer für ihren Nacken. »Wir sind zusammen zur Schule gegangen.«

Verwirrt forschte ich in ihrem Gesicht und erinnerte mich dann an ein junges Mädchen in meiner Hochschule, das damals unter Depressionen gelitten hatte und drogenabhängig geworden war. Ich wußte noch, daß sie jede Hilfe abgelehnt hatte und an einer Überdosis gestorben war.

»Sharon, bist du es?«

Sie probierte ein Lächeln; ich blickte zur verriegelten Eingangstür zurück, um zu sehen, ob der messerschwingende General mir womöglich noch auf den Fersen war.

»Mach dir keine Sorgen«, murmelte Sharon. »Du kannst bei uns bleiben. Hier bist du sicher. Niemand kann dir etwas tun.«

Ich trat einen Schritt näher an sie heran und flüsterte: »Ich will hier auf keinen Fall bleiben.« Und dann so sanft wie möglich: »Sharon, alles hier ist eine vollkommene Illusion.«

Drei oder vier Leute drehten sich um und warfen mir erboste Blicke zu.

»Sharon, ich bitte dich«, flüsterte ich. »Komm einfach mit mir.«

Zwei Raucher in unserer unmittelbaren Nähe standen auf und stellten sich neben Sharon. »Hau ab hier«, knurrte der eine. »Laß sie in Ruhe.«

»Hör nicht auf ihn«, sagte der andere zu Sharon. »Der spinnt. Wir müssen zusammenhalten.«

Ich beugte mich vor, damit ich ihr direkt in die Augen schauen konnte. »Sharon, das ist alles völlig unwirklich. Du bist gestorben. Wir müssen hier wegkommen.«

»Halt's Maul!« schrie jemand weiter hinten. Vier oder fünf kamen jetzt auf mich zu, Haß stand ihnen in den Augen. »Laß uns in Frieden!«

Ich bewegte mich rückwärts auf die Tür zu, die Menge kam mir nach. Durch die vielen Körper hindurch sah ich Sharon zur Pfeife greifen. Ich drehte mich um und riß die Tür auf, mußte jedoch feststellen, daß sie nicht auf die Straße führte, sondern in einen Büroraum.

»Halt, was haben Sie hier zu suchen«, wollte jemand wissen. Ich drehte mich um und sah einen Mann mittleren Alters vor mir stehen, der mich über Brillengläser hinweg anblitzte. »Wo ist meine Sekretärin? Ich habe keine Zeit für solche Scherze.«

Zu meiner Verwunderung stellte ich beim näheren Hinsehen fest, daß dieses Büro mit modernen Möbeln und Computern aus dem späten zwanzigsten Jahrhundert eingerichtet war.

»Also, was wollen Sie?« rief der Mann ungehalten.

»Ich werde von jemandem verfolgt und muß mich irgendwo verstecken.«

»Großer Gott, Mann, dann kommen Sie bitte nicht hier herein. Ich habe keine Zeit für solchen Unfug. Sie ahnen nicht, was ich heute noch erledigen muß. Schauen Sie sich diese Aktenstapel an. Was meinen Sie, wer die aufarbeitet, wenn ich es nicht selber tue?« Ich sah einen Anflug von Angst in seinem Gesicht, schüttelte den Kopf und blickte mich nach einem anderen Ausgang um. »Wissen Sie denn nicht, daß Sie tot sind?« fragte ich. »Sie bilden sich alles nur ein.«

Die Angst in seinem Gesicht wich dem Zorn. »Wie sind Sie hier hereingekommen? Sie sind doch nicht etwa ein Verbrecher?«

Ich hatte einen anderen Ausgang gefunden und schlüpfte nach draußen. Die Straße war vollkommen leer, bis auf eine einzige Pferdekutsche, die soeben vor einem Hotel mir gegenüber zum Stillstand kam. Eine attraktive Frau im Abendkleid stieg aus, drehte sich zu mir um und lächelte. Ihre Ausstrahlung hatte etwas Warmes, Fürsorgliches. Ich eilte über die Pflastersteine auf sie zu, und sie blickte mir mit einem zaghaften, einladenden Lächeln entgegen.

»Sie sind allein«, fragte sie, als ich vor ihr stand. »Möchten Sie mit mir kommen?«

»Wohin denn?« erkundigte ich mich zögernd.

»Auf eine Party.«

»Wer ist sonst noch auf dieser Party?«

»Keine Ahnung.«

Sie öffnete die Hoteltür und winkte mich hinein. Ich folgte ihr ziellos und versuchte dabei krampfhaft, meine Lage zu überdenken. Wir traten in einen Fahrstuhl, und sie drückte auf den Knopf für den vierten Stock. Während wir hinauffuhren, wurde die Empfindung von Wärme und liebevoller Hinwendung mit jedem Stockwerk intensiver. Aus den Augenwinkeln sah ich, daß sie meine Hände begutachtete. Als ich sie direkt ansah, lächelte sie verschämt, als wäre sie bei einem kleinen Vergehen erwischt worden.

Die Fahrstuhltüren öffneten sich, und sie führte mich den Korridor hinab, zu einer der Türen weiter hinten. Dort klopfte sie zweimal an. Kurz darauf wurde die Tür aufgesperrt, und ein Mann trat in den Türrahmen. Als er meine Begleiterin erblickte, erhellte sich sein Gesicht.

»Kommt rein«, rief er. »Kommt nur, kommt!«

Sie ließ mich vortreten, und während ich in einen schummrigen Raum hineinwanderte, ergriff ein schönes Mädchen meinen Arm. Sie war barfuß und trug ein trägerloses Gewand.

»Oh, du bist ganz allein und verlassen«, flötete sie. »Du armes Ding. Na, dann komm, bei uns bist du sicher.« Weiter hinten konnte ich einen Mann mit nacktem Oberkörper ausmachen. Er musterte mich und sagte laut: »Schau dir diese Schenkel an.«

»Seine Hände sind perfekt«, kommentierte jemand.

Als erwachte ich aus einem Schockzustand, wurde mir jetzt erst klar, daß der Raum voller nackter und halbnackter Menschen war, die sich in den Posen verschiedener Liebesspiele befanden.

»Augenblick mal«, sagte ich. »Das ist nichts für mich.«

Ich wandte mich zum Gehen, aber die Frau von vorhin hielt mich am Arm und sagte: »Was willst du dort draußen anfangen? Es kann ewig dauern, bis du eine Gruppe wie diese hier findest. Fühlst du die Atmosphäre in diesem Raum? Das ist etwas ganz anderes als die Angst vor dem Alleinsein, hmm?« Sie ließ ihre Hand über meine Brust gleiten.

Aus den Tiefen des Raumes drangen die Geräusche eines plötzlichen Handgemenges zu uns herüber.

»Nein, laßt mich los«, brüllte jemand. »Ich will das nicht!«

Ein junger Mann, nicht älter als achtzehn Jahre, stieß mehrere andere Leiber von sich und rannte zur Tür hinaus. Ich benutzte den Aufruhr, um hinter ihm herzulaufen. Er wartete nicht auf den Fahrstuhl, sondern floh das nahegelegene Treppenhaus hinab, und ich folgte ihm. Als ich auf der Straße ankam, war er bereits auf dem gegenüberliegenden Bürgersteig.

Gerade wollte ich hinter ihm herrufen, als ich sah, wie er vor Schrecken erstarrte. Weiter vorn an einer Hausecke stand der General mit dem erhobenen Messer in der Hand, nur diesmal hatte er die

Vierergruppe, die mich bei meiner Ankunft beobachtet hatte, gegen sich. Alle schrien und redeten wütend aufeinander ein. Ruckartig zog einer der vier eine Pistole aus der Tasche, und der General stürzte ihm mit gezücktem Messer entgegen. Gleich darauf fielen Schüsse. Der Hut des Generals und sein Messer flogen nach hinten, während eine Kugel seine Stirn zerschmetterte. Er fiel mit einem dumpfen Aufprall zu Boden, und während er noch einmal röchelte, hielten die vier Männer mitten in ihrer Bewegung inne und verblaßten, bis nichts mehr von ihnen übrig war. Der gefallene General löste sich ebenso schnell in Nichts auf.

Der junge Mann mir gegenüber ließ sich ermattet auf den Rinnstein sinken und vergrub den Kopf in den Händen. Ich lief zu ihm hinüber. »Es ist vorbei«, sagte ich in einem beruhigenden Ton, obwohl meine Knie zitterten. »Jetzt sind sie alle endgültig verschwunden.«

»Nein, überhaupt nicht«, gab er resigniert zurück. »Schau mal da rüber.«

Ich drehte mich um und sah die vier gerade verschwundenen Männer vor dem Hoteleingang stehen. Unglaublicherweise hatten sie genau die Position eingenommen, in der sie mir zum ersten Mal aufgefallen waren. Der eine paffte an seiner Zigarre, und der andere blickte demonstrativ auf seine Taschenuhr.

Mein Herz setzte aus, als ich den General mit seinem Filzhut auf dem Kopf wieder genau gegenüber von seinen Gegnern an der Hausecke stehen sah. Er starrte sie drohend an.

»Das wiederholt sich, wieder und wieder und wieder«, stöhnte der junge Mann. »Ich halte es nicht mehr aus. Irgend jemand muß mir helfen!«

Bevor ich etwas sagen konnte, materialisierten sich zwei Gestalten zu seiner Rechten, blieben jedoch so verschwommen, daß sie kaum zu erkennen waren.

Der junge Mann starrte die Gestalten eine ganze Weile an, bis sein Gesicht aufleuchtete und er aufgeregt rief: »Roy, bist du das?«

Ich sah zu, wie sie sich ihm näherten, bis der Junge vollkommen in ihren unscharfen Formen aufgegangen war. Nach einigen Minuten war er zusammen mit den beiden Seelen verschwunden.

Ich blickte auf die leere Stelle, wo er eben noch gehockt hatte, und genoß den Nachhall der höheren Vibrationen. Dabei kam mir das Bild meiner Seelengruppe in den Sinn und mit dem Bild das Gefühl der tiefen Liebe und Fürsorge, die alle diese Seelen mir entgegengebracht hatten. Je mehr ich mich darauf konzentrierte, desto leichter fiel es mir, die Last der Furchtsamkeit abzuschütteln und meine Energie schrittweise zu erhöhen, bis sich endlich etwas in meinem Inneren öffnete. Sofort wurde das Grau ringsumher lichter, und die Stadt verblaßte. Mit zunehmender Energie konnte ich mir Wils Gesicht genauer vorstellen, und in der nächsten Sekunde stand er neben mir.

»Alles in Ordnung?« fragte er, noch während er mich in die Arme schloß. Er wirkte sehr erleichtert. »Das waren recht starke Illusionen, und du hast dich von ihnen mitreißen lassen.«

»Ich weiß. Ich kam einfach nicht mehr zur Besinnung und konnte mich nicht mehr daran erinnern, was man tun muß.«

»Du warst lange unterwegs; uns blieb nichts anderes übrig, als dir Energie zu schicken.«

»Was meinst du mit ›wir‹?«

»Alle diese Seelen.« Wil machte eine ausschweifende Handbewegung.

Bei genauerer Betrachtung sah ich, daß ich, soweit ich blicken konnte, von Hunderten Seelen umringt war. Einige von ihnen hatten sich uns zugewandt, aber die meisten konzentrierten ihre Aufmerksamkeit auf eine andere Richtung. Ich folgte ihren Blicken und erkannte in weiter Ferne mehrere riesenhafte Energiewirbel. Mit noch mehr Konzentration wurde mir klar, daß es sich bei einem dieser Wirbel um die Stadt handelte, der ich gerade entronnen war.

»Was sind das für Orte?« fragte ich Wil.

»Gedankenkonstrukte«, antwortete er. »Erschaffen von Seelen, die sich im Lauf ihres Erdendaseins an sehr beschränkte und zwanghafte Kontrolldramen geklammert haben und selbst nach ihrem Übergang ins Jenseits nicht davon ablassen konnten. Es gibt Tausende und Abertausende von solchen Gedankenkonstrukten.«

»Hast du gesehen, was ich in der imaginären Stadt erlebt habe?«

»Das meiste. Ich mußte mich auf die Seelen in diesem Kreis hier konzentrieren und mich in ihre Sichtweise hineinversetzen, dabei konnte ich nachvollziehen, was du erlebt hast. Dieser Seelenkreis sendet seine Kraft fortwährend in die Illusionen hinein, in der Hoffnung, daß irgend jemand darauf reagiert.«

»Hast du die Sache mit dem jungen Mann nachvollziehen können? Er ist aufgewacht, aber die anderen haben offenbar kein Interesse daran gehabt.«

Wil nickte. »Erinnerst du dich an Williams und wie er nach seinem Übergang versucht hat, die Tatsache seines Todes zu leugnen, worauf er in Gedanken blitzschnell sein Büro rekonstruiert hat?«

»Ja, ich habe daran denken müssen, als ich dort unten war.«

»So geht es jedem Menschen, der stirbt und sich vorher sehr stark mit seinen Kontrolldramen und Gewohnheiten identifiziert hat, um das Mysterium und die Unsicherheit des Lebens zu verdrängen. Wenn diese Identifikation übermächtig ist, können wir selbst nach dem Tode nicht erwachen, also fabrizieren wir realistisch wirkende Illusionen, damit wir uns auch im Jenseits noch in der altgewohnten Umgebung aufhalten können. Wäre die Seelengruppe ihm nicht zu Hilfe gekommen, hätte Williams sich ebenfalls in einer der Höllenregionen wiedergefunden. Dieses Verhalten ist eine Reaktion auf die Furcht. Die Leute, die du dort unten gesehen hast, wären absolut gelähmt vor Angst, wenn sie nicht Mittel und Wege fänden, sie abzuwehren und irgendwie aus ihrem Bewußtsein zu verbannen. Deshalb wiederholen sie immer dieselben Dramen, dieselben alten Strategien, und können nicht mehr damit aufhören.«

»Also sind diese illusionären Realitäten nichts anderes als verinnerlichte Kontrolldramen?«

»Ja, generell fallen die Verhaltensweisen in die Kategorie der Kontrolldramen, die mit gesteigerter Intensität und ohne jede Reflexion empfunden werden. Nimm das Beispiel des Generals: Er war eindeutig mit der Rolle des Einschüchterers identifiziert und raubte den Mitmenschen damit ihre Energie. Dieses Verhalten rechtfertigte er mit der Annahme, daß alle Welt ihn ausnutzen und kaputtmachen wollte, und auf der Erde zog er mit dieser Erwartungshaltung natürlich auch genau die Sorte von Leuten an, die seine mentale Vision bestätigten. Nach seinem Tode hat er dann einfach eine Gruppe von imaginären Widersachern konstruiert, damit er dieselben Situationen heraufbeschwören kann.

Ohne Menschen, die sich potentiell einschüchtern lassen, verliert er seine Energiequelle, und damit steigt die Angst wieder in sein Bewußtsein. Folgerichtig muß er die Rolle des Einschüchterers permanent aufrechterhalten. Er muß die einzige Aktivität fortsetzen, von der er erfahrungsgemäß weiß, daß sie seinen Geist so stark beschäftigt, daß die Angst dabei wenigstens vorübergehend abgetötet wird. Nur eine obsessive, dramatische, mit hoher Adrenalinausschüttung verbundene Aktivität kann die Angst so weit in den Hintergrund drängen, daß man sie für kurze Zeit vergißt und sich das Gefühl einer gewissen Linderung einstellt.«

»Und was passiert bei den Drogensüchtigen?«

»In dem von dir beobachteten Fall war die passive »Arme-Ich«-Haltung so extrem, daß der ganzen Welt nur noch Grausamkeiten und Verzweiflung unterstellt wurde, um den inneren Drang zur Realitätsflucht rechtfertigen zu können. Das Problem bei künstlich erzeugten Euphorien liegt in der Abwehrreaktion des Körpers gegen die Fremdsubstanzen. Das bedeutet, daß man nach wiederholtem Drogengebrauch immer höhere Mengen nehmen muß, um vergleichbare Effekte zu erzielen. Und dadurch wird der Körper nach und nach zerstört.«

Ich mußte wieder an den General denken und sagte: »Der Mann, der mich mit dem Messer verfolgt hat, wurde erschossen, und auf einmal war er wieder da, und das gesamte Drama lief von neuem ab.«

»Nach diesem Schema funktioniert die selbsterzeugte Hölle. Die Illusionen rollen wie Filmszenen ab und verpuffen irgendwann im

Nichts. Wenn du jemanden getroffen hättest, der das Mysterium des Daseins durch maßloses Essen unterdrückt hätte, wäre er vielleicht vor deinen Augen an einem Herzinfarkt gestorben und gleich darauf wieder an seine imaginären Kochtöpfe gegangen. Das gleiche gilt für die Drogensüchtigen und alle anderen. Sie sterben wieder und wieder.

Und auf der Erde funktioniert es schließlich auch nicht anders: Jedes noch so verinnerlichte Kontrolldrama stellt sich früher oder später als unwirksam heraus. Normalerweise sorgen die Herausforderungen des Erdenlebens von sich aus für einen Zusammenbruch routinierter Verhaltensformen, und in dem Moment kommt die unterdrückte Angst erneut zum Vorschein. Man ist sozusagen ›am Ende‹. Aber hier bietet sich eine Gelegenheit, wach zu werden und der Angst bewußt entgegenzutreten. Falls das nicht gelingt, fällt die Person sofort wieder in den altgewohnten Trancezustand. Wenn es uns schon in der physischen Dimension nicht gelingt, wach zu werden, haben wir in der anderen Existenzebene womöglich ähnliche Schwierigkeiten damit.

Jede Missetat in der irdischen Dimension kann auf das zwanghafte Festhalten an einem Trancezustand zurückgeführt werden. Das ist die psychologische Grundlage aller wahrhaft bösen Taten, die Motivation für das unvorstellbare Verhalten von Sadisten, Sexualtätern und Mördern jeder Art. Sie wiederholen einfach zwanghaft ein Verhalten, das ihren Geist erfahrungsgemäß ablenkt und die Trostlosigkeit ihrer unbewältigten Angstgefühle übertüncht.«

»Mit anderen Worten«, warf ich ein, »gibt es deiner Meinung nach keine organisierte Verschwörung auf unserem Planeten und keine satanische Macht, der irgendein Mensch zum Opfer fallen kann.«

»Absolut nicht. Es gibt nur die menschliche Angst und die bizarren Verhaltensformen, mit denen wir diese Angst abschütteln wollen.«

»Und wie erklärst du dir die Hinweise auf Satan in vielen heiligen Schriften und Texten?«

»Es ist eine Metapher, eine symbolische Formulierung, um den Menschen klarzumachen, daß sie Sicherheit und Geborgenheit in der Gotteskraft suchen sollen, nicht in ihren egoistischen Trieben und Gewohnheiten. Vielleicht war es auf einer früheren Stufe unserer Entwicklung notwendig, alles Schreckliche und Böse auf eine Macht außerhalb von uns zu projizieren. Aber heutzutage verschleiern wir damit die Wahrheit. Denn sobald wir den Beweggrund für unser Verhalten auf eine Macht außerhalb von uns selbst zurückführen, weigern wir uns, selber die Verantwortung zu übernehmen. Und wenn wir manche Leute als ›von Grund auf böse‹ bezeichnen, benutzen wir die Idee des Satanischen, um sie zu entmenschlichen und damit endgültig abschreiben zu können. Es wird Zeit, daß wir das Böse im Menschen *durchschauen*, damit wir besser damit umgehen können.«

»Wenn es keine satanische Verschwörung gibt, existiert das Phänomen der ›Besessenheit‹ ebenfalls nicht«, sagte ich.

»Nein«, entgegnete Wil mit Nachdruck. »Es gibt Fälle von psychischer ›Besessenheit‹. Aber so etwas ist nicht das Ergebnis einer satanischen Verschwörung, sondern simple Energiedynamik. Furchtsame Menschen machen den Versuch, andere zu kontrollieren. Deshalb wollen gewisse Gruppen dich in ihren Bann ziehen und davon überzeugen, daß du dich ihnen anschließen mußt. Du sollst dich ihrer Autorität unterwerfen, und wenn du dich weigerst, wirst du verfolgt und bestraft.«

»Als ich in diese illusionäre Stadt hineingezogen wurde, habe ich für einen Moment gedacht, ich sei womöglich von einer dämonischen Kraft besessen.«

»Nein, du bist von der dunkleren Seelengruppe mitgerissen worden, weil du denselben Fehler gemacht hast wie früher: Du warst nicht nur offen und empfänglich für ihre Botschaft, du hast dich dieser Gruppe überlassen, als wäre sie dir überlegen, anstatt herauszubekommen, ob sie Liebe ausstrahlt und von Liebe motiviert wird. Anders als die Wesen, die in Kontakt mit dem Göttlichen sind, sind die dunklen Seelen nicht vor dir zurückgewichen. Sie ziehen dich in ihre Realität hinein, wie eine verrückte Gruppe oder Sekte es auch auf der physischen Ebene versuchen würde.«

Wil schien nachzudenken, dann fuhr er fort: »Diese Dinge sind weitere Informationen zur Zehnten Erkenntnis, deshalb werden sie uns vorgeführt. Der Informationsaustauch zwischen den beiden Dimensionen wird immer reger, was bedeutet, daß immer mehr Menschen die Seelen im Jenseits wahrnehmen, ihnen sogar begegnen. Bei diesem Teil der Erkenntnis geht es darum, daß wir grundsätzlich zwischen zwei Arten von Seelen unterscheiden müssen: Die einen sind erweckt und werden von Liebe motiviert, die anderen werden von Angst getrieben und sind in zwanghaften Trancezuständen aller Art steckengeblieben. Dabei dürfen wir den angstvollen Seelen nicht ihren Wert und ihre Menschlichkeit absprechen. Sie sind keine Dämonen oder Teufel, sondern vollziehen einen sehr langsamen Wachstumsprozeß, genau wie wir. Das Interessante ist, daß viele Menschen, die auf der Erde in schier unüberwindlichen Angst- und Kontrolldramen steckengeblieben sind, vor ihrer Geburt die optimistischsten Visionen gehabt haben.«

Ich schüttelte den Kopf, um mein Unverständnis zu bekunden.

»Deshalb suchen sie sich extrem drastische, angsteinflößende Umstände aus, die wiederum zu den absurdesten Abwehrstrategien führen.«

»Du sprichst von Leuten, die in gewalttätige oder zerrüttete Familien hineingeboren werden, und dergleichen?«

»Ja, von intensiven Kontrolldramen jeder Prägung, im gewalttätigen, perversen oder sonstwie verhängnisvollen Sinne. Ich spreche von einer Umwelt, die so gestört, einengend und angsteinflößend ist, daß sie die gleiche Angst und Wut unaufhörlich hervorbringt, Generation für Generation. Wer in solche Situationen eintritt, hat sich mit Absicht und Klarsicht dazu entschlossen.«

Die Vorstellung erschien mir zu weit hergeholt. »Warum sollten Seelen sich bewußt in derartigen Situationen inkarnieren?«

»Weil sie fest von ihrer Stärke überzeugt sind und vorhaben, den Zyklus des Unheils zu durchbrechen und alle Beteiligten von ihren

Schwächen zu heilen. Sie haben sich zugetraut, auch unter den ungünstigsten Umständen aufwachen zu können, und hoffen den Zorn und die Trauer zu überwinden, indem sie mit den negativen Umständen konfrontiert würden. Sie sahen es oft als Berufung, anderen aus ähnlich gelagerten Situationen herauszuhelfen. Selbst wenn solche Menschen gelegentlich gewalttätig sind, müssen wir davon ausgehen, daß sie das Potential haben, endgültig einen Schlußstrich unter die alten Familientragödien zu ziehen.«

»Dann ist also die liberale Sichtweise in bezug auf Kriminalität und Gewalt die richtige, weil jeder sich ändern und rehabilitiert werden kann. Und der konservative Standpunkt ist unhaltbar?«

Wil lächelte. »Nicht unbedingt. Die Liberalen haben recht, wenn sie davon ausgehen, daß jeder bis zu einem gewissen Grad das Produkt seiner Umgebung in der Kindheit und Jugend ist, und die Konservativen irren sich, wenn sie meinen, daß man sich lediglich bewußt zu einer Verhaltensänderung entschließen muß, um einem Leben auf Kosten der Wohlfahrt oder einem Dasein als Krimineller zu entrinnen.

Aber der liberale Standpunkt ist ebenfalls nicht in jedem Fall haltbar, weil er davon ausgeht, daß man Gewalttäter umerziehen kann, indem man ihnen Ausbildungsprogramme oder finanzielle und sonstige Hilfe anbietet. Solche Interventionen können einem Gestrauchelten auf die Beine helfen, aber bei gewalttätigen Kriminellen wird im besten Fall ein oberflächliches Therapieprogramm angeboten, und im schlimmsten Fall läßt man Milde walten, weil man schließlich versteht, wie ›alles dazu gekommen ist‹. Und jedesmal, wenn ein Mensch mit einem ernstlich gestörten Kontrolldrama ohne spürbare Konsequenzen freigelassen wird, verkünden wir öffentlich, daß sein Benehmen geduldet wird, was den Verbrecher wiederum in der Annahme bestärkt, daß er nichts Schlimmes verbrochen hat, worauf sich dasselbe Drama unter Garantie wiederholt.«

»Und was kann man dagegen tun?« fragte ich.

Wil vibrierte förmlich vor Erregung. »Wir können lernen, auf der spirituellen Ebene einzugreifen! Und das bedeutet, daß wir den gesamten Ablauf ins Bewußtsein der Menschen bringen müssen – genau das, was diese Seelen hier für die Leute tun, die sich in angsterregenden Illusionen verfangen haben.«

Wil betrachtete die Seelen in dem großen Kreis aufmerksam, dann sah er mich an und schüttelte den Kopf. »Alles, was ich dir gesagt habe, kann ich von diesen Seelen hier aufnehmen, aber die globale Vision ist mir immer noch nicht ganz verständlich. Wir wissen auch jetzt noch nicht, wie man ausreichend Energie erlangen kann.«

Ich konzentrierte mich auf die Seelen, die uns umringten, konnte aber auch keine weiteren Informationen aufschnappen, obwohl sie eindeutig vorhanden waren, und die Seelengruppe ihr höheres Wissen unaufhörlich auf die Angstkonstruktionen ausstrahlte.

»Nun ja«, sagte Wil. »Wenigstens haben wir einen Teil von der Zehnten Erkenntnis mitbekommen und wissen, daß alle Wesen den Versuch machen, zu erwachen, genau wie wir, ganz gleich, wie unangemessen ihr Verhalten auch sein mag.«

In dem Moment riß eine dissonante Tonwelle mich in einen Strudel wirbelnder Farben hinein. Wil sprang nach vorn, um mich im letzten Moment zu halten. Er zog mich in sein Energiefeld hinauf und hielt mich wieder am Rücken fest. Ein unkontrollierbares Zittern durchlief mich, dann verhallte die Dissonanz.

»Sie experimentieren weiter«, stellte Wil mit besorgtem Gesicht fest.

Ich schüttelte das Schwindelgefühl ab und sah ihn an. »Das bedeutet, daß Curtis jetzt wahrscheinlich den Versuch macht, sie mit Gewalt aufzuhalten. Er meint, daß wir letztlich keine andere Wahl haben.«

Bei diesen Worten stieg ein deutliches Bild von Feyman in mir auf, den David Lone Eagle mit Charlene gesehen hatte. Er stand auf einer Anhöhe und blickte auf das Appalachental hinab. Ein Blick auf Wil genügte, um mir zu zeigen, daß er dasselbe Bild gesehen hatte.

Er nickte zustimmend, und im selben Augenblick begannen wir, uns fortzubewegen.

Als wir zum Stillstand kamen, standen wir uns gegenüber. Ringsumher war immer noch alles grau. Eine zweite disharmonische Tonwelle durchdrang die Stille, und Wils Gesicht verschwamm vor meinen Augen. Er hielt mich weiterhin fest, bis das Geräusch verklungen war.

»Diese Lautexplosionen kommen jetzt immer häufiger«, sagte Wil. »Vielleicht bleibt uns nicht mehr viel Zeit.«

Ich nickte benommen und versuchte Klarheit zu gewinnen.

»Am besten, wir schauen uns erst mal hier um«, setzte Wil hinzu.

Kaum hatten wir uns auf das Grau konzentriert, fiel uns eine kreisende Energiemasse mehrere hundert Meter entfernt von uns auf. Unverzüglich näherte sich die Masse bis zu einem Abstand von dreißig, vierzig Metern.

»Vorsicht«, mahnte Wil. »Identifiziere dich nicht mit diesen Seelen. Nimm ihre Informationen auf, ohne dich mitreißen zu lassen.«

Ich konzentrierte mich mit äußerster Zurückhaltung und erkannte gleich darauf eine Reihe von schwankend miteinander verwobenen Seelen und eine Projektion des Stadtbilds, dem ich vorher entronnen war.

Bei diesem Anblick zog ich mich erschrocken zurück, was die Gruppe veranlaßte, sogleich näher zu kommen.

»Besinne dich auf die Liebe«, mahnte Wil. »Sie können uns nicht an sich ziehen, es sei denn, wir geben ihnen den Eindruck, daß wir etwas von ihnen wollen. Strahle soviel Liebe und Kraft wie möglich auf sie ab. Damit wird ihnen entweder geholfen, oder sie verziehen sich.«

Mittlerweile war mir bewußt geworden, daß die Seelen mehr Angst hatten als ich. Es dauerte noch einige Minuten, dann fand ich meine innere Mitte und strahlte Liebe sowie Energie aus. Unverzüglich zogen sie sich zurück und eilten ihrem Ausgangspunkt in der Ferne entgegen.

»Warum können sie die Liebe nicht annehmen und aus ihrem Alptraum erwachen?« fragte ich Wil.

»Wenn sie die Kraft der höheren Energie spüren und ihr Bewußtsein dadurch um einen Grad erhöht wird, steigt die Furcht eher noch etwas an, als daß sich die Angst vor dem Alleinsein verringert. Der Durchbruch zu einem höheren Bewußtsein, bei dem ein Kontrolldrama sich plötzlich auflöst, wird anfangs immer als etwas furchterregend empfunden. Bevor die Kraft entdeckt werden kann, die der Trostlosigkeit und inneren Leere ein Ende bereitet, muß der Druck noch einmal ansteigen. Deshalb gehen manche durch eine ›dunkle Nacht der Seele‹, bevor sie eine höhere Bewußtseinsstufe erreichen und so etwas wie Freude und Seligkeit in sich selbst entdecken.«

Etwas zu unserer Rechten zog die Aufmerksamkeit auf sich. Bei näherer Betrachtung erkannte ich, daß weitere Seelen auf uns zusteuerten, worauf die erste Gruppe sich zurückzog. Ich versuchte herauszubekommen, was die Seelen vorhatten.

»Weißt du, warum diese Gruppe jetzt hier auftaucht?« fragte ich Wil.

Er zuckte mit den Schultern. »Sie hat etwas mit diesem Mann, diesem Feyman, zu tun.

Allmählich zeichnete sich im Umkreis der Gruppe eine lebendige Szene ab. Mit äußerster Konzentration konnte ich einen weitläufigen, hochmodernen Industriekomplex auf der Erde ausmachen. Dann wurde das Bild klarer, und ich sah eine Vielzahl von riesigen Gebäuden aus Metall und Reihen von Masten, die wie Transformatoren aussahen und durch meilenlange Drähte miteinander verbunden waren. In der Mitte der Anlage, auf dem Dach des höchsten Gebäudes, befand sich ein Glaskasten, eine Art Kommandozentrale, wie es schien, die mit zahllosen Computern und Meßinstrumenten aller Art ausgestattet war. Ich warf Wil einen vielsagenden Blick zu.

»Ich sehe es«, gab er zurück.

Während wir die Anlage näher begutachteten, änderte sich plötzlich die Perspektive, und wir sahen die Anlage unversehens von oben. Von hier aus wurde ein Gewirr von Drähten erkennbar, das sich meilenweit in jede Richtung von dem Industriezentrum entfernte, um in hohen Türmen zu enden, die ihre Energie in Form von Laserstrahlen oder etwas Ähnlichem auf andere Stationen in der Umgebung übertrugen.

»Weißt du, was das da unten ist?« fragte ich Wil.

Er nickte. »Eine zentralisierte Energiegewinnungsanlage.«

Jetzt rührte sich etwas an einem Ende der Hauptanlage: Krankenwagen und Feuerwehrautos steuerten auf eines der größeren Gebäude zu. Im dritten Stock glühte etwas, das durch die Fenster hindurchschien, sich plötzlich blitzschnell ausdehnte und den Boden unter dem Komplex aufwarf. Der dritte Stock explodierte, das Gebäude erzitterte noch einmal und stürzte dann langsam ein. Weiter rechts brachen in einem anderen Gebäude die Flammen aus.

Die Szene verlagerte sich auf die Kommandozentrale, in der die Techniker panisch hin und her liefen. Eine Tür zur Rechten öffnete sich, und ein Mann trat mit einem Arm voller Lagepläne und Blaupausen ein. Er breitete sie auf einem Tisch aus und machte sich mit scheinbar unerschütterlicher Zuversicht an die Arbeit. Er ging hinkend zur anderen Seite des Raumes und adjustierte mehrere Meßgeräte. Unterdessen wurde das Feuer gelöscht, und das Beben ließ nach. Er setzte seine Arbeit mit umsichtiger Eile fort und gab den anderen Technikern knappe Anweisungen.

Ich sah mir den mutmaßlichen technischen Leiter dieses Unternehmens noch genauer an und drehte mich abrupt zu Wil um. »Das ist Feyman!«

Bevor Wil antworten konnte, beschleunigte sich der Ablauf der Szene. Wir sahen nur noch, wie die Anlage vor dem Zusammenbruch bewahrt wurde, und dann, wie ein Gebäude nach dem anderen von Arbeiterkolonnen leergeräumt und schließlich abgerissen wurde.

Gleichzeitig wurde an einer anderen Stelle in der Nähe eine neue, kleinere Anlage errichtet, die kompaktere Generatoren herstellte. Wir sahen, wie der Boden über dem abgerissenen Industriekomplex wieder Pflanzen und kleine Bäume hervorbrachte. Die neue, kleinere Anlage produzierte scheinbar höchst erfolgreiche Mini-Generatoren, die wir gleich darauf hinter jedem Haus und hinter jedem Geschäftsgebäude im ganzen Umkreis wahrnehmen konnten.

Abrupt verkleinerte sich unsere Perspektive immer mehr, bis wir einen einzelnen Mann im Brennpunkt hatten, der dieselbe Szene vor dem Hintergrund seiner Seelengruppe betrachtete. Als er uns im Profil gezeigt wurde, erkannte ich Feyman und wußte, daß wir ihn bei seiner vorgeburtlichen Vision beobachteten und mitansahen, was er in diesem, seinem jetzigen Leben, auf der Erde bewerkstelligen wollte.

Wil und ich wechselten einen Blick. »Wir haben einen Ausschnitt aus seiner vorgeburtlichen Vision gesehen, stimmt's?« fragte ich.

Wil nickte. »Und die Wesen im Hintergrund sind wahrscheinlich seine Seelengruppe. Laß uns sehen, ob wir noch mehr über Feyman erfahren können.«

Wir konzentrierten uns gemeinsam auf die Gruppe, worauf sofort ein neues Bild vor uns erschien: das Zeltlager der Föderationstruppen im frühen neunzehnten Jahrhundert; wieder das Hauptquartier, in dem Feyman, der zweite Adjutant, neben seinem Kommandanten stand.

Während wir die beiden in ein Gespräch vertieft sahen, wurde uns auch die Art ihrer Zusammenarbeit klar. Feyman galt als brillanter Taktiker und wurde in allen strategischen und technischen Fragen vom General konsultiert. Vor der Attacke hatte der Kommandant dafür gesorgt, daß den Indianern Baumwolldecken im Tauschhandel zugesteckt wurden, die mit Pockenbazillen infiziert worden waren, eine Taktik, gegen die Feyman schärftste Einwände geäußert hatte, aber nicht so sehr, weil er sich Sorgen um die Indianerstämme machte, sondern weil er diese Art der Kriegsführung für politisch unhaltbar hielt.

Später wurde die siegreiche Schlacht in Washington als Paradebeispiel gerühmt, bis ein paar notorische Schnüffler die Sache mit den Pocken herausfanden und eine Untersuchung von seiten der Regierung einleiteten. Der Kommandant hatte gutsituierte Freunde in Washington, die Feyman als Sündenbock auserkoren, womit seine Karriere schlagartig beendet war. Unterdessen wurde der General als Kriegsheld gefeiert und machte eine beneidenswerte politische Karriere, bis er seinerseits von den eigenen Kumpanen in Washington hintergangen wurde.

Feyman für seinen Teil konnte seine Niederlage nie verwinden: Seine politischen Ambitionen waren ihm auf allzu schmähliche Weise genommen worden. Im Lauf der Jahre verbitterte er und bemühte sich, die öffentliche Meinung hinter sich zu bringen und die Darstellung seines Kommandanten von der Schlacht in Zweifel zu ziehen. Eine Zeitlang wurde die Geschichte von mehreren Reportern verfolgt, aber bald ließ das Publikumsinteresse nach, und Feyman blieb ein Geächteter. Später, am Ende seines damaligen Lebens, sah er ein, daß seine politischen Ziele nie verwirklicht werden würden, und unternahm einen Mordanschlag auf den Kommandanten, um sich für die Demütigung zu rächen. Bei einem Staatsbankett versuchte er den ehemaligen Vorgesetzten zu erschießen und wurde statt dessen selber von Leibwächtern erschossen.

Auch nach diesem Tod gelang es Feyman nicht, zu erwachen, da er die Verbindung zu der ihm innewohnenden Kraftquelle unterbrochen hatte. Jahrelang erging er sich in der Illusion, seinem Tod bei dem mißglückten Attentat noch in letzter Minute entkommen zu sein, und wiederholte die Szenen seiner sorgfältigen Planung und letztlichen Ermordung des verhaßten Generals wie ein Besessener, nur um seinen eigenen Tod dabei wieder und wieder erleiden zu müssen.

Mir wurde klar, daß Feyman sich noch weitaus länger in seinen alptraumhaften Rekonstruktionen aufgehalten hätte, wenn einer seiner alten Bekannten aus der Militärzeit ihn nicht davor bewahrt hätte. Ich sah ein Abbild dieses Mannes und erkannte den Ausdruck in den Tiefen seines Gesichts.

»Das ist Joel, der Journalist, den ich getroffen habe«, sagte ich zu Wil, ohne die Tiefenschärfe von Joels Gesicht abzuziehen.

Wil nickte und konzentrierte sich ebenfalls auf Joel.

Nach seinem Tod hatte Joel sich zu den hilfsbereiten Seelen in dem großen Kreis gesellt und sich ganz der Erweckung von Feyman gewidmet. Im jüngst vergangenen Leben hatte er die Absicht gehabt, die Grausamkeit und Hinterlist des Militärs im Umgang mit den Indianern öffentlich anzuprangern, aber nachdem er den Pockenskandal entdeckt hatte, ließ er sich bestechen und von Drohungen einschüchtern, so daß er letztlich den Mund hielt. Bei der Rückschau auf diese Lebenszeit war er erschüttert gewesen, aber bewußt genug geblieben, um sich Feyman teilnahmsvoll zuzuwenden, weil er sich selbst einen Teil der Schuld an Feymans ruiniertem Leben zuschrieb.

So verging eine unermeßliche Zeitspanne, bis Feyman endlich auf die Liebe der Seelen reagierte und sich einer schmerzhaften Rückschau auf sein letztes Leben unterzog. Eigentlich hatte er im neunzehnten Jahrhundert Konstrukteur werden wollen und vorgehabt, moderne technologische Errungenschaften zum Wohle aller einzusetzen. Aber die Aussicht, Karriere als Taktiker, Stratege und womöglich sogar Kriegsheld, wie sein General, zu machen, war zu verlockend gewesen.

Nachdem Feyman im Jenseits zu Bewußtsein gekommen war, hatte er den Menschen in der physischen Dimension sein technisches Wissen zukommen lassen, bis er irgendwann spürte, daß er selbst bald auf die Erde zurückkehren sollte. In seinen Visionen von der nächsten Lebensspanne sah er, daß sehr bald neue Techniken der Energiegewinnung entdeckt werden würden und daß diese Verfahren die Menschheit einerseits von nahezu allen ökonomischen Zwängen befreiten und andererseits eine große Gefahr bedeuteten.

In seinen Geburtsvisionen sah Feyman, daß er sich für diese Technologie einsetzen wollte, obwohl er sich bewußt war, daß sein Machtstreben und der Hunger nach Anerkennung und gesellschaftlichem Status auch dieses Mal eine Gefahr darstellten. Er sah ebenfalls, daß ihm auf der Erde sechs weitere Personen zur Seite standen. Er visualisierte das Appalachental mit den Wasserfällen im Hintergrund, wo er mit den Kollegen in einem dunklen Raum an neuen Erkenntnissen arbeitete, die der globalen Vision gerecht werden konnten.

Jetzt verblaßte Feymans Gestalt zusehends, worauf ich nur noch unklar nachvollziehen konnte, was in der Zukunft geschehen sollte. Zuerst sah ich, daß die Gruppe der sieben sich an Ereignisse aus früheren Lebenszeiten erinnerte und die davon zurückbehaltenen Emotionen bewältigte. Danach steigerte die Gruppe ihre Energie bewußt mit den Methoden der Achten Erkenntnis, und jeder brachte seine individuelle Geburtsvision zum Ausdruck, worauf sich die Schwingungsfrequenz so weit beschleunigte, daß die Seelengruppen dieser sieben Individuen zu einer einzigen verschmolzen, die die Zukunft der Menschheitsgeschichte erkannten: die globale Vision, die Vorstellung davon, was die Menschen tun müssen, um ihr Gesamtschicksal zu erfüllen.

Nachdem diese Bilder gemeinsam mit Feymans Gruppe verschwunden waren, standen Wil und ich wieder allein in der Leere.

Wils Augen sprühten Begeisterung als er fragte: »Hast du das mitgekriegt? Feymans ursprüngliche Absicht war es, die Technologie, an der er arbeitet; zu perfektionieren und ihre Nutzung zu dezentralisieren. Wenn er sich dieser Tatsache bewußt wird, stoppt er das Experiment.«

»Wir müssen ihn finden«, sagte ich.

»Nein ...« Wil dachte einen Augenblick nach. »Das hilft uns momentan noch nicht weiter. Wir müssen den Rest dieser Siebenergruppe finden. Nur die gemeinsame Energie einer Gruppe kann die Erinnerung an die globale Vision wachrufen, aber diese Gruppe muß sich durch ihre tiefsitzenden Gefühle kämpfen und wissen, wie man sich mit Energie auflädt.«

»Was ich nicht verstehe, ist die Sache mit der Aufarbeitung von den Gefühlen.«

Wil rückte näher heran. »Erinnerst du dich an deine geistigen Bilder von anderen Zeiten und fernen Orten?«

»Ja.«

»Die Gruppe, die diesem Experiment Einhalt gebieten will, kennt sich schon aus früheren Lebenszeiten. Und jeder hat daraus Gefühle zurückbehalten, die geklärt werden müssen. Jeder muß sie irgendwie bewältigen.«

Wil blickte einen Moment lang zur Seite und sagte dann: »Diese Dinge gehören ebenfalls zur Zehnten Erkenntnis. Und es handelt sich nicht nur um eine einzige Gruppe, sondern um viele Gruppen. Alle müssen lernen, wie sie mit dem Ballast der Vergangenheit fertig werden.«

Während er sprach, dachte ich an meine früheren Erfahrungen mit Gruppen und wie manche Teilnehmer sich auf Anhieb bestens verstanden, während andere sich ohne jeden offensichtlichen Grund nicht vertrugen. Ich fragte mich, ob unsere Kultur jetzt soweit war, den fernen, unbewußten Ursprung dieser Reaktionen wahrzunehmen.

Dann durchdrang erneut eine schrille Dissonanz meinen Körper. Wil riß mich an sich, bis unsere Gesichter einander beinahe berührten, und schrie: »Wenn du jetzt abstürzt, kannst du wahrscheinlich nicht auf diese Ebene zurückkommen, solange das Experiment fortgesetzt wird. Du mußt die anderen finden!«

Ein weiteres Schmettern warf mich aus seinen Armen, und ich wurde durch den wirbelnden Farbentunnel zurückgeworfen. Diesmal raste ich nicht wie sonst der irdischen Dimension zu, sondern verlangsamte zwischendurch die Geschwindigkeit und spürte dabei einen Sog am Solarplexus, der mich auf die Seite zerrte. Als ich mich auf mein Inneres konzentrierte, beruhigte sich die wogende Umwelt ein wenig, und ich begann, die Nähe eines anderen Wesens zu spüren, ohne irgendeine Gestalt ausmachen zu können. Doch das Gefühl kam mir sehr bekannt vor. Wer hatte diese Gefühlsnuancen schon immer in mir ausgelöst?

Zu guter Letzt konnte ich eine ungenaue Gestalt in fünfzehn, zwanzig Metern Entfernung ausmachen, die langsam auf mich zukam, bis ich erkannte, wer es war. Charlene! Als sie bis auf fünf Meter herangekommen war, spürte ich eine Veränderung in meinem Körper, als würde ich mich plötzlich sehr tief entspannen. Gleichzeitig sah ich das rosig schimmernde Energiefeld, das um Charlene erstrahlte, und merkte Sekunden später, daß ich selbst von einer identischen Aura umgeben war. Als wir uns einander bis auf etwa zwei Meter angenähert hatten, machte die Entspanntheit einer wachsenden Sinnlichkeit Platz und steigerte sich schließlich zu einer Welle der Verzückung und Liebe. Plötzlich konnte ich keinen klaren Gedanken mehr fassen. Was spielte sich hier ab?

Unsere Energiefelder waren gerade dabei, einander zu berühren, als die Dissonanz wieder durch den Raum schrillte und mich zurückwarf.

Vergeben

Als mein Kopf wieder klar wurde, spürte ich etwas Kaltes, Nasses gegen meine rechte Wange stupsen. Langsam öffnete ich die Augen, ohne meinen Körper von der Stelle bewegen zu können. Eine Sekunde lang blickte der halbwüchsige Wolf mich an, schnüffelte vernehmlich und wedelte mit dem Schweif. Dann sprang er von der Felsplatte herunter, zurück in den tieferen Wald. Ich setzte mich ruckartig auf.

Mit dumpfer Mattigkeit machte ich mich daran, meinen Rucksack unter dem Gebüsch hervorzuzerren und mein Zelt weiter unten zwischen dichten Bäumen aufzuschlagen. Danach stolperte ich förmlich in meinen Schlafsack. Ich bemühte mich noch kurz, wach genug zu bleiben, um meine außerordentliche Begegnung mit Charlene zu überdenken. Warum war sie in der anderen Dimension aufgetaucht? Und was hatte uns zueinander hingezogen?

Ich erwachte sehr früh am Morgen, schlang heißhungrig eine Schale Haferbrei hinunter und marschierte dann zu dem kleinen Rinnsal weiter unten am Felsen zurück, um mich zu waschen und meine Wasserflasche aufzufüllen. Ich war zwar immer noch sehr erschöpft, brannte aber darauf, Curtis so schnell wie möglich wiederzufinden.

Ein jähes explosionsartiges Donnern weiter im Osten brachte mich mit einem Satz auf die Beine. »Curtis!« dachte ich, während ich zu meinem Zelt zurückraste. Eine Woge der Angst durchlief mich beim Packen. Kurz darauf war ich auf dem Weg nach Osten.

Nach etwa einer halben Meile ging der Wald abrupt in eine offenbar verlassene Viehweide über. Zwischen den Bäumen am Waldrand lagen noch ein paar rostige Stacheldrahtrollen. Auf der gegenüberliegenden Seite war die offene Grünfläche wieder von undurchdringlichem Gehölz umgeben. Gerade suchte ich das Dickicht dort drüben mit den Augen ab, als sich das Unterholz teilte und ein Mann daraus hervorstolperte. Curtis kam genau auf mich zugerannt. Ich winkte, worauf er mich erkannte und seinen Schritt ein wenig verlangsamte. Als er mich erreicht hatte, sprang er über den Stacheldraht und ließ sich gegen einen Baum fallen, um nach Luft zu schnappen.

»Was war das?« fragte ich. »Was hast du in die Luft gejagt?«

Er schüttelte den Kopf. »Nicht viel. Die Versuche werden von einer unterirdischen Zentrale aus gesteuert. Ich hatte nicht genug Sprengstoff, und … ich wollte niemanden verletzen. Ich habe nur eine Parabolantenne über der Erde gesprengt, was hoffentlich für eine Verzögerung sorgt.«

»Wie hast du es geschafft, nahe genug an die Stelle heranzukommen?«

»Die Sprengsätze habe ich letzte Nacht gelegt. Anscheinend fühlen sie sich hier so sicher, daß sie nur sehr wenige Wachposten aufstellen.«

Er verstummte, denn aus der Ferne drang das Rumpeln von Lastwagen an unser Ohr. Dann fuhr er fort: »Wir müssen aus diesem Tal herauskommen und Verstärkung holen. Uns bleibt keine andere Wahl mehr. Sie suchen jetzt nach uns.«

»Moment mal«, sagte ich. »Ich glaube, wir können sehr viel mehr bewirken, wenn wir Maya und Charlene finden.«

Er kniff die Augen zusammen. »Du meinst doch nicht etwa Charlene Billings?«

»Ja! Habe ich dir ihren Namen nicht schon genannt?«

»Mein Gott, ich habe die Frau gestern nacht bei dem unterirdischen Bunker gesehen, und dabei ging mir auf, daß ich sie flüchtig von früher kenne. Sie hat vor vielen Jahren ab und an mal als freie

Mitarbeiterin für mein Forschungsunternehmen gearbeitet. Letzte Nacht ist sie in Begleitung von mehreren bis an die Zähne bewaffneten Männern in den Bunker gegangen.«

Ich starrte ihn atemlos an. »Freiwillig, oder hat man sie gefangengenommen?«

»Schwer zu sagen.« Curtis hörte kaum noch zu, denn die Geräusche von fahrenden Lastwagen kamen immer näher. »Komm, laß uns gehen. Ich kenne einen Platz, wo wir uns bis zum Einbruch der Dunkelheit verstecken können, aber wir müssen uns beeilen.« Er blickte nach Osten zurück. »Ich habe eine falsche Spur gelegt, aber das dürfte sie nicht allzu lange ablenken.«

»Ich habe dir soviel zu berichten«, sagte ich. »Wil ist mir wieder begegnet.«

»Los jetzt«, sagte er, »das kannst du mir alles unterwegs erzählen.«

Ich spähte aus dem Höhleneingang hervor über die tiefe Schlucht hinweg zu der gegenüberliegenden Hügelkette. Nichts rührte sich. Ich spitzte die Ohren, hörte aber weiterhin nichts. Wir waren etwa eine Meile lang nach Nordosten gelaufen, wobei ich Curtis so rasch wie möglich erklärt hatte, was mir in der anderen Dimension widerfahren war, und erklärte, daß Williams recht gehabt hatte, als er davon ausging, daß wir das Experiment stoppen konnten, wenn es uns gelang, den Rest der Gruppe zu finden und uns die umfassendere Vision ins Gedächtnis zu rufen.

Curtis hatte mir eine Weile lang schweigend zugehört und dann immer mehr innerliche Widerstände aufgebaut. Irgendwann fing er an, sich über seine flüchtige Bekanntschaft mit Charlene auszulassen, was mich frustrierte, weil keine seiner Ausführungen erklärte, was sie mit diesem Experiment zu tun haben mochte. Dann erzählte er mir, wie er David kennengelernt hatte und daß sie Freunde geworden waren, nachdem sie durch Zufall entdeckt hatten, daß sie viele gemeinsame Erfahrungen aus ihrer Militärzeit teilten.

Ich erklärte ihm, daß ich eine gewisse Bedeutung in der Tatsache sah, daß wir beide sowohl David als auch Charlene schon begegnet waren.

»Ich weiß nicht, was soll es schon bedeuten«, hatte Curtis achselzuckend gesagt, worauf ich das Thema fallenließ, obwohl ich wußte, daß wir hiermit einen weiteren Beweis für unsere gemeinsame Aufgabe in diesem Tal gefunden hatten. Danach waren wir schweigend weitermarschiert, während Curtis Ausschau nach der Höhle hielt. Nachdem wir sie gefunden hatten, lief Curtis noch einmal recht weit zurück, um unsere Spuren zu verwischen. Danach hatte er vor dem Höhleneingang gewartet, bis er sicher war, daß niemand uns beobachtete.

»Das Süppchen ist fertig«, sagte Curtis hinter meinem Rücken. Wir hatten den Rest meiner Trockensuppe für diese Mahlzeit aufgebraucht. Mit unseren Suppenbechern in der Hand setzten wir uns an den Rand der Höhle und schauten hinaus.

»Erkläre mir, wie unsere Gruppe ein Energieniveau erreichen soll, das eine Wirkung auf diese Wahnsinnigen hat«, forderte Curtis mich auf.

»Ich weiß es auch nicht genau. Wir müssen es herausfinden.«

Er schüttelte den Kopf. »Ich halte es, ehrlich gesagt, für unmöglich. Wahrscheinlich habe ich sie mit meiner Attacke ein wenig irritiert und letztlich dafür gesorgt, daß sie massivere Schutzvorkehrungen treffen, mehr Leute anheuern, aber das ist auch alles. Eine Ersatzantenne haben sie sicher irgendwo griffbereit. Vielleicht hätte ich die Bunkertür in die Luft jagen sollen, das wäre weiß Gott keine Schwierigkeit gewesen. Aber ich habe es einfach nicht fertiggebracht – mit Charlene da unten und wer weiß wie vielen anderen. Ich hätte die Zündschnur verkürzen müssen und mich selbst dabei ausgeliefert …, aber das wäre die Sache wohl wert gewesen.«

»Nein, das glaube ich nicht«, warf ich ein. »Wir finden einen anderen Weg.«

»Wie?«

»Er wird uns gezeigt, verlaß dich drauf.«

Unvermittelt drang wieder das schwache Brummen der Lastwagen an unsere Ohren, und gleichzeitig entdeckte ich, daß sich auf dem Abhang unter uns etwas rührte.

»Da ist jemand«, sagte ich.

Wir kauerten uns auf den Boden und spähten hinunter. Hinter Büschen versteckt, bewegte sich die Gestalt erneut.

»Das ist Maya«, hörte ich mich sagen, ohne es zu glauben.

Wir wechselten einen langen Blick.

Dann stand ich auf. »Ich gehe sie holen.«

Curtis packte meinen Arm. »Halte dich geduckt, und wenn die Laster zu nahe kommen, laß sie da unten und komm allein hierher zurück. Paß auf, daß niemand dich sieht.«

Ich nickte und glitt vorsichtig den Abhang hinunter. Weiter unten blieb ich reglos hocken und lauschte. Die Lastwagen kamen näher. Leise rief ich Mayas Namen. Sie zuckte hinter einem Gebüsch zusammen, streckte den Kopf hervor und erkannte mich. Dann kletterte sie mir eilends entgegen.

Als sie mich erreicht hatte, legte sie beide Arme um meinen Hals und flüsterte: »Es ist ein Wunder, daß ich dich gefunden habe.«

Ich führte sie zum Eingang der Felsenhöhle hinauf. Sie wirkte erschöpft und hatte blutige Kratzer an den Armen und Beinen.

»Was ist los?« fragte sie sofort. »Ich habe eine Explosion gehört, und danach war die Gegend hier voller Lastwagen.«

»Hat irgend jemand dich hier heraufkommen sehen?« warf Curtis irritiert ein. Er schaute angestrengt nach draußen.

»Ich glaube nicht«, sagte Maya. »Ich habe mich gut versteckt gehalten.«

Rasch stellte ich die beiden einander vor, worauf Curtis mit einem knappen Nicken sagte: »Ich sehe mich da draußen mal etwas genauer um.« Er schlüpfte durch den Eingang und verschwand.

Ich holte mein Verbandszeug aus dem Rucksack. »Hast du deinen Freund von der Ortspolizei gesprochen?«

»Nein. Ich konnte noch nicht einmal in die Stadt zurückkommen. Überall auf dem Weg waren Forstbeamte postiert. Dann habe ich eine Bekannte von mir getroffen und ihr eine Notiz für den Mann mitgegeben. Mehr konnte ich nicht tun.«

Maya hatte sich auf den Boden gesetzt. Ich kniete neben ihr und trug antiseptische Salbe auf einen tieferen Schnitt an ihrem Knie auf. »Und warum bist du nicht mit deiner Bekannten zurückgegangen? Warum bist du uns in diese Wildnis hier gefolgt?«

Sie nahm mir die Salbe ab und schmierte sie auf weitere Wunden. Dann murmelte sie: »Ich weiß nicht, warum. Vielleicht weil ich von seltsamen Erinnerungen geplagt wurde.« Sie sah mich an. »Ich will unbedingt verstehen, was hier vor sich geht.«

Ich schilderte ihr in groben Zügen, was seit unserer letzten Begegnung vorgefallen war. Dabei betonte ich die Informationen, die Wil und ich über die Gruppenarbeit empfangen hatten, und erklärte, daß jede Gruppe erst mit den zurückbehaltenen Gefühlen fertig werden muß, bevor alle Mitglieder die globale Vision nachvollziehen können.

Maya schien überwältigt, stellte ihre Rolle in diesem Zusammenhang jedoch nicht in Frage. Dann blickte sie auf meinen Knöchel. »Du hinkst ja überhaupt nicht mehr.«

»Nein, seit ich mich an den Ursprung des Problems erinnert habe, ist die Verstauchung wie weggeblasen.«

Sie lächelte und sagte dann: »Wir sind nur drei, aber du hast erzählt, daß Williams und Feyman sieben Menschen gesehen haben. Hast du eine Ahnung, wo die anderen vier stecken?«

»Nein. Ich bin bloß froh, daß du jetzt hier bist. Du bist die Expertin im Bereich der Visualisation und Geistheilung.«

Ein Anflug von Unsicherheit spiegelte sich in ihrem Gesicht.

Ein paar Minuten darauf kehrte Curtis zurück und verkündete, daß er nichts Ungewöhnliches gesehen hatte. Dann setzte er sich abseits von uns auf den Boden und aß den Rest seiner Suppe auf. Ich ging zum Kocher und füllte einen Becher für Maya.

Curtis lehnte sich zurück und musterte Maya. »Weißt du eigentlich, wie riskant es war, da draußen herumzulaufen? Du hättest sie genau zu unserem Versteck führen können.«

Maya warf mir einen Blick zu und entgegnete: »Ich wollte euch nicht suchen! Ich hatte doch gar keine Ahnung, daß ihr hier oben seid. Ich wäre überhaupt nicht in diese Richtung gelaufen, wenn die Vögel nicht ...«

Curtis unterbrach sie: »Du mußt dir klarmachen, daß wir ernstlich in Gefahr sind. Bisher konnten wir das Experiment nicht aufhalten.« Er stand auf und trat wieder vor den Höhleneingang, wo er sich hinter einen Felsen hockte.

»Was hat der Mann gegen mich?« fragte Maya kopfschüttelnd.

»Vorhin hast du von Erinnerungen gesprochen, Maya, welche Art von Erinnerungen meinst du?«

»Ich weiß nicht ..., von einer anderen Zeit, in der ich auch irgendwie versucht habe, der Gewalt ein Ende zu bereiten. Deshalb kommt mir dies alles so unheimlich vor.«

»Kommt Curtis dir bekannt vor?«

Sie dachte angestrengt nach. »Schon möglich. Ich weiß es nicht. Warum?«

»Erinnerst du dich an meine Vision von einer früheren Zeit, in der wir alle zusammen in den Krieg gegen die Ureinwohner Amerikas verwickelt waren? Ich habe dir letztesmal schon davon erzählt ... und, nun ja, du bist dabei umgebracht worden, und ein Mann, der deiner Führung gefolgt ist, ebenfalls. Ich glaube, daß Curtis dieser Mann war.«

»Und jetzt gibt er mir die Schuld? O Gott, kein Wunder, daß er mich nicht leiden kann.«

»Maya, kannst du dich an irgend etwas in diesem Zusammenhang erinnern?«

Sie schloß die Augen und versuchte sich zu besinnen.

Plötzlich blickte sie mich an und fragte: »War ein alter Indianer bei uns? Ein Schamane?«

»Ja. Er wurde ebenfalls getötet.«

»Wir haben über etwas nachgedacht ...« Sie sah mich mit geweiteten Augen an. »Nein, wir haben etwas visualisiert ..., weil wir dachten, den Krieg damit beenden zu können ... Mehr sehe ich leider nicht.«

»Du mußt mit Curtis darüber sprechen und ihm helfen, seine Wut zu überwinden. Das gehört zu dem Vorgang des Erinnerns.

»Leichter gesagt als getan. Der Mann ist nicht ansprechbar.«

»Ich gehe und rede mit ihm«, sagte ich und stand auf.

Sie nickte unschlüssig und blickte zur Seite. Ich kroch vorsichtig durch den Eingang der Höhle hinaus und setzte mich neben Curtis.

»Woran denkst du?« fragte ich ihn.

Er sah mich leicht verlegen an. »Ich muß gestehen, daß deine Freundin mir ziemlich auf die Nerven geht.«

»Kannst du mir deine Gefühle genauer beschreiben?«

Er seufzte. »Sobald ich sie da draußen sah, kam die Wut hoch. Ich hatte das Gefühl, daß sie eine Dummheit machen und uns verraten könnte, so daß wir gefangengenommen werden.«

»Vielleicht auch erschossen?«

»Ja, vielleicht auch erschossen!« Die Vehemenz seiner Stimme überraschte uns beide. Er atmete tief durch und zuckte mit den Schultern.

»Kannst du dich an meine Beschreibung von einer Zeit im neunzehnten Jahrhundert entsinnen, in der eine Schlacht gegen die Indianer in diesem Tal hier ausgefochten wurde?«

»Ja, du hast etwas davon erzählt«, murmelte er.

»Ich habe damals nicht erwähnt, daß ich glaube, Maya und dich dort gesehen zu haben. Curtis, ihr seid beide von den Föderationstruppen erschossen worden.«

Er verdrehte die Augen. »Und deshalb bin ich jetzt böse auf Maya?«

Ich lächelte nur.

In dem Moment vibrierte der Luftraum mit einer kaum merklichen Dissonanz, und wir hörten den Summton.

»Verflucht«, sagte er. »Sie haben das Ding schon wieder in Betrieb gesetzt.«

Ich ergriff seinen Arm. »Curtis, wir müssen herausfinden, was ihr, du und Maya, damals geplant habt, warum eure Pläne gescheitert sind, und was ihr dieses Mal anders machen wolltet.«

Er schüttelte den Kopf. »Ich weiß nicht, wieviel ich davon glauben kann. Ich sehe nicht einmal einen Ansatzpunkt.«

»Sprich einfach mit Maya, dann finden wir vielleicht einen.«

Er seufzte.

»Würdest du es wenigstens versuchen?«

Er nickte und kroch zurück in die Höhle. Maya begrüßte ihn mit einem beklommenen kleinen Lächeln.

»Tut mir leid, daß ich so ungehalten war«, begann Curtis. »Möglicherweise liegt meine Abwehr tief in der Vergangenheit begründet.«

»Ist schon in Ordnung«, sagte Maya. »Ich würde nur gern herausfinden, was wir damals im einzelnen vorgehabt haben.«

Curtis fixierte Maya. »Soweit ich mich entsinnen kann, bist du eine Heilerin oder etwas Ähnliches.« Er blickte mich fragend an. »Hast du mir davon erzählt?«

»Ich glaube nicht«, antwortete ich. »Aber es stimmt.«

»Ich bin Ärztin«, sagte Maya. »Arbeite aber auch mit Vorstellungskraft und Glauben.«

»Glauben? Du meinst, religiöse Grundsätze und Vorstellungen?«

»Nur im weitesten Sinne. Wenn ich vom Glauben spreche, meine ich die Energieform, die unseren Erwartungen oder Absichten entspringt. Ich habe eine Klinik, die den Glauben als einen durchaus wirksamen mentalen Vorgang begreift und untersucht, inwieweit wir unsere Zukunft damit beeinflussen.«

»Wie lange beschäftigst du dich schon mit diesen Dingen?« wollte Curtis wissen.

Sie blickte ihn an, dann mich. »Mein ganzes Leben war eine Vorbereitung für jede Form der Heilkunst.« Dann erzählte sie Curtis die Geschichte ihrer Jugend, erwähnte auch ihre Mutter und deren Angst davor, eines Tages an Krebs sterben zu müssen. Wir unterbrachen Maya hin und wieder mit Fragen und widmeten ihr unsere volle Aufmerksamkeit. Die Energie, die Maya daraus gewann, machte sich in ihrer gesamten Erscheinung bemerkbar. Bald leuchtete ihr erschöpftes Gesicht, ihre Augen funkelten, und sie richtete ihren Rücken gerade auf.

Curtis fragte: »Und du meinst, daß die Befürchtungen deiner Mutter ihre Gesundheit tatsächlich in Mitleidenschaft gezogen haben?«

»Ja. Durch zwei ganz verschiedene Faktoren scheint der Mensch sein Schicksal mitzubestimmen: einmal durch das, woran er glaubt, und zweitens durch das, was er befürchtet. Aber es geschieht unbewußt, und deshalb glaube ich, daß wir große Fortschritte in der Medizin machen können, wenn dieser Vorgang den Patienten bewußt gemacht wird.«

Curtis nickte. »Und wie soll das vor sich gehen?«

Maya antwortete nicht, sondern stand auf und starrte mit einem schockierten Gesichtsausdruck vor sich hin.

»Was ist denn?« fragte ich.

»Ich habe gerade ... Ich ... sehe, was damals passiert ist.«

»Was? Was denn?« drängte Curtis aufgeregt.

Sie sah ihn an und sagte: »Wir waren im Wald. Ich kann es genau sehen: die Soldaten, der Rauch ihres Schießpulvers ...«

Curtis ließ sich offenbar von ihren Erinnerungen mitreißen und murmelte zu meinem Erstaunen: »Ja, ich war mit dir im Wald. Aber warum?« Er blickte Maya an. »Du hast mich dorthin gebracht! Ich hatte doch gar keine Ahnung. Ich war nur ein Beobachter. Und du hast mir weisgemacht, daß wir den Krieg beenden können!«

Sie wandte sich ab und rang mit einer Flut von Erinnerungen. »Ich dachte, wir könnten ... eine Möglichkeit finden ... Nein, warte, wir waren nicht allein.« Sie drehte sich zu mir um und sagte mit einem Anflug von Zorn: »Du warst auch dabei, aber du hast uns im Stich gelassen. Warum hast du uns nicht beigestanden?«

Ich nickte bekümmert und berichtete den beiden, was ich in meinen Visionen von dieser Zeit gesehen hatte. Ich erzählte von Charlene, und daß ein Stammesältester Mayas Vorschläge vor den anderen Häuptlingen verteidigt hatte, obwohl er wußte, daß die Indianer nicht stark genug waren, und die Zeit noch nicht reif. Daraufhin war ein bestimmter Häuptling zornentbrannt explodiert und erinnerte alle Anwesenden an die Niedertracht der weißen Soldaten.

»Ich konnte nicht bei euch bleiben«, sagte ich, worauf ich auch meine Erfahrungen aus dem dreizehnten Jahrhundert erzählen mußte, um mein Verhalten zu erklären. »Ich mußte die Flucht ergreifen und meine eigene Haut retten. Es tut mir leid.«

Maya hing ihren eigenen Gedanken nach, bis ich ihren Arm berührte und sagte: »Die Stammesältesten wußten, daß es so nicht funktionieren konnte, und Charlene sagte ebenfalls, daß der Kontakt mit der Weisheit der Vorfahren noch nicht stark genug war.«

»Und warum ist einer der Stammesältesten dann bei Curtis und mir geblieben?« fragte Maya.

»Weil er euch nicht alleine sterben lassen wollte.«

»Ich wollte überhaupt nicht sterben!« brach es aus Curtis hervor. Er sah Maya an. »Du hast mich in die Irre geführt.«

»Verzeih mir«, sagte sie. »Aber ich weiß auch nicht, was da schiefgelaufen ist.«

»Ich weiß es sehr gut«, gab er zurück. »Du hast geglaubt, daß du einen Krieg mit deinem bloßen *Willen* beenden kannst.«

Sie betrachtete ihn eine Weile sinnend, dann wandte sie sich an mich. »Er hat recht. Wir haben uns im Geiste vorgestellt, daß die Soldaten ihre Aggressionen einstellen, hatten aber nie ein klares Bild von der Art und Weise, wie das vonstatten gehen könnte. Unsere Visualisierungen sind erfolglos geblieben, weil uns ein Teil des Wissens fehlte. Wir waren damals von der Angst getrieben, nicht vom Vertrauen und Glauben. Und das kann nicht funktionieren, ebensowenig wie es bei der körperlichen Heilung funktioniert ... Wenn wir uns daran erinnern können, welche Aufgaben wir im Leben zu erfüllen haben, werden wir geheilt. Aber wenn wir uns daran erinnern können, was die Menschheit schlechthin anstrebt – ja, dann können wir die ganze Welt heilen.«

»Unsere Geburtsvisionen«, fügte ich hinzu, »enthalten nicht nur die individuellen Pläne jedes einzelnen, sondern auch Elemente der großen Vision, der die gesamte Menschheit von Beginn an gefolgt ist. Wir müssen uns an diese übergeordneten Elemente erinnern.«

Bevor Maya antworten konnte, sprang Curtis auf und ging zum Eingang der Höhle. »Ich höre etwas«, sagte er.

Maya und ich hockten uns hinter ihn und spähten über seine Schultern nach draußen. Nichts rührte sich. Doch kurz darauf meinte ich, das Rascheln von Laub hören zu können.

»Ich schaue nach.« Curtis kroch nach draußen.

Ich warf Maya einen Blick zu und sagte: »Ich gehe mit ihm.«

»Ich auch«, sagte sie.

Wir folgten Curtis den Abhang hinab zu einem Felsvorsprung, von dem aus wir die Schlucht überblicken konnten. Halb hinter Buschwerk verborgen, liefen ein Mann und eine Frau in Richtung Westen.

»Die Frau ist in Schwierigkeiten«, raunte Maya.

»Woher weißt du das?« gab ich nahezu lautlos zurück.

»Ich sehe es. Sie kommt mir bekannt vor.«

Die Frau drehte sich suchend um, worauf der Mann sie vorwärtsstieß und den Blick auf die Schußwaffe in seiner Rechten eine Sekunde lang freigab.

Maya hauchte: »Habt ihr das gesehen? Wir müssen ihr helfen.«

Ich starrte mit äußerster Konzentration auf den blonden Haarschopf der Frau unter mir und konnte sogar die Beintaschen an ihren grün-braunen Armeehosen ausmachen. Dann sagte sie etwas zu dem Mann und hob den Kopf zu uns auf, so daß wir ihr Gesicht sehen konnten.

»Charlene!« formulierte ich lautlos. »Wohin gehen sie?!«

»Weiß nicht«, zischte Curtis. »Ich werde ihr helfen, aber allein. Ihr bleibt hier.«

Ich protestierte, aber Curtis ließ sich nicht beirren. Wir sahen zu, wie er geräuschlos nach links zurückeilte und dann durch Baumbestände den Abhang heruntcrglitt. Von dort kroch er wie ein Panther wieder westwärts auf einen Felsvorsprung, der sich knapp zehn Meter über dem Grund der Schlucht befand.

»Sie müssen an ihm vorbeikommen«, flüsterte ich voller Bewunderung.

Maya und ich sahen mit angehaltenem Atem zu, wie die beiden sich dem Felsvorsprung näherten. Als sie fast schon daran vorbeigegangen waren, schoß Curtis den Abhang hinunter und warf sich von hinten auf den Mann, der unter Curtis' Gewicht zu Boden ging. Charlene sprang entsetzt zur Seite und begann, davonzurennen. Curtis hielt die Gurgel des Mannes in einem eigenartigen Würgegriff, der sein Strampeln in kurzer Zeit beendete.

»Charlene, warte!« rief Curtis. Sie drehte sich im Laufen um und verzögerte ihr Tempo. »Ich bin's, Curtis Webber. Wir kennen uns von früher. DelTech, erinnere dich.«

Offenbar erkannte sie ihn, denn sie kehrte zögernd zurück, während Maya und ich den Abhang so unauffällig wie möglich hinabeilten. Als Charlene mich sah, erstarrte sie und wollte sich dann in meine Arme stürzen, was Curtis verhinderte, indem er uns beide auf den Boden drückte.

»Ruhig«, knurrte er. »Wir könnten beobachtet werden.«

Curtis durchsuchte die Taschen des Mannes und fand eine Rolle Klebeband, mit der wir ihn fesselten.

»Du hast ihn doch nicht getötet?« fragte Charlene Curtis, als wir den Mann ins Unterholz geschleppt hatten.

»Nein. Nur außer Gefecht gesetzt. Er kommt wieder zu sich.«

Maya beugte sich über den Bewußtlosen, um seinen Puls zu fühlen.

Charlene ergriff meine Hand und fragte: »Wie kommst du denn hierher?«

Rasch erzählte ich ihr von dem Anruf ihres Kollegen und der Landkarte, die mich in dieses Tal geführt hatte.

Sie lächelte. »Ich wollte dir diese Landkarte zeigen, aber dann ging alles so schnell, daß ich keine Zeit mehr für einen Anruf hatte ...« Sie verstummte unter der Intensität unseres Blickwechsels. Dann flüsterte sie: »Ich glaube, ich habe dich gestern in einem anderen Seinsbereich gesehen ...«

Inzwischen hatten Curtis und Maya den Mann noch tiefer in das Dickicht des Waldes hineingezerrt. Ich hielt Charlene zurück und sagte leise: »Ich habe dich auch gesehen, aber ich … äh …«

Wir starrten einander an, wobei ich fühlte, daß mein Körper immer leichter wurde und eine nahezu orgiastische Liebe mich umfing, deren Zentrum allerdings nicht im Unterleib lag, sondern in Wogen über die gesamte Oberfläche meiner Haut strich. Gleichzeitig kam es mir vor, als stürzte ich den Tiefen in Charlenes Augen entgegen. Ihr Lächeln spiegelte meine Empfindungen und gab mir zu verstehen, daß sie ähnlich empfand.

Ein Knacken von Ästen brachte uns wieder zur Besinnung, und ich sah, daß Maya und Curtis gebannt zu uns herüberblickten. Wir eilten zu ihnen und machten uns dann auf den Weg zur Höhle.

Charlene aß den Rest der Suppe und reichte mir dann das schmutzige Geschirr. Ich sah, daß wir kein Wasser mehr hatten, und steckte es ungewaschen in eine Rucksacktasche.

Dann blickte ich in die Runde. »Charlene, jetzt mußt du uns bitte erzählen, was du über Feyman weißt.«

Sie blickte schuldbewußt zu Boden und suchte nach Worten. »Ich muß euch etwas gestehen … Ich war diejenige, die Feyman auf die neun Erkenntnisse aufmerksam gemacht hat …, aber bis gestern habe ich keine Vorstellung von den Gefahren gehabt, die damit verbunden sind.«

Sie wandte sich direkt an mich: »Während du in Peru warst, habe ich mich einer Gruppe hier in den Staaten angeschlossen, die intensiv mit den neun Erkenntnissen gearbeitet hat, und dabei viele Erfahrungen gemacht, die du später auch in deinem Brief beschrieben hast. Danach bin ich mit einem Freund in dieses Tal gegangen, um die Kraftplätze zu finden, von denen in der Zehnten Erkenntnis gesprochen wird. Mein Freund hat nicht viel von der Energie hier spüren können, aber ich schon, deshalb bin ich hiergeblieben und wollte weitere Einzelheiten herausfinden. Dabei lief mir Feyman über den Weg – und ich habe mich von ihm als Lehrerin anheuern lassen, um ihm das Wissen über die Erkenntnisse zu vermitteln. Von dem Moment an hat er mich keine Minute mehr allein gelassen und darauf bestanden, daß ich mein Büro aus Sicherheitsgründen nicht telefonisch benachrichtige. Also habe ich alle meine Termine schriftlich abgesagt. Er hat jedoch sämtliche Briefe, wie sich später herausstellte, abgefangen, und so dachten alle, daß mir etwas zugestoßen ist.

Jedenfalls habe ich Feyman zu den meisten Öffnungen hier im Tal geführt, zum Beispiel den bei Codders Kuppe und bei den Wasserfällen. Er konnte die Energien nicht wahrnehmen, aber später habe ich herausgefunden, daß er Spuren die ganze Zeit elektronisch verfolgt und eine Art Energieprofil von mir angefertigt hat, während ich die energetischen Orte untersuchte. Danach war er in der Lage, die Stellen mit elektronischen Hilfsmitteln wiederzufinden.«

Ich blickte Curtis an, der wissend nickte.

Charlenes Augen füllten sich mit Tränen, als sie fortfuhr: »Er hat mich die ganze Zeit zum Narren gehalten und mir immer wieder erklärt, daß er eine nahezu kostenlose Energiequelle nutzbar machen will – zum Wohle der Allgemeinheit, wie er sagte, weil seine Erfindung die ganze Welt von wirtschaftlichen Zwängen befreien könnte. Aber während sein Team ferngesteuerte Versuche gemacht hat, wurde ich wohlweislich in entlegene Gegenden des Waldes geschickt. Erst später, als ich ihn persönlich zur Rede gestellt habe, hat er zugegeben, daß seine Technologie gefährliche ›Nebenwirkungen‹ haben könnte.«

Curtis wandte sich an Charlene: »Feyman Carter war einer der technischen Leiter bei DelTech. Erinnerst du dich nicht an ihn?«

»Nein«, gestand sie. »Leider nicht. Aber dieses Projekt wird offensichtlich von ihm geleitet. Sein Auftraggeber ist ein anderes Unternehmen, das ihm so viele Sicherheitsbeamte zur Verfügung stellt, wie er will. Feyman nennt diese Leute seine »Operateure«. Als ich ihm mitgeteilt habe, daß ich ihm nicht länger zu Diensten stehe, hat er mir seine »Operateure« auf den Hals gehetzt, und als ich sagte, daß er so einfach nicht davonkommen könnte, hat er nur gelacht und sich damit gebrüstet, jemanden vom Forstschutz auf seiner Seite zu haben.«

»Wo wollte er dich heute hinbringen lassen?« fragte Curtis.

Charlene schüttelte den Kopf. »Ich weiß es nicht.«

»Ich glaube nicht, daß Feyman dich am Leben lassen wollte«, sagte Curtis. »Er hat dir bereits viel zuviel verraten.«

Ein nervöses Schweigen senkte sich über die Gruppe.

Nach einer Weile sagte Charlene kleinlaut: »Ich verstehe immer noch nicht genau, zu welchem Zweck die Öffnungen in den Dimensionen benutzt werden sollen. Feyman hat ein endloses Verwirrspiel mit mir getrieben.«

Curtis und ich wechselten einen Blick, dann antwortete er: »Feyman experimentiert mit einem Generator, der die Energiequellen in diesem Tal anzapfen soll. Dabei versucht er die Energiegewinnung bis ins Unermeßliche zu steigern. Das macht diese Versuche so gefährlich.«

Ich merkte, daß Charlene einen Seitenblick auf Maya geworfen hatte, worauf die beiden sich unvermittelt herzlich anlächelten.

»Als ich bei den Wasserfällen war, bin ich tiefer denn je in die andere Dimension hineingezogen worden«, fuhr Charlene fort. »Und dabei sind mir all diese Erinnerungen bewußt geworden. Danach gelang es mir noch mehrmals zurückzugehen, selbst gestern, unter schwerer Bewachung.« Sie schaute mich an. »Und wen sehe ich? Dich!«

Charlene blickte sich in der Runde um. »Ich hatte vor Augen, daß wir hier zusammengeführt worden sind, um dieses Experiment zu verhindern. Aber vorher müssen wir uns an alle Zusammenhänge erinnern.«

Maya wandte sich mit bewegter Stimme an Charlene. »Schon als wir den Krieg gegen die Indianer aufhalten wollten, hast du es verstanden, uns zu unterstützen. Obwohl du gewußt hast, daß dieser Versuch scheitern mußte.«

Charlenes wissendes Lächeln verriet mir, daß sie sich ebenfalls an diese Lebenszeit erinnert hatte. Deshalb warf ich ein: »Wir haben das meiste bereits herausgefunden, nur nicht, was wir diesmal anders machen wollten. Kannst du dich daran erinnern?«

Charlene wiegte den Kopf. »Nur an Bruchstücke. Ich weiß, daß wir unsere unbewußten Gefühle zueinander wahrnehmen müssen, um die Atmosphäre innerhalb der Gruppe zu klären.« Sie sah mir in die Augen und sagte: »Und daß all dies zur Zehnten Erkenntnis gehört ... Nur sind diese Dinge bis jetzt nirgends aufgeschrieben worden. Sie werden uns intuitiv eingegeben.«

Ich nickte. »Soviel wissen wir.«

»Die Zehnte Erkenntnis ist zum Teil eine Erweiterung der Achten. Nur eine Gruppe, die das Wissen der Achten Erkenntnis verinnerlicht hat, kann diese höhere Stufe der Klarheit erreichen.«

»Wie meinst du das?« fragte Curtis.

»Die Achte Erkenntnis beschreibt, wie man anderen Menschen Kraft gibt, indem man sich auf ihre innere Schönheit und ursprüngliche Weisheit besinnt. Durch diesen Vorgang kann die Kreativität und das Energieniveau der Gruppe potenziert werden. Nur haben viele Gemeinschaften Schwierigkeiten, sich auf diese Weise sozusagen ›Flügel zu verleihen‹, auch wenn es den einzelnen Mitgliedern bei anderen Gelegenheiten ohne weiteres gelingt. Das gilt besonders für Arbeitsgemeinschaften wie Gruppen von Angestellten oder Teams, die ein bestimmtes Projekt verwirklichen sollen. Das Problem ist, daß alte Gefühle aus früheren Lebenszeiten dabei aufsteigen und die Funktionsfähigkeit der Gruppe untergraben.

Zum Beispiel wird uns ein Mitarbeiter vor die Nase gesetzt, den wir automatisch nicht leiden können, ohne eine Erklärung für unsere Gefühle zu haben. Oder umgekehrt: Der Neue zeigt uns die kalte Schulter, und wir stehen da und fragen uns, aus welchem Grund wir uns so etwas bieten lassen müssen. Irrationale Gefühle wie Eifersucht, Abscheu, Neid, Bitterkeit, Schuldbewußtsein oder mangelndes Schuldbewußtsein in der anderen Person können jeden Fortschritt von vornherein verhindern. Mir wurde klar, daß keine Gruppe ihr höchstes Potential entfalten kann, wenn nicht alle Mitglieder bereit sind, ihren verselbständigten Reaktionen auf den Grund zu gehen.«

Maya lehnte sich vor und sagte: »Genau das hat sich zwischen uns dreien abgespielt, bevor du aufgetaucht bist, Charlene. Wir sind den alten Erinnerungen an unser Zusammentreffen im letzten Leben auf den Grund gegangen.«

Ich wandte mich an Charlene und fragte: »Hast du deine Visionen vor dieser Geburt sehen können?«

»Ja. Aber leider nicht viel mehr. Meine Energie hat nicht ausgereicht. Ich sah nur, daß viele Gruppen gegründet wurden und ich in diesem Tal mit einer Gruppe von sieben Leuten zusammengearbeitet habe. Wißt ihr etwas über die anderen …«

Das Geräusch eines Fahrzeugs weiter nördlich ließ uns verstummen.

Dann sagte Curtis: »Ich gehe mal kurz in den Wald, um nach dem Rechten zu sehen. Vielleicht muß dem ›Operateur‹ der Mund gestopft werden, falls er vorzeitig aufwacht und ein bißchen herumschreien oder den Autos entgegenwandern möchte.«

Ich erhob mich und folgte Curtis nach draußen. Er schickte mich zurück und verschwand in dem Dickicht, um kurz darauf mit dem noch immer bewußtlosen Mann auf den Schultern aufzutauchen. Ich half ihm, den Mann hinter den Eingang zu unserer Höhle zu tragen, wo wir ihm den Mund mit einem Tuch verstopften, weitere Klebestreifen anbrachten und seine Hände und Füße mit Nylonstricken zusammenbanden.

Charlene trat vor die Höhle und fragte: »Sind wir hier sicher?«

Curtis wiegte den Kopf. »Ich denke schon, aber weiter im Norden sind Geräusche zu hören, deshalb halte ich es für besser, bis zum Einbruch der Dunkelheit hier zu bleiben.«

Wieder in der Höhle, setzten wir uns auf den Boden und sahen uns nur stumm an, wobei jeder offensichtlich versuchte, seine Energie allmählich wieder zu erhöhen.

Schließlich ergriff ich das Wort und erzählte den anderen von meinen bisherigen Erfahrungen mit der globalen Vision. Dann fragte ich Charlene: »Hast du sonst noch etwas über diesen Klärungsprozeß erfahren können, ohne den wir anscheinend keinen Schritt weiterkommen?«

»Das einzige, was ich mit Sicherheit weiß, ist, daß wir die globale Vision nicht ohne absolute Liebe begreifen können.«

»Leichter gesagt als getan«, brummte Curtis. »Absolute Liebe – wie kommt man dahin?«

Jeder blickte sich in der Runde um, bis die Aufmerksamkeit aller Anwesenden bei Maya hängenblieb.

Maya nickte und sagte: »Zuerst muß alles, was der Liebe im Wege steht, wahrgenommen werden, offen eingestanden werden, ganz egal, wie unbeholfen unsere Versuche auch sein mögen. So werden ungeklärte Gefühle vollauf ins Bewußtsein gebracht und letztlich in die Vergangenheit verbannt, wo sie hingehören. Deshalb ist der Klärungsvorgang manchmal sehr langwierig, aber diese Dinge müssen ausgesprochen, diskutiert und offen auf den Tisch gelegt werden, nur so sind wir am Ende imstande, zu der Liebe zurückfinden zu können – dem höchsten Gefühlszustand.«

»Und wie steht es mit deinen Gefühlen für Charlene?« fragte ich Maya. »Ich weiß, daß ihr einiges miteinander erlebt habt.«

»Ja«, sagte Maya. »Aber ich habe nur positive Emotionen ihr gegenüber und eine Art Dankbarkeitsgefühl. Charlene ist nicht weggelaufen. Sie hat uns helfen wollen ...« Maya sah Charlene direkt in die Augen. »Du wolltest uns etwas sagen, etwas über die Vorfahren im Jenseits. Aber wir haben dich nicht anhören wollen.«

Ich beugte mich zu Charlene vor und fragte: »Bist du auch umgebracht worden?«

Maya antwortete an Charlenes Stelle: »Nein, sie ist noch einmal zu den Soldaten gegangen und hat unser Anliegen vorgetragen ...«

»... aber die Truppen waren schon abgezogen«, beendete Charlene den Satz.

Dann fragte Maya: »Wer hat sonst noch etwas mit Charlene zu klären?«

»Ich nicht. Ich bin unvoreingenommen«, sagte Curtis.

»Und du, Charlene«, fragte ich. »Hast du irgend etwas zu einem von uns zu sagen?«

Sie blickte jeden einzelnen in der Runde aufmerksam an. Dann sagte sie: »Für Curtis kann ich keine negativen Gefühle in mir entdecken. Für Maya empfinde ich die größte Wärme, aber für dich ...«, ihre Augen versenkten sich in meine, »dir gegenüber empfinde ich letztlich schon ein paar Vorbehalte.«

»Warum?« fragte ich.

»Weil du damals so ungerührt und sachlich geblieben bist und dich aus allem heraushalten wolltest.«

»Charlene«, entgegnete ich, »ich habe mich als Mönch schon für diese Erkenntnisse geopfert. Das wollte ich nicht noch einmal riskieren, jedenfalls nicht bei einem sinnlosen Unterfangen.«

Meine Antwort schien Charlene zu irritieren, und sie blickte zur Seite.

Maya legte mir die Hand beruhigend auf das Knie und sagte: »Dein Kommentar war defensiv, was der anderen Person das Gefühl gibt, nicht wirklich angehört worden zu sein. Auf diese Weise schwelt die negative Emotion im Hintergrund weiter, weil sie darüber nachdenkt, wie sie dich überzeugen kann. Oder sie unterdrückt ihr Ressentiment, und dann entsteht jenes Unbehagen, das die Energie zwischen euch schwächt. In beiden Fällen bleibt die Emotion ein Problem, das immer wieder zwischen euch tritt. Ich meine, du müßtest ihr dieses Gefühl zugestehen.«

»Oh, absolut!« Ich schaute Charlene flehentlich an. »Ich wünschte, ich hätte mich völlig anders verhalten. Wenn ich nur genug Mut gehabt hätte, wäre mir vielleicht etwas Hilfreiches eingefallen.«

Charlene nickte und lächelte mich an.

»Und du?« fragte Maya, den Blick auf mich gerichtet. »Mußt du etwas mit Charlene ins reine bringen?«

»Ich habe ein paar Schuldgefühle zurückbehalten«, sagte ich. »Nicht so sehr wegen des damaligen Krieges, sondern wegen der

Situation hier im Tal. Ich habe mich nach meiner Rückkehr aus Peru monatelang zurückgezogen, anstatt meiner Intuition zu folgen und Charlene gleich anzurufen. Auf diese Weise wurden die Experimente hier nicht schon damals zwischen uns besprochen und verzögert oder sogar verhindert.«

Niemand antwortete.

»Sonst noch etwas?« fragte Maya.

Wir sahen uns nur gegenseitig an.

An diesem Punkt nahm jeder unter Mayas Anweisungen die Verbindung mit der inneren Kraftquelle auf und ließ die Energie soweit wie möglich ansteigen. Während ich mein Augenmerk auf die Schönheit ringsumher richtete, wurde mein Körper von einer Welle der Liebe durchflutet. Die stumpfen Farben der Höhlenwände begannen zu glühen. Die Gesichter meiner Freunde wirkten immer leuchtender. Ein Energieschub fuhr mir am Rücken hoch.

»Jetzt sind wir soweit«, sagte Maya. Sie verstummte und setzte nach einer Weile wieder an: »Ich ... ich wußte, daß wir alle an diesen Punkt gelangen würden. In meinen Visionen vor dieser Geburt habe ich gesehen, daß ich die Gruppe durch den Energieprozeß führen sollte. Bei dem Krieg gegen die Indianer haben wir noch nicht gewußt, wie die Energie einer Gruppe bis zu diesem Punkt gesteigert werden kann.«

Während sie sprach, bewegte sich etwas hinter ihrem Kopf an der Höhlenwand. Zuerst meinte ich, eine Lichtreflexion zu sehen, aber dann erkannte ich das tiefgrüne Leuchten wieder, das Mayas Seelengruppe umgeben hatte. Ich faßte den fußbreiten Lichtfleck genauer ins Auge, worauf er sich in ein holographisches Szenenbild verwandelte, das in die tiefsten Tiefen der Felswand hineinreichte und zahllose verschwommene Gestalten enthielt. Ein Blick auf die anderen in der Runde zeigte mir, daß nur ich dieses Bild wahrnahm.

Sobald ich die Erkenntnis akzeptiert hatte, daß Mayas Seelengruppe tatsächlich hinter ihr stand, empfing ich eine Flutwelle von intuitiven Informationen. Ich sah, was Maya sich für dieses Leben vorgenommen hatte und daß die momentane Gruppensituation eindeutig dazugehörte. Deutlich vernahm ich die tonlose Stimme, die sagte, daß keine Gruppe ihre volle schöpferische Kraft entfalten kann, ohne die Energie vorher bewußt zu klären und dann gemeinsam zu steigern.

Maya war eben dabei, den gleichen Gedanken auszusprechen, und sagte dann: »Nach dem emotionalen Klärungsprozeß kann eine Gruppe leichter mit den Dramen und üblichen Machtkämpfen fertig werden, aber wir müssen bewußt Ausschau nach dem höheren Selbst im Gesicht jedes einzelnen halten.«

Curtis' Stirnrunzeln provozierte weitere Erklärungen. »Aus der Achten Erkenntnis geht hervor, daß wir das Gesicht einer Person erst dann *erkennen,* wenn wir durch alle Masken oder Egofassaden hindurch zu dem *wahren* Selbst, zu dem Wesenskern, des anderen vordringen. Gewöhnlich wissen die Leute nicht, worauf sie sich konzentrieren sollen, wenn sie miteinander sprechen: die Augen? Es ist schwer, beide gleichzeitig ins Blickfeld zu bringen. Also welches Auge? Oder soll es der Mund oder die Nase sein?«

Sie ließ die Fragen offen und fuhr fort: »Am besten ist es, ein Gesicht in seiner Gesamtheit wahrzunehmen, mit all seinen Licht- und Schattenflächen und seinen einzigartigen Zügen. In diesen Gesichtszügen drückt sich etwas Authentisches, Einmaliges aus – du kannst es die Seele nennen. Wenn wir diese Seelenlandschaft mit Liebe bestrahlen, wird dem wahren Selbst der Person Energie zugeführt, und dann siehst du, wie die Person sich vor deinen Augen verwandelt, weil ihre innewohnenden, oft schlummernden Kräfte und Talente geweckt worden sind.

Alle bedeutenden Lehrer der Menschheit haben ihren Schülern diese Art von Energie zukommen lassen. Deshalb war ihre Lehre so nachhaltig. Aber die Wirkung einer Gruppe, in der sämtliche Mitglieder auf diese Weise miteinander umgehen, ist noch größer, weil alle Beteiligten dabei auf eine höhere Stufe der Weisheit getragen werden, auf der noch mehr Energie zur Verfügung steht, worauf diese zusätzliche Energie erneut auf die anderen in der Gruppe abgestrahlt wird, was letztlich einen ›Treibhaus-Effekt‹ auslöst.«

Während ihr die Worte aus dem Mund sprudelten, wirkte Maya nicht länger müde oder in irgendeiner Weise zurückgenommen. In ihren Gesichtszügen offenbarte sich eine Autorität und Klarheit, die sie vorher nicht gehabt hatte. Ich blickte zu den anderen hinüber und sah, daß sie ähnliche Dinge an Maya wahrnahmen. Beim nächsten Blick auf Maya hatte sie das grünliche Schimmern ihrer Seelengruppe angenommen, was mir den Eindruck gab, daß sie jetzt nicht nur das Wissen der Gruppe aufnahm, sondern eine tiefere Vereinigung mit ihr erlebte.

Maya atmete tief ein und verstummte. Die Energie verlagerte sich und ging zum nächsten unserer Runde über.

»Ich bin immer davon ausgegangen, daß Gemeinschaften auf einer höheren Ebene funktionsfähig werden können«, sagte Curtis plötzlich. »Insbesondere im Fall von Arbeitsgemeinschaften. Aber bis jetzt habe ich es nie persönlich erfahren ... Mit ist klar, daß ich von Anfang an vorgehabt habe, eine Transformation im Geschäftsleben hervorzurufen oder zumindest dazu beizutragen, daß ein neues Verständnis über die Kreativität in diesem Bereich entwickelt wird. In dem Sinn, daß wir neue Energiequellen vernünftig nutzen und die Neunte Erkenntnis verwirklichen, in der von der Automation im Produktionsbereich die Rede ist.«

Er dachte einen Moment nach und sagte dann: »Ich spreche davon, daß dem allgemeinen Geschäftsgebaren menschenfeindliche Züge verliehen worden sind und Geschäftsleute für grundsätzlich raffgierig und gewissenlos gehalten werden. Sicher, früher hätte das vielleicht zugetroffen, aber mittlerweile macht sich auch in diesem Bereich so etwas wie ein spirituelles Bewußtsein bemerkbar und damit eine neue Geschäftsmoral.«

An diesem Punkt sah ich ein Lichtspiel direkt hinter Curtis in Erscheinung treten, das mir bei näherer Betrachtung wie seine Seelengruppe vorkam. Ein paar Sekunden später gelang es mir, das kollektive Wissen von Curtis' Gruppe aufzufangen. Dabei erkannte ich, daß Curtis auf dem Gipfelpunkt der Industriellen Revolution gleich nach dem Zweiten Weltkrieg geboren worden war. Zu einer

Zeit, als die Atomkraft die erste fatale Schockwelle ausgelöst hatte. Und nun wollte Curtis persönlich in die Entwicklung im technologischen Bereich eingreifen und sie ihrer wahren Aufgabe zuführen.

»Erst jetzt sind wir in der Lage«, sagte Curtis gerade, »uns bewußt im Bereich der Geschäftsführung und technologischen Entwicklung nützlich zu machen. Es ist kein Zufall, daß die wirtschaftliche Produktivität eines Volkes so bitter ernst genommen wird, weil jeder einzelne davon pofitiert, wenn neue Energiereserven, neue Techniken, neue Umgangsformen mit den weltweiten Ressourcen entdeckt werden. Mit zunehmender Produktivität werden jedem von uns auch neuartige Formen der Kreativität zugänglich gemacht.«

In dem Moment kam mir ein Gedanke, den ich erst für mich behalten wollte, um Curtis nicht zu unterbrechen, aber dann richteten sich alle Augen auf mich. »Meinst du nicht, daß diese ständig steigende Produktivität der Umwelt nicht wiedergutzumachende Schäden zufügt, die dem wirtschaftlichen Wachstum natürliche Grenzen setzen? Wenn wir so weitermachen, ist das Ende abzusehen, auch das Ende der Wirtschaft. Unsere Meere sind bereits so vergiftet, daß viele Fische ungenießbar sind. Die Zahl der Krebskranken steigt immer mehr an, und selbst die ›American Medical Association‹ warnt schwangere Frauen und Kleinkinder vor kommerziell vertriebenen Früchten und Gemüse wegen der Schädlingsbekämpfungsmittel, die nicht mehr abgewaschen werden können. Ich stelle mir gerade vor, was für eine Welt wir unseren Kindern hinterlassen ...«

Kaum hatte ich diese Gedanken ausgesprochen, fiel mir Joels Warnung vor dem Zusammenbruch der Zivilisation ein, und ich fühlte, wie meine Energie abstürzte.

Doch im nächsten Moment merkte ich, daß die anderen mir Energie gaben und sich auf mein wahres Selbst besannen. Danach fand ich den Kontakt mit meiner Mitte in wenigen Sekunden wieder.

»Du hast natürlich recht«, sagte Curtis. Aber die Art und Weise, wie jetzt mit diesen Problemen umgegangen wird, ändert sich gerade. Bisher haben wir technologische Fortschritte ohne Rücksicht auf Verluste verfolgt und dabei vergessen, daß wir auf einem lebenden Organismus existieren, einem Planeten, der aus Energie besteht. Aber ich sage dir, eine der vielversprechendsten Geschäftssparten ist das Aufdecken von Umweltvergehen.

Bisher haben wir es der Regierung überlassen, Umweltsünden zu ahnden. Schon seit Jahren sind einschlägige Gesetze in Kraft getreten, aber es wird nie genügend Reglementierungen gegen die illegale Entsorgung von Chemieprodukten geben oder die heimliche Verbrennung von Schadstoffen. Die Biosphäre der Erde wird so lange mit Schadstoffen vollgepumpt, bis die Bevölkerung selbst zur Videokamera greift und die Verantwortlichen eigenhändig an den Pranger stellt. In vieler Hinsicht müssen die Unternehmer und Angestellten sich selbst regulieren.«

Maya lehnte sich vor und warf ein: »Und was ist mit den Arbeitslosen, die ihre Stelle im Wirtschaftsgefüge verlieren, weil alles zunehmend automatisiert wird? Wie sollen diese Leute überleben? Wir haben eine breite Mittelschicht gehabt, die jetzt dahinschwindet.«

Curtis lächelte, und ein Funke glomm in seinen Augen. Die Seelengruppe hinter ihm trat noch deutlicher in Erscheinung. »Die Arbeitslosen überleben, indem sie sich eine intuitivere Lebensweise aneignen. Jeder von uns muß einsehen, daß es kein Zurück mehr gibt. Wir sind bereits in das Informationszeitalter eingetreten, wo jeder sich ein bestimmtes Wissen selbst aneignen kann, um ein Experte auf irgendeinem Spezialgebiet zu werden. Je komplizierter die Automaten werden und je schneller die technologische Entwicklung vonstatten geht, desto wichtiger wird es, daß wir genau zur richtigen Zeit auf die richtige Person stoßen, die uns mit fehlenden Informationen versorgt. Um dich mit deinem Fachwissen an die richtige Stelle zu setzen, brauchst du keine entsprechende Ausbildung, wie wir sie von früher her kennen, sondern lediglich eine kleine Nische, die du dir selbst schaffst, indem du dir ständig alles notwendige Wissen auf deinem speziellen Interessengebiet aneignest und permanent dazulernst.

Aber um diese Art des Austauschs in der Wirtschaft zu etablieren, müssen unsere geschäftlichen Ziele ein neues Bewußtsein reflektieren. Wir müssen uns ganz andere Fragen stellen als bisher. Anstatt zu fragen, welches Produkt ich in die Welt setzen kann oder welche Dienstleistungen ich vollbringen kann, um das meiste Geld zu verdienen, fragen wir uns heutzutage: Was kann ich herstellen oder tun, um meine Umwelt besser zu informieren, das Bewußtsein der Allgemeinheit zu heben und die Mitmenschen froher und freier zu machen, ohne das ökologische Gleichgewicht dabei zu stören?

Das freie Unternehmertum muß sich einem neuen Ehrenkodex unterwerfen. Die Leute wachen auf, wer auch immer sie sein mögen, und fragen sich: »Was erzeugen wir hier eigentlich? Dient es den Zielen, die wir ursprünglich beabsichtigt haben, nämlich das Überleben auf diesem Planeten etwas leichter zu machen? Und falls uns das gelungen ist, können wir jetzt vielleicht sogar über bloße Bequemlichkeit und ein Überlebensminimum hinausgehen und unser geistig-seelisches Wohlergehen in Betracht ziehen?« Jeder von uns muß begreifen, daß wir einen Beitrag zur Senkung der Lebenshaltungskosten leisten *müssen*, damit sich die eigentliche Bedeutung des Überlebens offenbart.

Wir können einen wahrhaft erleuchteten Kapitalismus in die Wege leiten, wenn wir, anstatt wirtschaftlich kaum noch tragbare Höchstpreise für alles zu verlangen, einer einsichtsvolleren Geschäftsmoral folgen, die darauf beruht, daß jeder seine Preise bewußt um einen bestimmten Prozentsatz senkt, um der Wirtschaft ganz allgemein auf die Sprünge zu helfen. Dies wäre das geschäftliche Äquivalent der freiwilligen ›Abgabe des Zehnten‹, wie sie in der Neunten Erkenntnis besprochen wird. »

Charlene wandte sich mit leuchtenden Augen an Curtis und sagte: »Ich verstehe, was du meinst: Wenn alle Unternehmer und Geschäfte ihre Preise um zehn Prozent senken, dann senken sich die Lebenshaltungskosten aller Beteiligten, auch die Rohstoffe und Materialien, die von den Unternehmen eingekauft werden müssen.«

»Genau, obwohl einige Preise dabei sicher vorübergehend steigen, weil jeder die tatsächlichen Kosten der Entsorgung von Schadstoffen und andere Umweltschutzkosten berücksichtigen muß. Aber im großen und ganzen sinken die Preise dabei systematisch.«

Ich schaltete mich ein und fragte: »Findet dieser Vorgang nicht bereits hin und wieder in der Marktwirtschaft statt?«

»Ja«, sagte Curtis, »das stimmt, aber der Vorgang kann ganz bewußt beschleunigt werden. Davon abgesehen weist die Neunte Erkenntnis auf die Entdeckung einer nahezu kostenlosen Energiequelle hin, die das Ihrige zu einer Beschleunigung des Vorgangs beiträgt. Es sieht aus, als hätte Feyman diese Energiequelle inzwischen entdeckt. Aber sie muß der Allgemeinheit so kostengünstig wie nur irgend möglich zur Verfügung gestellt werden, sonst hat sie keine befreiende Wirkung auf die Weltwirtschaft.«

Je länger Curtis sprach, desto inspirierter wurde er. Jetzt wandte er sich an mich und blickte mir in die Augen.

»Diese Idee wollte ich schon lange verbreiten«, sagte er. »Deshalb bin ich auf der Erde. Noch nie habe ich alles so klar gesehen. Insofern war alles, was ich bisher erlebt habe, richtig und gut, denn es hat mich darauf vorbereitet, diese ökonomische Botschaft zu überbringen.«

»Meinst du wirklich, daß genügend Leute ihre Preise senken, um die positive Variante des Kapitalismus ins Rollen zu bringen?« fragte Maya. »Es widerspricht zumindest der menschlichen Natur, daß die Leute in Kauf nehmen, weniger Geld in die eigene Tasche stecken zu können.«

Curtis antwortete nicht, sondern sah mich an, als hätte ich die Antwort. Maya und Charlene blickten ebenfalls zu mir. Ich schwieg, während ich die Energieverlagerung fühlen konnte.

»Curtis hat recht«, sagte ich schließlich. »Wir werden uns allesamt dazu durchringen, auch wenn wir auf kurze Sicht dabei etwas weniger persönlichen Gewinn einstecken. Und natürlich macht all das nicht viel Sinn, solange die Neunte und Zehnte Erkenntnis nicht begriffen wird. Wenn jemand glaubt, daß das Leben lediglich eine

Frage des Überlebens in einer grundsätzlich sinnlosen und bedrohlichen Welt ist, scheint es Sinn zu machen, daß man seine gesamten Geisteskräfte dafür einsetzt, so bequem wie möglich zu leben und seinen Kindern dieselben Annehmlichkeiten zu ermöglichen. Aber wenn man die neun Erkenntnisse begreift und das Erdendasein als eine geistig-seelische Evolution versteht, mit einer spirituellen Verantwortung, die von allen übernommen werden muß, dann verändert sich die Sichtweise.

Und wenn wir die Zehnte Erkenntnis jetzt langsam in uns aufnehmen, betrachten wir den Geburtsvorgang aus der Perspektive des Jenseits und erkennen, daß wir alle hier sind, um die irdische Dimension den himmlischen Seinsebenen anzunähern. Außerdem sind sogenannte Gelegenheiten und Erfolge sehr mysteriöse Vorgänge. Aber wenn wir unser Geschäftsgebaren dem großen Gesamtplan anpassen, werden wir andere Personen mit der gleichen Überzeugung treffen, und damit öffnen sich die Tore zu einem Wohlstand, der uns andernfalls unerreichbar geblieben wäre.

»Wir werden es schaffen«, fuhr ich fort. »Einfach, weil die Intuition jedes einzelnen und zahllose Fügungen uns dahin bringen. Wir werden uns an Details aus unseren vorgeburtlichen Visionen erinnern und einsehen, daß wir einen ganz bestimmten Beitrag zum Allgemeinwohl leisten wollten. Und dabei wird uns das Wichtigste ebenfalls klar: Wenn wir unseren Eingebungen nicht getreulich folgen, verbannen wir die magischen Fügungen und das Gefühl der Inspiriertheit und Schicksalhaftigkeit aus unserem Leben, und nicht nur das, irgendwann müssen wir unsere Versäumnisse bei einer Lebensrückschau ins Auge fassen. Und dann sehen wir womöglich, daß wir versagt haben.«

Ich brach abrupt ab, weil Maya und Charlene mit geweiteten Augen auf die Höhlenwand hinter mir starrten. Unwillkürlich drehte ich mich um und sah den nebelhaften Umriß meiner eigenen Seelengruppe hinter mir – Dutzende von Individuen, die sich in der Tiefe verloren, als wäre das Felsgestein durchlässig.

»Was seht ihr?« fragte Curtis.

»Seine Seelengruppe«, sagte Charlene leise. »Ich habe ähnliche Gruppen schon bei den Wasserfällen im Tal gesehen.«

Ich wandte mich an Curtis und sagte: »Hinter dir und Maya sehe ich ebenfalls solche Gruppen.«

Maya drehte sich im Sitzen um und begutachtete den Luftraum hinter sich. Ihre Gruppe flackerte unruhig und trat plötzlich mit aller Deutlichkeit in Erscheinung,

»Ich sehe nichts«, wiederholte Curtis. »Wo denn?«

Maya starrte einen nach dem anderen von uns mit einem Gesichtsausdruck an, dem ich entnahm, daß sie alle Seelengruppen erkannte. »Sie stehen uns bei«, rief sie entzückt. »Sie können uns geben, was wir suchen!«

Kaum hatte sie das gesagt, traten sämtliche Gruppen zurück und wurden undeutlicher.

»Was ist denn jetzt?« wollte Maya wissen.

»Du erwartest zuviel von ihnen«, erklärte ich. »Wenn du Anstalten machst, sie als Ersatz für deine eigene innere Verbindung zu Gott zu benutzen, ziehen sie sich zurück. Sie lassen keine Abhängigkeit zu. Mir ist das gleiche auch schon passiert.«

Charlene nickte. »Mir auch. Insofern sind die Seelen wie Familienmitglieder. Wir sind gedanklich mit ihnen verbunden, müssen unsere eigene Verbindung zum Ursprung aller Kraft jedoch erst etabliert haben, bevor wir den Kontakt mit ihnen aufnehmen und ihr Wissen abrufen. Dazu kommt, daß dieses Wissen in Wirklichkeit unser eigenes tieferes Gedächtnis ist.«

»Sie bewahren also unsere Erinnerungen für uns auf?« fragte Maya.

»Ja.« Während Charlene antwortete, sah sie mir in die Augen. Dann wollte sie etwas sagen, unterbrach sich jedoch und schien einem Gedanken nachzuhängen. Dann setzte sie erneut an und sagte: »Jetzt verstehe ich langsam, was ich in der anderen Dimension gesehen habe. Jeder ist ein Mitglied einer bestimmten Seelengruppe im Jenseits, und alle Gruppen haben einen besonderen Blickpunkt oder Erkenntnisse, die sie dem Rest der Menschheit zugänglich machen wollen. Du zum Beispiel«, sie sah mich an, »gehörst zu einer Gruppe von Helfern im weitesten Sinne. Weißt du das? Deine Seelen wollen unser philosophisches und spirituelles Verständnis vertiefen. Jeder in deiner Gruppe will die inneren, geistigen Zusammenhänge auf die beste und einleuchtendste Weise vermitteln. Du weißt ja, wie eingehend du dich mit komplexesten Informationen auseinandersetzt, und in deiner Verbohrtheit grübelst und suchst du so lange herum, bis du sie allgemein verständlich erklären kannst.«

Ich warf ihr einen schrägen Blick zu, worauf sie in helles Lachen ausbrach.

»Es ist ein Talent, das du mitgebracht hast«, versicherte sie mir.

Zu Maya gewandt, sagte sie: »Und deine Seelengruppe, Maya, befaßt sich mit dem gesundheitlichen Wohlbefinden. Sie stärken die physische Dimension, indem sie dafür sorgen, daß alle Zellen optimal funktionieren und mit Energie aufgeladen werden. Außerdem entfernen sie emotionale Hindernisse, bevor sie sich als Krankheiten im Körper manifestieren können.«

»Deine Gruppe, Curtis«, fuhr Charlene fort, »befaßt sich mit wissenschaftlichen und wirtschaftlichen Fortschritten. Im Verlauf der gesamten Menschheitsgeschichte hat diese Gruppe sich bemüht, eine spirituelle Sichtweise in unsere Vorstellungen vom Geld und Kapital einzubringen und die ideale Gesellschaftsform anzusteuern.«

Sie hielt inne, und dabei sah ich, daß ihre Gruppe deutlicher hinter ihrem Rücken hervortrat.

»Und du, Charlene? Was macht deine Gruppe?« fragte ich.

»Wir sind Berichterstatter, Forscher, Journalisten«, sagte sie lächelnd. »Unsere wahre Aufgabe besteht darin, der tieferen Wahrheit hinter den offensichtlichen Geschichten auf den Grund zu gehen, den tieferen Sinn zu offenbaren, die höhere Bedeutung einer Ereignisfolge freizulegen, wie wir es jetzt auch in dieser Runde tun.«

Joel kam mir dabei wieder in den Sinn, besonders sein weltmüder

Zynismus. »Kaum vorstellbar, daß unsere Journalisten geschlossen in diese Richtung gehen«, sagte ich.

»Tun sie auch nicht, jedenfalls noch nicht«, sagte Charlene. »Aber es ist das Ideal, das in dieser Berufssparte angestrebt wird. Und es ist unsere wahre Bestimmung, sobald wir mehr Sicherheit in uns selbst gefunden haben und das alte Weltbild abschütteln können, in dem es nur um Profite und persönliche »Siege« geht, also um Energiezufuhr und soziale Anerkennung.

Ich wollte in meine Familie hineingeboren werden, weil die meisten meiner Verwandten so wißbegierig waren. Diesen Wissensdurst habe ich von ihnen übernommen. Deshalb habe ich später jahrelang als Reporterin gearbeitet und danach Recherchen in einem Forschungskonzern gemacht. Ich wollte die ethischen Grundlagen der Berichterstattung zu einem öffentlichen Thema machen und danach mit der ganzen ...«

Sie verstummte und blickte gedankenverloren auf den Höhlenboden. Dann weiteten sich ihre Augen, und sie sagte: »Ich weiß, wie man sich an die globale Vision erinnert: Wenn jeder von uns seine Absichten vor der Geburt erkennt und diese Visionen dann in die ganze Gruppe eingebracht werden, verschmelzen die Visionen in der anderen Dimension zu einer einzigen, zu der wir alle Zugang haben, und damit sehen wir irgendwann die große, globale Vision.«

Wir blickten sie fragend an.

»Ihr müßt den Gesamtzusammenhang sehen«, sagte sie. »Jeder Mensch auf der Erde gehört zu einer Seelengruppe, und diese Seelengruppen repräsentieren die verschiedenen Berufssparten auf der Erde: Mediziner, Juristen, Buchhalter, Computerfachkräfte, Bauern – jedes erdenkliche Betätigungsfeld. Sobald ein Mensch eine Arbeit gefunden hat, die ihm wirklich liegt, arbeitet er mit anderen Mitgliedern seiner Seelengruppe zusammen.

Und wenn mehr und mehr Berufstätige sich jetzt an ihre Geburtsvisionen erinnern und ihren ursprünglich beabsichtigten Platz im Gesamtgefüge einnehmen, werden die irdischen Mitglieder ihrer Berufsgruppen ebenfalls nach und nach auf ihre Seelengruppe im

Jenseits aufmerksam gemacht, worauf jede Berufsgruppe auf der Erde ihre wahren Aufgaben viel leichter erkennen und verwirklichen kann.«

Wir sahen Charlene fasziniert an.

»Nehmt die Journalisten als Beispiel«, fuhr sie fort. »Wir wollten seit Menschengedenken schon möglichst genau wissen, was die anderen Mitglieder unserer Gesellschaft treiben. Vor ein paar Jahrhunderten haben wir dieses Interesse zu einem Berufsstand erhoben und seitdem versucht, immer weitere Kreise mit unseren Reportagen zu erreichen. Aber wie alle anderen auch waren wir von großer Unsicherheit erfüllt. Wir haben geglaubt, unser Augenmerk auf die jeweils sensationellsten Geschichten richten zu müssen, um Aufmerksamkeit zu erregen und die Energie der Mitmenschen zu stehlen.

Aber das hat nichts mit unserer eigentlichen Bestimmung zu tun. Unsere Aufgabe besteht darin, die Wahrnehmungsfähigkeit zu vertiefen, also den Geist einer Geschichte oder eines Menschen *für wahr zu nehmen*. Wir haben den Auftrag, zu erkennen, was die verschiedenen Seelengruppen und die inkarnierten Individuen innerhalb dieser Gruppen tun und unsere Erkenntnisse weiterzugeben.

Das gleiche gilt für alle anderen Berufsgruppen. Alle müssen sich an ihre wahre Bestimmung erinnern. Wenn das überall auf dem Planeten geschieht, kommen wir insgesamt einen Riesenschritt weiter. Und selbstverständlich findet dabei ein reger Austausch zwischen den verschiedenen Gruppen statt, wie es bei uns hier auch der Fall ist. Ist euch bewußt, daß jeder von uns eine Botschaft aus seiner Geburtsvision mitgebracht hat, die alle anderen bereichert und unser Energieniveau steigert? Dadurch können wir nicht nur die menschliche Gesellschaft verändern, sondern auch Dinge, die im Jenseits existieren.

Erstens erleichtern wir unseren Seelengruppen damit den Kontakt zur irdischen Dimension, und zweitens gleichen sich die Vibrationen der beiden Existenzebenen einander an, was bedeutet, daß die Kommunikation zwischen Diesseits und Jenseits ungleich viel reibungsloser vonstatten geht. Immer mehr Menschen werden imstande sein, die Seelen wahrzunehmen und ihr Wissen sowie ihre Erinnerungen abzurufen – was ohnehin schon mit immer größerer Regelmäßigkeit hier auf der Erde geschieht.«

Während Charlene sprach, sah ich, daß die Seelengruppen hinter jedem einzelnen von uns voluminöser wurden und ineinander übergingen, bis sie einen lückenlosen Lichtkreis rings um uns her bildeten. Der Anblick vertiefte mein Gefühl, Zugang zu einem schier unermeßlichen Bewußtsein gefunden zu haben.

Charlene schien das gleiche zu empfinden. Sie atmete hörbar ein und sprach dann mit noch größerer Kraft weiter.

»Dabei treten auch die Seelen im Jenseits immer mehr in ein gemeinsames Resonanzfeld. Und aus diesem Grund steht die Erde im Mittelpunkt zahlloser Seelen im Himmelreich. Von sich aus können sie keine Verbindung miteinander herstellen. Die einzelnen Seelengruppen bleiben getrennt, weil alle in ihren eigenen, oft sehr unterschiedlichen Vorstellungswelten leben, die sich augenblicklich manifestieren und genauso schnell wieder auflösen. Also weist ihre Realität keinen erkennbaren Zusammenhang auf. Im Jenseits gibt es keine Naturgesetze, wie wir sie kennen, keine atomare Struktur, die für eine stabile Grundlage sorgt, keinen gleichbleibenden Hintergrund, der allen in der physischen Dimension vertraut ist. Als Mensch haben wir eine Wirkung darauf, was vor diesem Hintergrund passiert, aber unsere Vorstellungen manifestieren sich ungleich viel langsamer, deshalb ist es so wichtig, daß wir zu einer globalen Übereinkunft kommen, was in der Zukunft geschehen soll. Durch diese Übereinkunft, diese einheitliche Zukunftsvision auf der Erde, werden die Seelengruppen des Jenseits ebenfalls miteinander verbunden. Deshalb wird der irdischen Seinsebene die größte Aufmerksamkeit gewidmet, denn in dieser Dimension findet die Vereinigung statt, nach der alle Seelen sich von Beginn an gesehnt haben.

Und damit sind wir am Ziel der langen historischen Reise der Menschheit. Die Seelengruppen im Jenseits können die globale Vision ohne Schwierigkeiten nachvollziehen und sehen, wie die

Dimensionen miteinander verschmolzen werden können, aber dieses Werk kann nur von Individuen auf der irdischen Ebene vollbracht werden, die bereit sind, die Menschheit dahingehend zu beeinflussen und diese Entwicklung persönlich voranzutreiben. Die physische Arena ist eine gewaltige Bühne, auf der sich die Evolution beider Dimensionen abspielt, und jetzt steuern wir einem Höhepunkt zu, indem wir uns bewußtmachen, was eigentlich aufgeführt werden soll!«

Sie deutete auf jeden in der Runde mit einer kreisenden Bewegung ihres Zeigefingers. »Dieses Bewußtsein rufen wir uns alle – jetzt – ins Gedächtnis, und dieses Bewußtsein wird von anderen Gruppen überall auf der Erde hervorkommen. Jede Gruppe empfängt einen Teil dieser globalen Vision, und wenn wir unser Wissen austauschen und unsere Seelengruppen miteinander verbinden, sind wir in der Lage, das vollständige Bild ins Bewußtsein der Allgemeinheit ...«

Charlene wurde von einem leichten Beben unter dem Höhlenboden unterbrochen. Von der Decke rieselte Staub herab, gleichzeitig hörten wir den Summton, nur war er diesmal nicht unerträglich dissonant, sondern klang beinahe harmonisch.

»O Gott«, stieß Curtis hervor. »Sie haben die Eichungen präzisiert – fast perfektioniert! Wir müssen sie in ihrem Bunker erwischen.« Er war aufgestanden, und das Energieniveau der Gruppe fiel schlagartig.

»Halt, warte«, sagte ich. »Was wollen wir dort bewirken? Draußen ist es noch ein paar Stunden lang hell, also ist es viel zu gefährlich, zu dem Bunker zu laufen. Wir sind schon so weit gekommen. Nun sollten wir hierbleiben, damit wir den Rest der Vorgänge herausfinden können, um die globale Vision zu sehen.« Noch während ich die Worte aussprach, sah ich uns alle in der Finsternis des Tals.

»Wir haben keine Zeit mehr zu verlieren«, sagte Curtis. »Sie stehen kurz vor ihrem Ziel. Wenn irgend jemand eingreifen kann, sind wir es. Und wir müssen es jetzt tun.«

Ich durchbohrte ihn mit meinem Blick. »Du selbst hast gesagt, daß sie Charlene umbringen wollten. Wenn sie uns gefangennehmen, fordern wir dasselbe Schicksal heraus.«

Maya vergrub den Kopf in den Händen. Curtis starrte zum Höhleneingang hinaus, um mit der Panik fertig zu werden.

»Also, ich gehe jetzt«, sagte Curtis schließlich.

Charlene beugte sich vor. »Ich meine, wir sollten zusammenbleiben.«

Einen Augenblick lang sah ich sie in ihrer perlenbestickten Indianertracht im unberührten Wald des neunzehnten Jahrhunderts sitzen. Dann verschwand das Bild.

Maya erhob sich und sagte: »Charlene hat recht. Wir müssen zusammenbleiben. Vielleicht hilft es uns weiter, wenn wir herauskriegen, was in dem Bunker da unten vor sich geht.«

Ich starrte durch das Felsenloch nach draußen und spürte Angst und Unwillen tief in meinen Eingeweiden aufsteigen. »Was geschieht mit dem … dem ›Operateur‹ da draußen?«

»Wir bringen ihn in die Höhle«, sagte Curtis, bereits im Begriff, genau das zu tun. »Morgen schicken wir jemanden vorbei, um ihn abzuholen – wenn wir können.«

Ich wechselte einen Blick mit Charlene und nickte.

Erinnerung an die Zukunft

Wir knieten am Rand eines Hügels und spähten vorsichtig nach unten, auf den Fuß eines breiteren Hügelkamms. Im schwachen Licht der Abenddämmerung konnte ich weder eine Bewegung noch irgendwelche Wachposten entdecken. Das Summen, das wir während unseres vierzigminütigen Fußmarsches nahezu ununterbrochen gehört hatten, war jetzt verstummt.

»Bist du sicher, daß wir den richtigen Platz gefunden haben?« fragte ich Curtis.

»Ja. Siehst du die vier großen Felsbrocken in ungefähr zwanzig Metern Höhe auf dem Abhang dort drüben? Der Eingang liegt genau darunter, zwischen den Büschen versteckt. Rechts davon siehst du gerade noch den oberen Rand der Parabolantenne. Sie scheint wieder funktionsfähig zu sein.«

»Ich sehe es«, sagte Maya.

»Wo sind die Sicherheitsbeamten?« fragte ich Curtis. »Womöglich hat Feyman diesen Platz inzwischen aufgegeben.«

Wir beobachteten den Bunkereingang eine knappe Stunde lang, ohne Anzeichen irgendeiner Aktivität entdecken zu können. Während wir auf den Einbruch der Dunkelheit warteten, bewegten wir uns kaum und wechselten nur wenige Worte. Doch plötzlich hörten wir Geräusche hinter uns, Handlampen wurden angeknipst, deren Lichtkegel uns jetzt trafen. Dahinter sahen wir die schattenhaften Umrisse von vier Männern aus dem Dickicht hervorkommen. Mit vorgehaltenen Schußwaffen wurden wir aufgefordert, die

Hände zu heben und uns zu ergeben. Nachdem sie unser Gepäck zehn Minuten lang durchsucht hatten, tasteten sie jeden einzelnen von uns gründlich ab und trieben uns dann den Hügel herunter und auf der anderen Seite wieder hoch, bis zum Eingang des Bunkers.

Die schwere Tür öffnete sich. Feyman schoß dahinter hervor und blaffte: »Sind das die Leute, die wir gesucht haben? Wo habt ihr sie gefunden?«

Einer der Wächter erklärte ihm den Sachverhalt, während Feyman nervös den Kopf schüttelte und versuchte, uns zwischen den Lichtbahnen der Handlampen ins Auge zu fassen. Dann trat er näher und schnauzte: »Was habt ihr hier zu suchen?«

»Wir wollen ein ernstes Wort mit Dir wechseln«, gab Curtis zurück.

Feyman bemühte sich, Curtis wiederzuerkennen. »Wer bist du?« Die Lampe eines Wächters richtete sich auf Curtis und erhellte sein Gesicht.

»Curtis Webber ... verflucht noch mal«, sagte Feyman. »Du hast unsere Parabolantenne in die Luft gejagt, stimmt's?«

»Du mußt uns anhören«, entgegnete Curtis. »Du weißt genau, wie gefährlich es ist, in diesen Frequenzbereichen herumzuspielen. Dabei kann das ganze Tal in die Luft gejagt werden!«

»Webber, du bist schon immer ein notorischer Schwarzseher gewesen. Deshalb haben wir dich damals schon bei DelTech gehen lassen. Ich habe mich viel zu lange mit diesem Projekt hier befaßt, um jetzt noch auf Leute wie dich zu hören. Die Anlage funktioniert, und zwar genau so, wie ich es geplant habe.«

»Feyman, das Risiko ist unabsehbar. Warum konzentrierst du dich nicht auf die Entwicklung der Mini-Generatoren für einzelne Häuser und Fabriken? Warum muß die Energieabgabe bis ins Unermeßliche gesteigert werden? »

»Das ist meine Sache. Ich warne dich: Halte dich da raus.«

Curtis trat einen Schritt näher an ihn heran. »Du willst die Energiegewinnung zentral steuern und überwachen, damit du die Kontrolle behalten kannst. Das ist gewissenlos.«

Feyman lächelte. »Das neue Energiegewinnungssystem muß Schritt für Schritt eingeführt werden. Schließlich kann die Wirtschaft nicht über Nacht von einem Energieetat in Milliardenhöhe zu praktisch Null übergehen. Das plötzlich freigewordene Geld würde eine weltweite Inflation auslösen und eine massive Gegenreaktion in Gang setzen, wonach wir uns auf eine Weltwirtschaftskrise gefaßt machen können.«

»Du weißt, daß diese Rechnung nicht aufgeht«, entgegnete Curtis. »Ein massiver Preissturz der Energiekosten würde es ermöglichen, weltweit mehr Güter zu niedrigeren Preisen auf den Markt zu bringen. Von Inflation kann dabei keine Rede sein. In Wahrheit hast du vor, in deine eigene Tasche zu arbeiten. Du willst die Herstellung zentralisieren, damit du Mengen und Preise kontrollieren kannst, trotz der offensichtlichen Gefahren.«

Feyman starrte Curtis wütend an. »Herrgott, wie naiv du bist! Glaubst du, daß die Interessengruppen, die wirklich Einfluß auf die Kontrolle der Preise haben, eine schlagartige Umstellung auf eine billige Energiequelle zulassen? Natürlich nicht! *Wenn* eine Umstellung stattfinden soll, dann nur mit einem zentral gesteuerten Produktions- und Vertriebssystem. Und für diese Erkenntnis wird man mir eines Tages noch dankbar sein. Es ist meine Aufgabe, dafür zu sorgen.«

»Nein«, entfuhr es mir. »Sie haben die Aufgabe, mit *uns* zusammenzuarbeiten.«

Feymans Kopf schnellte in meine Richtung. »Ruhe! Habt ihr gehört?« Seine Augen ruhten jetzt auf Charlene. »Wo ist der Mann, den ich dir … mitgegeben habe?«

Charlene blickte zur Seite und antwortete nicht.

»Das muß ich mir nicht bieten lassen!« Kalte Wut schwang in Feymans Stimme. »Macht euch Gedanken über eure Überlebenschancen, nicht über die Wirtschaft.« Er verstummte, um uns kopfschüttelnd zu betrachten, dann ging er zu einem der Wachposten und sagte: »Halte sie hier zusammen fest, bis alles vorbei ist. Wir brauchen noch eine Stunde, vielleicht weniger. Wenn sie Dummheiten machen, erschieße sie.« Dann verschwand er im Bunker und ließ die Tür hinter sich zufallen.

Einer der Wächter beriet sich halblaut mit seinen drei Kollegen, worauf sie uns im Abstand von etwa zehn Metern umringten.

»Hinsetzen«, befahl einer von ihnen in einem fremdländischen Akzent.

Wir setzten uns in der Dunkelheit im Kreis auf den Boden. Unsere Energie war dem Tiefpunkt nahe. Seitdem wir die Höhle verlassen hatten, waren auch die Seelengruppen spurlos verschwunden.

»Was sollen wir machen?« raunte ich Charlene zu.

»Wie immer«, wisperte sie zurück. »Langsam Energie aufbauen.«

Die Lichtkegel der Handlampen streiften abwechselnd über unsere Gesichter hin. Wir saßen in einem engen Kreis beieinander und hielten uns die Hände schützend vor den Mund, wenn wir etwas sagen wollten.

Curtis flüsterte: »Wir müssen fliehen. Ich glaube, sie bringen uns sonst um.«

Kurz darauf fiel mir eine Szene aus Feymans Geburtsvision ein: Er hatte sich mit der Gruppe zusammen in der Dunkelheit im Wald gesehen. Die Stelle zeichnete sich durch irgendeine Markierung aus, an die ich mich jedoch nicht mehr erinnern konnte.

»Nein«, sagte ich. »Ich glaube, wir müssen von hier aus tun, was wir können.«

In dem Moment ertönte ein unendlich hohes Summen, den früheren Tonschwingungen nur noch entfernt ähnlich, beinahe angenehm für das menschliche Ohr. Wieder erbebte der Boden unter uns.

»Wir müssen unsere Energie steigern. Sofort«, flüsterte Maya.

»Ich glaube nicht, daß ich das hier kann«, knurrte Curtis.

»Doch. Du mußt es können«, stieß ich hervor.

»Schaut euch gegenseitig an, wie wir es in der Höhle getan haben«, sagte Maya.

Ich bemühte mich, die unheimliche Umgebung soweit wie möglich auszuschalten und zur innewohnenden Liebe zurückzufinden.

Die Schönheit der Gesichter in meinem Kreis half mir, das irritierende Spiel der Lichtkegel zu ignorieren. Während ich das höhere Selbst meiner Freunde zu erfassen versuchte, veränderte sich meine Sichtweise von den Lichtverhältnissen, und bald sah ich alle Gesichtszüge mit einer Deutlichkeit und Schärfe, als würde ich durch eine Infrarotlinse blicken.

»Was sollen wir visualisieren?« fragte Curtis verzweifelt.

»Unsere Geburtsvisionen«, sagte Maya. »Wir müssen uns daran erinnern, warum wir hier sind.«

Plötzlich schwankte die Erde wie verrückt hin und her, und der Summton entgleiste zu einer schrillen, nervenzerfetzenden Schwingung.

Wir rückten noch näher aneinander heran und sammelten alle unsere Kräfte. Um der Negativität aktive Schranken zu setzen, riefen wir Bilder des Widerstands gegen das Experiment hervor. Dabei stieg ein Bild von Feyman in mir auf, in dem er nach hinten geschleudert wurde, während seine Gerätschaften explodierten und in Flammen aufgingen und seine Kollegen die Flucht ergriffen.

Eine weitere Dissonanz unterbrach meine Konzentration. Das Experiment wurde fortgesetzt. Dreißig Meter entfernt von uns knickte eine hohe Tanne um und krachte zu Boden. Mit einem Tosen und einer Staubwolke öffnete sich eine fast zwei Meter breite Erdspalte zwischen uns und dem Wächter zu unserer Rechten. Er sprang mit einem Aufschrei zurück, wobei der Strahl seiner Handlampe noch einmal gegen den dunklen Nachthimmel aufzuckte.

»Halt, halt, so geht es nicht«, schrie Maya.

Ein Baum weiter links sank donnernd zur Erde, die unter uns hinwegrutschte.

Maya sprang wieder auf die Füße und schrie: »Ich muß hier weg!« Sie rannte nordwärts in die Dunkelheit hinein. Der Wächter auf ihrer Seite krümmte sich auf dem bebenden Boden, rollte sich aber sofort auf die Knie und richtete seinen Lichtkegel auf ihre Gestalt. Jetzt zückte er seine Schußwaffe.

»Nein! Halt!« brüllte ich.

Maya drehte sich im Laufen um und sah, daß der Mann sie genau in seiner Schußlinie hatte. Dann verlangsamte sich alles, und während der Mann feuerte, sah ich, daß die Todeserwartung ihr im Gesicht geschrieben stand. In den nächsten Sekundenbruchteilen hätten ihr Rücken und ihre linke Seite von mehreren Kugeln zerfetzt werden müssen. Doch es schob sich etwas nebelhaft Weißes vor ihre flüchtende Gestalt und ließ sie unversehrt davonkommen. Maya zögerte noch einmal, dann verschwand sie in der Finsternis.

Unterdessen war Charlene aufgesprungen und benutzte die Gelegenheit, um in nordöstlicher Richtung in die Staubwolken hineinzurasen, was offenbar von keinem der Wächter bemerkt wurde.

Ich setzte ebenfalls zum Sprung in eine andere Richtung an, aber der Wächter, der auf Maya geschossen hatte, schwang seine Waffe herum und zielte auf mich. Curtis packte meine Beine und riß mich zu Boden.

Hinter uns öffnete sich die Bunkertür, und Feyman rannte laut fluchend zur Parabolantenne herüber, um sie neu einzustellen. Inzwischen schien die Erde sich beruhigt zu haben und vibrierte nur noch leicht.

»Um Gottes willen, Feyman«, brüllte Curtis zu ihm hinüber. »Jetzt hör auf mit diesem Irrsinn!«

Feymans Gesicht und Anzug waren staubbedeckt. Mit einer unheimlichen Ruhe sagte er, während er auf uns zukam: »Das kriegen wir alles in den Griff.«

Die Wachposten hatten sich erhoben und klopften sich den Staub ab. Feyman sah, daß Maya und Charlene verschwunden waren, aber bevor er etwas sagen konnte, kehrte die Tonfrequenz mit einer nervenzerfetzenden Gewalt zurück und tobte über die Erde hinweg, die sich, wie es schien, jetzt fußhoch aufbäumte und uns alle wieder zu Boden riß. Von allen Seiten kamen herabstürzende Äste und Steine, so daß die Wächter dem Bunkereingang so schnell sie konnten entgegentaumelten.

»Los«, sagte Curtis direkt neben mir. »Weg hier!«

Ich blieb wie gelähmt liegen. Er riß mich auf die Füße, schrie mich an: »Komm! Weg hier!« Meine unkontrollierbar zitternden Beine setzten sich in Bewegung, und wir rannten dem Norden entgegen, wo Maya verschwunden war.

Unter unseren Füßen zuckte die Erde noch ein paarmal auf, dann verstummte auch der langsam leiser werdende Ton. Wir wanderten im schwachen Mondlicht durch dichten Wald und legten mehrere Meilen zurück, bis wir an einen kleinen Fichtenhain kamen.

»Glaubst du, daß sie uns folgen?« fragte ich Curtis, der an meiner Seite unter Tannenzweigen hockte.

»Ja. Sie können es nicht riskieren, daß einer von uns in die Stadt zurückgelangt. Ich nehme an, sie haben »Operateure« auf allen Waldwegen und Landstraßen postiert.«

Während er sprach, sah ich die Wasserfälle deutlich vor mir. Dabei ging mir auf, daß die Kaskaden in Feymans Geburtsvision aufgetaucht waren und es die Stelle war, die ich mir vorher nicht ins Gedächtnis rufen konnte.

»Wir müssen nach Nordwesten gehen, zu den Wasserfällen«, sagte ich.

Er nickte und erhob sich stumm. Dann marschierten wir so lautlos wie möglich in die Richtung, überquerten den Bachlauf und näherten uns der Schlucht von Sipsey Canyon. In Abständen hielt Curtis an und verwischte unsere Fußspuren. Während einer Ruhepause drangen entfernte Motorengeräusche aus dem Südosten zu uns herüber.

Nach einer weiteren Meile sah ich die mondbeschienenen Steilhänge der Schlucht in der Ferne. Wir steuerten auf den Eingang des Canyons zu, und Curtis ging vor mir am Ufer des Bauchlaufs entlang. Plötzlich sprang er entsetzt zurück. Eine Person kam links hinter einem Baum hervor und schrie ihrerseits laut auf, schwankte und war nahe daran, in den Bach zu fallen.

»Maya!« rief ich laut aus, denn ich hatte sie sofort erkannt.

Curtis konnte sie gerade noch auffangen, während Steine und Kiesel unter ihren Füßen ins Wasser rutschten.

Sie umarmte Curtis fest und streckte mir dann die Arme entgegen. »Ich muß mich für meine Panikattacke vorhin entschuldigen. Ich habe es einfach nicht mehr ausgehalten und bin den Wasserfällen entgegengerannt, weil du von der Stelle gesprochen hast. Ich habe die ganze Zeit nur gebetet, daß ihr auch heil davonkommt.«

Sie lehnte sich laut atmend gegen einen Baumstamm und fragte dann: »Was ist eigentlich passiert, als der Wächter auf mich geschossen hat? Ich habe etwas Weißes an mir vorbeihuschen sehen, und dabei sind die Kugeln wohl irgendwie abgelenkt worden.«

Curtis und ich wechselten einen vielsagenden Blick.

»Ich weiß auch nicht, wie es möglich war«, sagte ich.

»Ich wurde absolut ruhig dabei«, fuhr Maya fort. »Es war eine Ruhe …, wie ich sie noch nie erlebt habe.«

Wir schauten uns schweigend an. In der Stille vernahm ich das unverwechselbare Geräusch von leisen Fußschritten.

»Da ist jemand«, flüsterte ich. Wir gingen in die Hocke und warteten. Zehn Minuten vergingen. Dann brach Charlene plötzlich aus dem Wald hervor, stolperte uns entgegen und sank auf die Knie.

»Gott sei Dank, ihr seid hier«, stieß sie hervor. »Wie habt ihr es fertiggebracht …?«

»Wir konnten während des Durcheinanders beim zweiten großen Beben fliehen«, sagte ich.

Charlene schaute mir tief in die Augen. »Ich habe vermutet, daß du hierherkommst, deshalb bin ich in Richtung der Wasserfälle gelaufen, obwohl ich nicht sicher war, daß ich sie in der Dunkelheit wiederfinden würde.«

Maya war ein paar Schritte vorausgegangen und wies nun auf die Mündung der Schlucht, wo wir zwischen Gräsern und Felsbrocken am Bachufer Platz nehmen sollten.

Dort angekommen, bedeutete sie uns mit Handbewegungen, Platz zu nehmen und sagte: »Hier könnten wir es jetzt noch einmal versuchen.«

»Was?« fragte Curtis. »Hier können wir nicht lange bleiben. Sie suchen garantiert nach uns.«

Ich hatte das Gefühl, direkt zu den Wasserfällen gehen zu müssen, aber Maya wirkte so energiegeladen, daß ich statt dessen fragte: »Was haben wir beim Bunker deiner Ansicht nach falsch gemacht?«

»Ich bin mir nicht sicher, aber vielleicht ist unsere Gruppe nicht groß genug, du hast von sieben gesprochen. Oder die Angst ist einfach zu groß.«

Charlene ergriff das Wort: »Wir müssen uns an die Energie erinnern, die wir in der Höhle gehabt haben, was bedeutet, daß jeder von uns erst mal in sich gehen muß.«

Minutenlang versenkte sich jeder in sein Inneres hinein, bis Maya sagte: »Und jetzt können wir uns auf den Wesenskern der anderen besinnen und uns gegenseitig Kraft geben.«

Wir atmeten mehrmals tief durch und betrachteten die Gesichter in der Runde. Es dauerte eine Weile, dann sah ich das Licht der reinen Seelen hinter den Gesichtszügen deutlicher hervortreten. Daraufhin stieg eine vertraute Welle der Euphorie in mir auf, und als ich mich umdrehte, erkannte ich das schwache Schimmern der Seelengruppe hinter mir.

Bei ihrem Anblick weitete sich mein Bewußtsein schlagartig, und dabei erkannte ich die Seelengruppen hinter den anderen ebenfalls, die noch nicht miteinander verschmolzen waren.

Maya fing meinen Blick auf, schaute mich mit vollkommener Offenheit an, und in dem Augenblick kam es mir vor, als hätte sich ihre ursprüngliche Absicht für dieses Leben wie eine subtile Ausdrucksform auf ihrem Gesicht niedergeschlagen. Ihre Mission war eindeutig: Alles, was sie jemals erlebt hatte, war eine Vorbereitung gewesen.

Sie sagte: »Fühlt, wie die Atome in euren Körperzellen eine höhere Vibrationsstufe erreichen.«

Ich warf einen Blick auf Charlene und erkannte dieselbe ursprüngliche Reinheit in ihren Gesichtszügen.

»Merkt ihr, was hier vor sich geht?« fragte Charlene. »Wir erkennen uns gegenseitig als das, was wir wirklich sind, ohne irgendwelche emotionalen Projektionen oder Verzerrungen.«

»Ja, so ist es«, sagte Curtis. Sein Gesicht leuchtete förmlich und strahlte große Sicherheit aus.

Minutenlang sprach niemand ein Wort. Ich schloß die Augen, weil das Kraftfeld unentwegt stärker wurde.

»Schaut euch das an«, sagte Charlene plötzlich in die Stille hinein. Sie deutete mit dem Finger auf die Seelengruppen rings um uns her.

Die Gruppen waren soeben dabei, miteinander zu verschmelzen, wie sie es schon in der Höhle getan hatten. Ich blickte Charlene an, dann Curtis und Maya. In ihren Gesichtern spiegelte sich etwas urtümlich Menschliches, etwas, das vom Ursprung an in den Zügen jedes Menschenwesens gelegen hatte.

»Das ist es!« brach es aus mir hervor. »Wir sind dabei, den nächsten Schritt zu tun und eine noch vollständigere Vision der Menschheitsgeschichte zu erfahren.«

Auf der Stelle tauchte ein gigantisches Hologramm vor uns auf, welches die Entwicklungsgeschichte vom äußersten Anbeginn bis zum fernsten Ende zu enthalten schien. Ich bemerkte, daß das Bild vor mir der Vision ähnelte, die ich bereits früher schon einmal gehabt hatte. Diesmal jedoch begann die Entwicklungsgeschichte sehr viel früher, mit der Geburt des Universums.

Vor unseren Augen explodierte der erste Urstoff ins All, formte Gasbälle und Sterne, die lebten und starben und dabei die enorme Vielzahl der Elemente ausspien, aus denen sich irgendwann auch die Erde formte. Diese Elemente vereinten sich in der frühen Erdatmosphäre, um immer komplexere Substanzen hervorzubringen, bis einige zum organischen Leben übersprangen – ein Leben, das seinerseits nach immer größerer Ordnung und Bewußtheit strebte, als würde es einem übergeordneten Plan folgen. Mehrzellige Organismen wurden Fische, und Fische entwickelten sich zu Amphibien, und Amphibien wurden zu Reptilien und Vögeln und letztlich zu Säugetieren.

An diesem Punkt tat sich mit einem Mal ein Einblick in die jenseitige Dimension vor uns auf, und augenblicklich verstand ich, daß ein Aspekt jeder Seele und jedes Menschenwesens, das je gelebt hat, an dieser langwierigen, unendlich mühevollen Entwicklungsgeschichte teilgenommen hat. Wir sind dereinst als Fische geschwommen, sind als Amphibien ans Land gekrochen und haben als Reptilien, Vögel und Säugetiere um unser Überleben gekämpft. Wir haben uns jeden Schritt erkämpft, um uns letztlich zu menschlichen Wesen zu entwickeln – und zwar mit Absicht.

Wir wußten, daß wir im Lauf von unzähligen Generationen immer wieder zur Erde zurückkehren würden und, ganz gleich, wie lange es auch dauern mochte, dabei dem Erwachen entgegenstreben mußten, der Vereinigung, in einem Bewußtsein, das die Geisteskultur des Jenseits auf die Erde überträgt. Ja, es war ein langer, oft auch qualvoller Weg. Mit der ersten Ahnung von einem Erwachen spürten wir die Angst vor dem Alleinsein und vor der Trennung. Aber wir wollten nicht tiefer in den Schlaf zurückfallen, sondern durch die Angst hindurch voranschreiten und der vagen Intuition vertrauen, die uns eingab, daß wir nicht allein waren, sondern geistige Wesen in einer großen Gemeinschaft und daß unsere Anwesenheit auf diesem Planeten einen spirituellen Grund hatte.

Immer wollten wir dem Drängen des innewohnenden Evolutionstriebs folgen und zunehmend komplexe Lebensgemeinschaften bilden, uns beruflich differenzieren. Wir versuchten das Bedürfnis zu überwinden, uns gegenseitig zu erobern, zu peinigen und zu vernichten, und entwickelten irgendwann demokratische Umgangsformen, durch die neue Entdeckungen gefahrlos verbreitet und allenthalben noch tiefere Wahrheiten ausgetauscht werden konnten. Eines Tages wollten wir Halt und Sicherheit aus uns selbst schöpfen, denn von Anfang an strebten wir danach, über den Glauben an viele Götter und selbst über die Hinwendung zu einem einzigen Gottvater hinauszugehen, um dem Heiligen Geist in uns selbst endlich bewußten Ausdruck zu verleihen.

Wir empfingen höhere Weisheiten und legten diese in Schriftform nieder, als einen symbolischen Ausdruck unserer Herzensbindung zur Gotteskraft, die schließlich auch unsere Zukunft bestimmen sollte. Visionäre aus Ost und West wiesen darauf hin, daß der Heilige Geist immer und überall ist, jederzeit zugänglich, und nur verlangt, daß wir uns nach innen kehren, eine Form der Reue aufbringen und die Blockierungen lösen, die unsere Kommunion mit dem Heiligen Geist verhindern.

Wir wußten, daß der Drang, uns miteinander zu verbinden und Gedankengut auszutauschen, mit der Zeit zur Gründung von spezifischen Gemeinschaften führen mußte, zunächst auf geographische Abschnitte beschränkt, die sich dann zu politischen Nationalstaaten heranbildeten und alle eine einzigartige Lebensauffassung vertraten. Bald darauf würde der Austausch und Handel explosionsartige Fortschritte machen, die wissenschaftliche Vorgehensweise würde Verbreitung finden, und die damit ermöglichten Errungenschaften würden eine Ära der rein materiellen Expansion in die Wege leiten: die Industrielle Revolution.

Durch das weltweite ökonomische Netzwerk unserer Handelsbeziehungen wurde uns nun ein globaleres Erwachen ermöglicht, eine tiefere Erinnerung an unsere wahre Wesensnatur. Die Erkenntnisse würden allmählich in das Bewußtsein von Millionen vordringen, worauf wir unsere wirtschaftliche Entwicklung den Bedürfnissen der Umwelt anglichen, um danach endlich auch über die letzte Polarisierung der beiden gegensätzlichen Kräfte hinauszugehen und eine neue spirituelle Weltanschauung auf dem Planeten zu verbreiten.

Hier warf ich einen kurzen Blick auf meine Freunde. Ihren Gesichtern konnte ich entnehmen, daß sie die Vision mit mir teilten. In einer einzigen Offenbarung war uns die Progression des menschlichen Bewußtseins vom ersten Ursprung an bis zur Gegenwart gezeigt worden.

Im nächsten Augenblick wurde uns die Polarisierung in plastischen, dreidimensionalen Bildern vorgeführt. Alle Menschen auf der Erde strebten mit wachsender Geschwindigkeit dem einen oder anderen Pol entgegen: Die eine Seite strebte auf eine erst vage, dann immer klarer umrissene Transformationsvision zu, während die andere Seite aktiven Widerstand leistete, von der Schreckensvision ergriffen, daß bedeutsame Wertvorstellungen innerhalb des alten Weltbildes zum Untergang verurteilt waren.

Wir sahen, daß die Seelen im Jenseits diesen Konflikt als die derzeit größte Herausforderung für die Menschheit betrachteten – und dies um so mehr, sollte die Polarisierung extreme Ausmaße annehmen. In diesem Szenenbild würden beide Seiten sich in irrationale Projektionen hineinsteigern und die jeweils andere Sichtweise verdammen, oder schlimmer noch, den Endzeitpropheten Glauben schenken und davon ausgehen, daß die Zukunft nicht mehr geändert werden konnte, worauf man sich resigniert dem scheinbar unabwendbaren Untergang preisgab.

Dabei wurde uns deutlich gezeigt, daß wir schon immer die Absicht hatten, den tieferen Wahrheitsgehalt in diesen Untergangsprophezeiungen freizulegen. Die Visionen von Daniel und die Geschichte der Offenbarungen waren göttliche Eingebungen gewesen, die aus dem Jenseits kamen und symbolhaft in Worte gekleidet wurden. Die Prophezeiungen künden von einem Ende der menschlichen Geschichte auf Erden, aber einem Ende, das die Gläubigen völlig anders erfahren als die Ungläubigen.

In den Visionen der biblischen Propheten erleben die Ungläubigen eine Endzeit, die mit entsetzlichen Katastrophen und weltweitem Chaos eingeläutet wird, worauf ein starker Herrscher an die Macht kommt und Ordnung schafft, dafür aber zahllose Menschen versklavt und ihnen »das Merkmal der Bestie« einpflanzt, durch das sie von ihm erkannt und kontrolliert werden können. Dann ernennt dieser Antichrist sich selbst zum Gott und führt seine Untertanen in einen Krieg nach dem anderen, erst gegen die Mächte des Islam, dann gegen die Juden und Christen, bis schließlich die ganze Welt in der Feuersbrunst des biblischen Entscheidungskampfes untergeht.

Den Gläubigen hingegen wurde ein sehr viel annehmlicheres Ende der Menschheitsgeschichte vorausgesagt: Da sie den Geist Gottes nicht leugnen, werden ihnen geistige Körper verliehen, in denen sie zu einer himmlischen Seinsebene emporgehoben werden, die »das neue Jerusalem« genannt wurde, doch können sie in dieser Form jederzeit auch wieder zur Erde hinabsteigen. Dann, an einem bestimmten Zeitpunkt im Kriegsverlauf, steigt Gott selbst zur Erde hernieder, um den Kampf zu beenden und ein tausendjähriges Friedensreich zu gründen, in dem es weder Krankheit noch Tod geben wird, denn alles ist völlig verwandelt, selbst die Tiere der Erde nehmen kein Fleisch mehr zu sich, denn in diesen Zeiten »werden die Wölfe bei den Lämmern wohnen und die Panther bei den Böcken lagern«.

Maya und Curtis fingen meinen Blick auf, und dann schaute auch Charlene mich an; jeder von uns schien die Kernbedeutung der Prophezeiungen gleichzeitig erfaßt zu haben. Was die Endzeit-Propheten empfangen hatten, war die Intuition, daß sich in unserer Zeit zwei völlig unterschiedliche Zukunftswege vor uns auftun würden. Wir konnten uns entweder für die angstvolle Realität entscheiden und glauben, daß die Welt auf eine von oben gesteuerte Automatisierung, auf soziale Katastrophen und letztlich auf die Vernichtung zusteuert ..., oder dem anderen Weg folgen und uns für jene Gläubigen halten, die diesen Nihilismus überwinden und sich den höheren Schwingungen der Liebe öffnen, wodurch der Kelch der Apokalypse an uns vorübergeht und wir eine neue Dimension betreten – in der wir den Geist empfangen, der die Utopie schafft, von der die biblischen Propheten gesprochen haben.

Jetzt sahen wir, warum die Seelen im Jenseits fühlten, daß unsere Auslegung dieser Prophezeiungen der Schlüssel zur Auflösung des Polarisierungskonflikts ist. Wenn wir kollektiv zu der Überzeugung gelangen, daß diese heiligen Schriften den Weltuntergang für unabwendbar erklären, als einen unveränderlichen Bestandteil des göttlichen Plans, wird allein diese Überzeugung genau das und nichts anderes hervorrufen.

Selbstverständlich mußten wir den Weg der Liebe und Gläubigkeit wählen. Schon vorher hatte ich gesehen, daß die Polarisierung keine extremen Ausmaße annehmen sollte. Im Jenseits war bekannt, daß jede Seite einen Teil der Wahrheit vertrat, der durchaus in das neue spirituelle Weltbild integriert werden und seinen Platz dort finden kann. Außerdem sah ich, daß diese Integration und Synthese ohnehin eine Folge der Erkenntnisse ist, insbesondere der Zehnten Erkenntnis, sowie ein Nebenprodukt der intensiven Gruppenarbeit, die bald überall auf der Welt stattfinden würde.

Plötzlich beschleunigten sich die Szenenwechsel im Hologramm, und mein Bewußtsein wurde erweitert, bis mir aufging, daß wir dabei waren, in die nächste Phase des Evolutionsvorgangs einzutreten: die Erinnerung an die Art und Weise, wie wir zu Gläubigen werden und die ersehnte Zukunft einleiten können. Damit wurde uns die *globale Vision* ins Gedächtnis gerufen.

Die Bildfolgen zeigten uns, wie die ersten Gruppen überall auf der Welt mit der Zehnten Erkenntnis arbeiteten, bis eine kritische Energiemasse erreicht worden war, die es ermöglichte, die Position der zwei verhärteten Seiten aufzulockern und die Angst in Einsatzbereitschaft verwandelte. Erstaunlich war die Wirkung auf die leitenden Köpfe im Bereich der Technologie. Auch sie erinnerten sich allmählich an ihre eigentlichen Absichten und gaben damit ihre letzten Versuche auf, die Wirtschaft zu manipulieren und die Macht an sich zu reißen.

Das so erzeugte, ständig wachsende Kraftfeld löste eine Flutwelle der Erneuerung und des persönlichen Engagements aus. Wir sahen, daß Millionen dazu inspiriert wurden, ihre vorgeburtlichen Visionen wahrzunehmen und den Schicksalsfügungen zu folgen, um die für sie vorgesehene berufliche Position innerhalb ihres Kulturkreises einzunehmen.

Die Szenen verlagerten sich unversehens auf zerfallene Stadtzentren und verlassene Dorfgemeinschaften. Aber auch hier sahen wir, wie sich die neue Lebensauffassung verbreitete und aktiv in den Zyklus der Armut und Kriminalität eingriff. Hilfsmaßnahmen wurden inzwischen nicht länger von den Regierungsbehörden erwartet, etwa im Sinne von besserer Ausbildung und Jobs; die neue Hilfe war eine grundsätzlich spirituelle, da die Bildungsstrukturen in weiten Teilen der Welt ohnehin schon vorhanden waren. Was fehlte, war die individuelle Fähigkeit, der Angst auf den Grund zu gehen und den höllischen Ablenkungsmanövern zu entrinnen, die das Grauen der Armut übertünchen, aber nicht beenden.

Auch hier sah ich das zunehmende Engagement vieler Menschen, die keine notleidende Familie und kein hilfsbedürftiges Kind mehr sich selbst überließen. Mehr und mehr Einzelpersonen kümmerten sich um ihre nächsten Nachbarn, angefangen mit den Ladenbesitzern, Verkäufern, Lehrkräften, den Polizisten auf dem Bürgersteig, den Geistlichen. Die private Einsatzbereitschaft griff in einem solchen Maße um sich, daß sich schließlich ungezählte Freiwillige als »großer Bruder« und »große Schwester« oder Nachhilfelehrer anboten, denn alle fühlten sich von ihrer Intuition aufgerufen, das ihnen Naheliegendste und jeweils Menschenmögliche zu tun. Die Mehrheit war inzwischen von der Erkenntnis ergriffen worden, daß jeder Mensch ein hohes Ziel verwirklichen kann, ganz gleich, wie kritisch seine momentane Lebenslage sein mag oder wie festgefahren die selbstzerstörerischen Gewohnheiten sind.

Während sich diese Erkenntnis mit großer Geschwindigkeit verbreitete, sank die Rate der Gewaltverbrechen in aller Welt, denn mittlerweile ging die Allgemeinheit davon aus, daß Gewalttaten auf Frustration, Leidenschaft und Angst beruhen, die einem Menschen erlauben, seine Opfer zu entmenschlichen. Diese Geisteshaltung wurde durch den zunehmenden Kontakt mit Personen auf einer höheren Bewußtseinsstufe aufgeweicht.

Bei der Bewertung der Kriminalität kam man zu einer Übereinkunft, die sowohl die traditionelle Sichtweise als auch neue Ansatzpunkte berücksichtigte.

Auf kurze Sicht sah man ein, daß weitere Gefängnisse und Erziehungsanstalten gebraucht wurden, weil sich die traditionelle Ansicht durchsetzte und man uneinsichtigen Verbrechern nicht länger zu verstehen geben wollte, daß kriminelles Verhalten geduldet wird und jeder mit relativ milden Strafen davonkommt, um dasselbe, menschenfeindliche Verhalten in Freiheit fortsetzen zu können. Doch sah ich auch hier, daß selbst Strafgefangene von dem neuen Bewußtsein angesteckt wurden und eine Welle von Privatinitiativen die Erkenntnisse in das Milieu der Haftanstalten trugen, um die einzig wirksame Form der Rehabilitation einzuleiten: die Erinnerung an die eigenen ursprünglichen Absichten.

Zur selben Zeit versuchten Millionen von Menschen in Konfliktsituationen aller Art vermittelnd einzugreifen, denn jetzt wurde immer klarer, was in Wahrheit auf dem Spiel stand. Jeder wußte noch allzu gut, wie man früher mit Konflikten umgegangen war: Wenn Ehepartner einander angriffen, wenn Suchtverhalten oder das verzweifelte Streben nach Anerkennung ein Bandenmitglied zum Mord trieb, wenn eine Person sich so eingeschränkt fühlte, daß sie stahl, manipulierte, verfälschte und betrog, war immer ein Mensch zum richtigen Zeitpunkt an der richtigen Stelle gewesen, um sich für eine gütliche Lösung des Konflikts einzusetzen, hatte es jedoch jedes Mal *versäumt*.

Dabei hatte dieser potentielle Held, diese Heldin, möglicherweise ein Dutzend Freunde und Bekannte, die ebenfalls den Blick abgewendet hatten, weil sie sich impotent fühlten, nicht wußten, was in Wirklichkeit auf dem Spiel stand. In der Vergangenheit hätte man dieses Versäumnis vielleicht noch rechtfertigen können, aber inzwischen nicht mehr. Nun hatte das Wissen der Zehnten Erkenntnis im kollektiven Bewußtsein Fuß gefaßt, und damit waren die Menschen im engsten Umkreis aller Wahrscheinlichkeit nach Seelen, mit denen wir schon in früheren Lebenszeiten zusammengekommen waren und die jetzt mit unserer Hilfe rechneten. Im Angesicht dieser Tatsache blieb den Leuten nichts anderes übrig, als mutig in Konflikte einzugreifen, denn niemand wollte die Qualen einer Lebensrückschau erdulden, in der ihm die Konsequenzen seiner Fahrlässigkeit und Zurückhaltung in aller Deutlichkeit vor Augen geführt würden.

Während weitere Szenenbilder an uns vorübereilten, sahen wir, wie dieses Problembewußtsein sich auch auf andere Bereiche übertrug, unter anderem auf den Umweltschutz. Hier wurde das oft zögerliche Verhalten der Regierungsbehörden durch vermehrten Einsatz von privater Seite ausgeglichen.

Ganz allgemein setzte sich die Erkenntnis durch, daß Umweltvergehen, ebenso wie die Probleme der Armut und Gewalt, immer irgendwelche Mitwisser haben. Leute, die ihre Umwelt niemals von sich aus vergiften würden, arbeiteten in Unternehmen oder wußten von Projekten, die die Biosphäre des Planeten zerstörten.

Diese Leute hatten früher keinen Protest verlauten lassen, sei es, um ihre Stellung nicht zu gefährden oder weil sie sich allein mit ihrer Meinung fühlten. Doch nun erkannten sie, daß sie an der richtigen Stelle saßen, um persönlich einzugreifen, und so sahen wir, wie sie die öffentliche Meinung im Kampf gegen die Umweltverschmutzer mobilisierten. Was auch immer das Verbrechen war: Industriemüll, der bei Nacht und Nebel in den Ozean geschüttet wurde; überschüssiges Öl, das Tanker heimlich auf hoher See verklappen; verbotene Pflanzenschutzmittel auf kommerziellen Gemüsefeldern, Unsauberkeiten bei Untersuchungen in den Fabrikanlagen; gefälschte Forschungsergebnisse über die Gefahren eines neuen Chemieprodukts – jetzt gab es *inspirierte* Zeugen, die von Umweltschutzorganisationen unterstützt, sogar belohnt wurden für Informationen dieser Art und mit Videokameras bewaffnet loszogen, um Straftaten eigenhändig zu dokumentieren.

Die Umweltschutzpolitik der Regierungen wurde auf ähnliche Weise entlarvt, nicht zuletzt ihre Taktiken beim Verkauf von öffentlichen Ländereien. Man entdeckte, daß die Behörden seit Jahren eine politische Günstlingswirtschaft betrieben hatten und viele der herrlichsten Naturschauplätze der Erde unter Marktwert an Bergwerksbetriebe verscherbelt und zum Abholzen freigegeben hatten. Majestätische Waldgebiete waren im Namen der Forstwirtschaftsplanung dem Erdboden gleichgemacht worden – als könnten Reihen von jungen Tannensetzlingen die biotopische Vielfalt ersetzen und die Kraftverhältnisse herstellen, die in einem Naturwald im Lauf von Jahrhunderten herangereift waren.

Doch sorgte das neue Bewußtsein auch hier für einen Gesinnungswandel. Konservativ eingestellte Forstleute und nostalgische Geschichtskundler bildeten zusammen ein Bündnis, dem sich jetzt auch die Naturfreunde jeder Ausrichtung anschlossen. Dieses Bündnis sorgte schließlich dafür, daß die verbleibenden Waldgebiete in Europa und Nordamerika gerettet werden konnten und eine massive Aktion zum Schutz der Regenwälder mobilisiert wurde. Ganz allgemein wurde anerkannt, daß jeder verbleibende Naturschauplatz auf der Erde für zukünftige Generationen erhalten werden mußte. Kultivierte Pflanzenfasern machten es möglich, daß Bäume nicht länger als Baumaterial und zur Herstellung von Papierprodukten benutzt wurden; die letzten Naturschutzgebiete blieben allein den Tieren und Wanderern vorbehalten. Gleichzeitig brachten die hochentwickelten Nationen den verbleibenden Eingeborenenstämmen in aller Welt neuen Respekt entgegen, denn mit der Erinnerung an tieferliegende Zusammenhänge stellte sich jetzt auch die längst fällige Hochachtung gegenüber dem mystischen Naturverständnis ein.

Die holographischen Szenen überstürzten sich und demonstrierten das Ausmaß des neu entstandenen spirituellen Bewußtseins in jedem kulturellen Bereich. Wie Charlene bereits vorausgesehen hatte, benutzten alle Berufsgruppen die intuitive Vorgehensweise, um ihre Rolle im Gesamtgefüge zu erkennen und diese danach weitaus effizienter zu erfüllen.

Dank der Führung einzelner Mediziner und Heiler verlagerte sich das Augenmerk des gesamten Berufszweigs auf die psychospirituellen Ursachen von Krankheiten und konzentrierte sich nicht länger auf die mechanistische Behandlung von Symptomen, sondern die Vorsorge. Auch sahen wir, daß die Juristen nun nicht mehr um ihres eigenen Vorteils willen künstlich Konflikte erzeugten oder die Tatsachen verschleierten, sondern zu ihrer ursprünglichen Rolle zurückfanden, bei der Wahrheitsfindung und Rechtsprechung in den Vordergrund rückten. Und wie Curtis schon gesagt hatte, setzte sich die Vorstellung von einem »erleuchteten« Kapitalismus langsam, aber sicher durch, einem Kapitalismus, der das rücksichtslose Profitstreben nicht länger duldete, sondern die veränderten Bedürfnisse von spirituellen Wesen erfüllen und Erzeugnisse zu möglichst niedrigen Preisen auf den Markt bringen wollte. Mit dieser neuen Geschäftsmoral entfaltete sich ein Wirtschaftssystem, das zu einer systematisch voranschreitenden Vollautomatisierung führte und zu Kostensenkung auf breitester Basis, so daß jeder nahezu kostenlos mit allem Lebensnotwendigen versorgt wurde. Dies wiederum ermöglichte es den Menschen, einen Teil ihres Einkommen abzugeben, wie es in der Neunten Erkenntnis beschrieben wird.

An diesem Punkt wurde uns gezeigt, daß die nachfolgenden Generationen sich immer früher an ihre spirituellen Aufgaben auf diesem Planeten erinnerten. Und damit wurde uns die Grundlage der geistig-seelischen Lebensauffassung noch einmal unmißverständlich vor Augen geführt. Heranwachsende würden sich als Seelen verstehen, die von einer Existenzebene in eine andere eingetreten waren, und da inzwischen hinlänglich bekannt war, daß man bei diesem Übergang einen Großteil seines Gedächtnisses verliert, legten die Eltern und Erzieher den Schwerpunkt von Anfang an auf diese Form der Rückführung.

In Schulen wurde Unterricht im Wahrnehmen von synchron verlaufenden Ereignissen gegeben; Kinder wurden angehalten, ihre Eingebungen von Phantasievorstellungen zu unterscheiden, sich auf Objekte zu konzentrieren, energiegeladene Naturschauplätze zu besuchen und den unterschwelligen Gründen für ihre Verhaltensweisen nachzugehen. So fanden sie leichter zu ihren vorausbestimmten Gruppenmitgliedern zurück und konnten sich schon viel früher an gemeinsamen Projekten beteiligen, die ihre ursprünglichen Absichten ans Tageslicht brachten. Allgemein setzte sich die Vorstellung durch, daß alle zur Erde gekommen waren, um die Schwingungen auf diesem Planeten zu erhöhen, seine natürliche Schönheit und Kraft zu entdecken und dafür zu sorgen, daß jeder Zugang dazu findet, was die Gesamtenergie noch einmal vervielfältigte und die Kultur der höheren Seinsebene endlich auch auf der physischen Ebene durchsetzte.

Wir erkannten, wie zwischenmenschliche Umgangsformen revolutioniert wurden. Zum Beispiel wurde kein Mensch mehr mit seiner Hautfarbe oder nationalen Herkunft in der momentanen Lebensspanne identifiziert. Man sah die anderen als Seelenverwandte, Brüder und Schwestern, die allesamt an dem globalen Erweckungsprozeß beteiligt waren und aus guten Gründen in bestimmten Regionen der Erde auf die Welt gekommen waren. In jeder Nation war ein einzigartiges Gedankengut entwickelt und zur Blüte getrieben worden – ein kostbares Gedankengut, das von jedem Bürger verkörpert wurde und schon immer darauf gewartet hatte, endlich ganz in das Gesamtbewußtsein integriert zu werden.

Während sich diese Zukunft vor mir entfaltete, sah ich, daß eine weltpolitische Einheit, wie sie schon seit langem von unzähligen Visionären angestrebt worden war, erreicht wurde. Aber nicht, indem eine einzige politische Körperschaft die Regierung aller Nationen übernahm, sondern indem die breite Masse die spirituelle Wesensgleichheit aller Menschen anerkannte und damit ihre kulturellen Unterschiede und ihre Autonomie. Jedes Mitglied in der Familie der Nationen wurde als ein Repräsentant eines einzigartigen und bedeutsamen Kulturguts verstanden, wodurch sich die Umgangsformen durchsetzten, die die Mitglieder der kleinen, individuellen Gruppen die ganze Zeit schon gepflegt hatten. Vor unseren Augen verwandelten sich die früher oft gewaltsam beendeten politischen Auseinandersetzungen in reine Wortkriege. Denn mit der Erinnerung an das Wesentliche erkannte die breite Masse, daß es unsere Bestimmung ist, die Auffassungen von unterschiedlichen Glaubensrichtungen zu diskutieren und dabei das jeweils Beste auf individueller Basis zu übernehmen, um schließlich zu der Erkenntnis zu gelangen, daß jede Religion die anderen ergänzt und somit das Gesamtgefüge der globalen Spiritualität vervollständigt.

Hier wurde uns deutlich gezeigt, daß internationale Dialoge zu dem Wiederaufbau eines riesigen Tempels in Jerusalem führten, unter dessen Dach alle großen Religionen vertreten waren – die jüdische, christliche, islamische, fernöstliche, selbst die »Religion« des weltlichen Idealismus, wie sie von den ökonomischen Enklaven in China und Europa vertreten wurde, die primär an die Verwirklichung einer pantheistischen Wirtschaftsutopie glaubten. Im Tempel wurde die ultimative spirituelle Sichtweise debattiert, und bei diesem Energie- und Wortgefecht ging es zunächst um die öffentliche Diskussion der islamischen und jüdischen Standpunkte, dann wurde der christliche Standpunkt erörtert und integriert ebenso wie die Kernlehren der östlichen Religionen.

Wir sahen auch, wie das Bewußtsein der gesamten Menschheit auf eine höhere Ebene gehoben wurde, einfach weil die Menschheit jetzt über den Austausch von vornehmlich wirtschaftlichen Informationen hinaus zum synchron verlaufenden Austausch spiritueller Wahrheiten überging. Während dies geschah, erreichten manche Personen und Gruppen eine Seinsstufe, die sich der des Jenseits annäherte und auf der sie von der Mehrzahl der Erdbewohner nicht länger wahrgenommen werden konnten. Diese Gruppen begaben sich in die andere Dimension und lernten dabei, wie man mit vollem Bewußtsein zwischen den Existenzebenen hin und her geht – nicht anders, als es die Neunte Erkenntnis und die biblischen Propheten vorausgesagt hatten. Wer auf der Erde zurückblieb, verstand inzwischen die Vorgänge zwischen Diesseits und Jenseits und akzeptierte seine Rolle, weil er wußte, daß über kurz oder lang jedes Lebewesen diesen Weg gehen wird.

Nun kam die Zeit, in der die weltlichen Idealisten ihre Grundsätze auf den Tempelstufen proklamierten. Der erste Schlag gegen Jerusalem kam aus Europa, wo die säkuläre Lebensanschauung die meisten Anhänger hatte, und wurde von einem einflußreichen Führer mit großer Überzeugungskraft formuliert. Seine Auffassung stieß nun auf die mächtige Opposition des »überweltlichen« Spiritualismus der Muslime und Christen. Doch wurde dieser Energiekonflikt durch den verbalen Eingriff von Vermittlern gelöst und später mit Hilfe der östlichen Sichtweise in eine allgemein akzeptierte Form der Innenschau und Selbstfindung verwandelt. An diesem Punkt waren die letzten Versuche der Machthungrigen, eine weltweite Tyrannei durch Mikrochips und Wirtschaftsautomation zu erzwingen, von einer zunehmend auferweckten Bevölkerung vereitelt worden. Und damit stand es jedem Erdenbewohner frei, sich dem Heiligen Geist zu öffnen. Wir sahen sehr deutlich, daß der Geschichtslauf die biblischen Prophezeiungen erfüllte, aber auf eine symbolische und verbale Weise, die eine physische Apokalypse verhinderte.

Plötzlich verlagerten sich die Szenenbilder auf die jenseitige Dimension und zeigten uns mit aller Klarheit, daß wir von vornherein die Absicht gehabt haben, nicht nur eine neue Erde zu schaffen, sondern auch einen neuen Himmel. Die Erinnerung an die globale Vision transformierte nicht die Erde allein, auch die anderen Existenzbereiche wurden davon ergriffen, denn während der euphorischen Zustände auf Erden wandten sich auch die Seelengruppen voller Freude zu uns hin, um ihre Energie von ihrem Reich auf das unsrige zu übertragen.

An diesem Punkt wurde der Geschichtsablauf noch einmal von höherer Warte verdeutlicht. Vom ersten Ursprung an wurde die Kraft und das Wissen des Jenseits auf die physische Ebene übertragen. In den frühen Entwicklungsstadien übernahmen die Seelen im Jenseits die Verantwortung für das menschliche Fortkommen und gaben uns die Kraft, die wir benötigten, um uns an unsere ursprünglichen Absichten zu erinnern, damit wir nicht allzu weit vom Weg abkamen.

Doch mit der fortschreitenden Bewußtseinsentwicklung und einer stetig wachsenden Erdbevölkerung hatte sich das Gleichgewicht langsam verlagert. Den Menschen wurde mehr und mehr Verantwortung und kreative Selbstbestimmung überlassen, und als sich die Kraft soweit verlagert hatte, daß wir uns an die globale Vision erinnern konnten, war die Macht und Verantwortung vom Jenseits auf die Erde übergegangen, auf die neu gegründeten Gruppen, auf *uns*!

Heute sind *wir* die Träger unserer Zukunft. Und deshalb bleibt es uns überlassen, den Polarisierungskonflikt zu beenden, ebenso wie unsere Gruppe die Leute hier in diesem Appalachental davon überzeugen mußte, daß sie in Wirklichkeit an etwas völlig anderes glaubten und eine andere Zukunft beabsichtigt hatten, als sie sich momentan einbildeten.

Die vier in unserer Runde blickten sich gleichzeitig an, wobei das Hologramm uns weiterhin umgab und die Seelengruppen dahinter einen geschlossenen Kreis bildeten, der sich leuchtend von der Dunkelheit abhob. Dann sah ich einen Habicht auf einem Ast knapp drei Meter über der Gruppe landen und uns aufmerksam beäugen. Gleich darauf hoppelte ein Kaninchen aus dem Wald, kam meinem rechten Ellenbogen bis auf einen halben Meter nahe und hielt schnuppernd inne. Und nun trat ein ausgewachsener Rotluchs aus dem Dickicht hervor und ließ sich direkt neben dem Kaninchen nieder. Ich wagte kaum zu atmen. Was ging hier vor?

Im nächsten Moment begann mein Solarplexus unter der Einwirkung einer lautlosen Tonfrequenz zu vibrieren. Ich wußte sofort, was das zu bedeuten hatte.

»Seht ihr das?!« schrie Curtis plötzlich.

In etwa dreißig Metern Entfernung, kaum auszumachen im fahlen Mondlicht, riß die Erde leicht auf und ließ die Büsche und kleineren Bäume erzittern, während der Riß sich uns langsam näherte.

Ich sah die anderen an.

»Wir haben genug Kraft, um sie zu stoppen!« rief Maya.

Bevor wir uns erheben konnten, erbebte die Erde unter uns mit einer Macht, daß der Riß sich zur Erdspalte weitete. Gleichzeitig hielt eine Reihe von Fahrzeugen im Unterholz weiter links am Ufer an, deren Scheinwerferlicht durch das Gewirr der Zweige und Staubwolken schimmerte. Ohne Furcht wandte ich mich wieder dem Hologramm zu und behielt mein Energieniveau bei.

»Die Vision wird sie aufhalten«, rief Maya lautstark. »Laßt euch nicht beirren! Haltet die Vision.« Wir richteten unser Augenmerk auf die Zukunftsbilder vor uns, und dabei spürte ich deutlich, daß alle vier sich auf Feyman konzentrierten und unsere Absicht wie einen gigantischen Schutzwall gegen seine aufbauten. Dabei visualisierten wir auch, daß seine Leute zurückgestoßen wurden und Hals über Kopf in alle Richtungen flohen.

Ich sah, daß die Erdspalte sich noch immer in unsere Richtung bewegte, war aber völlig überzeugt davon, daß das Beben bald zum Stillstand kommen würde. Aber ich hatte mich geirrt. Ein Baum in der Nähe sank ächzend zu Boden. Dann zersplitterte ein zweiter Baum; ich sah weitere Risse im Boden direkt vor uns aufbrechen und verlor meine Konzentration. Ich rollte mich rückwärts weg und spuckte Staub aus.

»Es funktioniert immer noch nicht!« hörte ich Curtis krächzen.

Das Ganze kam mir nur allzu bekannt vor. »Hier herauf!« brüllte ich. Das Hologramm und unsere Seelengruppen waren verschwunden. In der plötzlichen Dunkelheit versuchte ich, mich zurechtzufinden. Im Laufen konnte ich gerade noch die Umrisse der anderen ausmachen; sie bewegten sich nach Osten hin von mir fort.

Ich kletterte die linke Felswand der Schlucht hinauf und hörte nicht auf zu klettern, bis ich mindestens hundert Meter zurückgelegt hatte. Auf einem Felsvorsprung kniend, schaute ich in die nachtdunkle Schlucht hinunter. Ich sah nichts, konnte Feymans Stimme aber am Eingang der Schlucht hören. Leise kletterte ich weiter, hangelte mich fortwährend nach Nordwesten hin und hielt Ausschau nach irgendeinem Anzeichen von den anderen. Nach einer Weile kletterte ich langsam wieder abwärts und in die Schlucht zurück. Immer noch keine Bewegung weit und breit.

Als ich mich wieder Richtung Norden wandte, packte jemand von hinten meinen Arm.

»Was ...«, entfuhr es mir.

»Schschschsch«, raunte eine Stimme. »Ich bin's. David.«

Die Vision halten

Ich drehte mich um und sah ihn im matten Mondlicht stehen, mit seinem langen Haar und der Narbe im Gesicht.

»Wo sind die anderen?« flüsterte er.

»Wir sind getrennt worden. Hast du gesehen, was passiert ist?«

Er brachte sein Gesicht näher an meines heran. »Ja, ich habe euch von dem Hügel dort beobachtet. Wohin gehen sie deiner Meinung nach?«

Ich dachte einen Moment nach. »Zu den Wasserfällen.«

Er bedeutete mir, ihm zu folgen, und wir setzen uns in diese Richtung in Bewegung. Nach einigen Minuten blickte er kurz zurück und sagte: »Als ihr dahinten am Eingang gesessen habt, floß eure Energie zusammen und dehnte sich dann ziemlich weit über das Tal hinweg aus. Wie habt ihr das fertiggebracht?«

Bei dem Versuch, es zu erklären, faßte ich die ganze Geschichte zusammen: Wie ich Wil gefunden und die andere Dimension betreten hatte, die Begegnung mit Williams, dann mit Joel und Maya. Das Treffen mit Curtis hob ich besonders hervor und erwähnte auch, daß uns die globale Vision gezeigt worden war, um Feyman aufzuhalten.

»Curtis war bei euch am Eingang zur Schlucht?« fragte David.

»Ja, und Maya und Charlene, obwohl wir eigentlich sieben sein sollten ...«

Er warf mir einen leicht amüsierten Seitenblick zu. Die Anspannung und aufgestaute Wut, die er in der Stadt an den Tag gelegt hatte, schienen spurlos verschwunden zu sein. »Also habt ihr auch Kontakt zu den Vorfahren aufgenommen?«

Ich bemühte mich, auf gleicher Höhe mit ihm zu gehen. »Bist du auch in die andere Dimension vorgedrungen?«

»Ja. Ich habe meine Seelengruppe gesehen und meine Geburtsvisionen, und dabei wurde mir die Vergangenheit gezeigt und daß wir alle zurückgekehrt sind, um die globale Vision zu verbreiten. Und dann – ich weiß auch nicht –, als ich euch da hinten im Mondlicht beobachtet habe, war es, als wäre ich bei euch, Teil eurer Gruppe. Die globale Vision ist mir dabei vorgeführt worden.« Er hielt im Schatten eines Baumes inne, hinter dessen Krone sich das Mondlicht verbarg. Sein Gesicht wirkte steinhart, maskenhaft.

Ich sah ihn an. »David, warum ist es unserer Gruppe nicht gelungen, Feyman mit Hilfe der globalen Vision zu stoppen?«

Er trat wieder in das Mondlicht hinein, und in dem Moment erkannte ich in ihm den jungen Häuptling, der Mayas Vorschläge wutentbrannt zurückgewiesen hatte. Dann wich die Härte einem plötzlichen Lachen.

»Das Wichtigste bei dieser Vision ist nicht, sie persönlich zu erfahren, obwohl das allein schon schwierig genug ist, sondern wie wir diese Zukunftsvision *projizieren*, auf welche Art wir sie für den Rest der Menschheit im Kopf behalten. Darum geht es bei der Zehnten Erkenntnis. Ihr habt die Vision nicht auf eine Weise im Kopf behalten, die zu Feymans Erweckung und der seiner Leute beiträgt.« Er sah mich noch einen Augenblick an und fügte dann hinzu: »Komm, wir müssen uns beeilen.«

Nachdem wir etwa eine halbe Meile zurückgelegt hatten, stieß ein Vogel zu unserer Rechten einen dunklen Ruf aus, und David blieb abrupt stehen.

»Was war das?« fragte ich.

Er legte den Kopf auf die Seite, während der nächste Vogelschrei die nächtliche Stille durchdrang. »Eine Eule, die den anderen signalisiert, daß wir in der Nähe sind.«

Ich blickte ihn ausdruckslos an, weil ich an das unglaubliche Verhalten sämtlicher Tiere in diesem Tal denken mußte.

»Kennt irgendeiner von deinen Freunden sich mit den Tiersignalen aus?« fragte David.

»Weiß nicht; vielleicht Curtis.«

»Nein, der ist zu wissenschaftlich orientiert.«

Jetzt fiel mir ein, daß Maya erklärt hatte, sie sei den Vögeln gefolgt, bevor sie Curtis und mich in der Höhle gefunden hatte. »Maya möglicherweise!«

Er sah mich fragend an. »Die Ärztin, von der du mir vorhin erzählt hast, die die Visualisationen in ihrer Praxis benutzt?«

»Ja.«

»Gut, ausgezeichnet. Laß uns ihre Methode benutzen und beten.«

»Wie bitte?« Ich drehte mich zu ihm um, während der Eulenruf ein drittes Mal ertönte.

»Laß uns ... visualisieren ..., daß sie sich an das Geschenk der Tiere erinnert.«

»Was meinst du mit dem ›Geschenk der Tiere‹?«

Eine Spur von Ungeduld zog über sein Gesicht, und er atmete tief mit geschlossenen Augen ein, offenbar um die Gefühlsaufwallung abzuschütteln. »Hast du nicht gemerkt, daß es eine Fügung höchster Ordnung ist, wenn ein wildes Tier in unserer Nähe auftaucht?«

Ich erzählte ihm von dem Kaninchen, dem Krähenschwarm und dem Habicht, die zu Beginn meiner Wanderung aufgetaucht waren, und dann von dem Rotluchsbaby und dem Adler und dem Wolf, die sich mir später genähert hatten. Dann fügte ich hinzu: »David, gegen Ende der globalen Vision sind einige dieser Tiere wieder bei unserer Gruppe aufgetaucht: Ich konnte es nicht fassen, aber ein Rotluchs hat sich sogar in der Nähe eines Kaninchens und ganz nahe bei uns niedergelassen.«

Er nickte lächelnd.

»Ich wußte, daß das Auftauchen dieser Tiere bedeutsam war, aber nicht, was ich daraus schließen sollte, außer der Richtung zu folgen, die sie eingeschlagen haben. Gehst du grundsätzlich davon aus, daß mir alle eine Botschaft mitteilen wollten?«

»Ja, genau so sehe ich es.«

»Woran erkennt man die Bedeutung ihrer Botschaft?«

»Ganz einfach. Jede Tierart, die unseren Weg kreuzt, erklärt uns etwas über unsere Situation und sagt uns, welchen Aspekt von uns wir heraufbeschwören müssen, um am besten mit den momentanen Umständen fertig zu werden.«

»Na ja ..., selbst nach allem, was vorgefallen ist, kann ich das nicht so ganz glauben. Ein Biologe würde dir erklären, daß Tiere gewöhnlich den niedrigsten Instinkten folgen.«

»Aber nur weil Tiere unsere eigene Bewußtseinsstufe reflektieren. Solange wir auf einem niedrigen Vibrationsniveau existieren, halten sich Tiere zwar bei uns auf, erfüllen aber nur ihre naturbedingten Funktionen. Wenn ein skeptischer Biologe das Verhalten von Tieren auf rohen Instinkt zurückführt, sieht er die Beschränktheit, die er selbst auf diese Geschöpfe projiziert. Aber mit einem höheren Schwingungsniveau gleichen sich die Tiere ringsumher zusehends den von uns ausgestrahlten Schwingungen an und verhalten sich immer mysteriöser und weisen uns einen Weg.«

Die Sache fing an, mir einzuleuchten.

David blinzelte mich von der Seite an und sagte: »Das Kaninchen, das du zuerst gesehen hast, hat dir eine Richtung gewiesen, in die du sowohl körperlich als auch gefühlsmäßig gehen solltest. Als wir damals in der Stadt auseinandergegangen sind, kamst du mir entmutigt und unsicher vor, als würdest du das Vertrauen in die Erkenntnisse jeden Moment verlieren. Und das bringt uns wieder zu den Kaninchen: Wenn du diese Tiere lange genug in freier Wildbahn beobachtest, siehst du, daß sie uns vorführen, wie man seinen Ängsten direkt ins Auge sieht, damit man darüber hinausgehen und endlich wahrhaft kreativ werden kann. Ein Kaninchen ist die Hauptnahrung für viele andere Tiere in seiner Umgebung, aber es überwindet seine Angst, bleibt in dem Revier, vermehrt sich frischfröhlich und bleibt produktiv und unverdrossen. Wenn wir einem wilden Kaninchen begegnen, wird uns signalisiert, daß wir dieselbe Lebenseinstellung in uns selbst finden sollen. Das war die Botschaft des Karnickels. Seine Anwesenheit hat dir gezeigt, daß du die Gelegenheit hast, dir die ›Kaninchenmedizin‹ in Erinnerung zu rufen: deiner Angst entgegenzutreten und vollends durch sie hindurchzugehen. Und da du dieses Signal ganz am Anfang deines Weges erhalten hast, wurde dir auch gezeigt, was dich im Verlauf deiner Reise erwartet. Hat dein Trip dir nicht eine Menge Angst und andererseits auch große Erfüllung beschert?«

Ich nickte.

Darauf fügte er hinzu: »Manchmal kann sich die Erfüllung auch auf der romantischen Ebene bemerkbar machen. Hast du jemanden getroffen, der …?«

Ich zuckte mit den Schultern, während ich an die Energie zwischen mir und Charlene denken mußte. »Vielleicht – in gewisser Hinsicht. Was bedeuten die Krähen und der Habicht, denen ich gefolgt bin, bevor ich Wil wiedergefunden habe?«

»Krähen sind Träger und Künder der spirituellen Gesetze. Verbringe eine Zeitlang mit Krähen, dann siehst du, daß sie unglaubliche Dinge tun, die deine Wahrnehmungsfähigkeit steigern und dir tiefere Erkenntnisse vermitteln. Ihre Botschaft an dich war, daß du dich öffnen und die spirituellen Gesetze wahrnehmen sollst, die in diesem Tal offen zutage liegen. Der Anblick des Krähenschwarms hätte dich auf alles Folgende vorbereiten können.«

»Und der Habicht?«

»Der Habicht ist hellwach, aufmerksam, allzeit bereit, die nächste Information, die nächste Botschaft aufzuschnappen. Die Anwesenheit von Habichten bedeutet, daß wir jetzt besonders wachsam sein sollen. Oft heißt es auch, daß uns gleich etwas völlig Unerwartetes begegnet.«

»Mit anderen Worten, der Habicht hat die Anwesenheit von Wil vorausgesagt?«

»Jawohl.«

Während wir weitergingen, erklärte David mir, weshalb die

anderen Tiere auf meinem Marsch zu mir hingezogen worden waren. Katzen aller Art, erklärte er, sind ein Aufruf, uns auf die Kräfte der Intuition und Selbstheilung zu besinnen, die jedem von uns mitgegeben wurden. Das Rotluchsbaby, das kurz bevor ich Maya traf, aufgetaucht war, wollte mir mitteilen, daß ich demnächst eine Gelegenheit haben würde, mich zu heilen. Ein Adler weist ebenfalls auf eine Gelegenheit hin, denn er steigt in große Höhen auf, die auch dem Menschen offenstehen, wenn er sich tatsächlich in die höheren Bereiche der Geisteswelt hineinwagt. Der Anblick des Adlers auf dem Hügelkamm hätte mich auf die Begegnung mit meiner Seelengruppe und auf alles Weitere vorbereiten können, so sah David es jedenfalls. Zum Schluß sagte er noch, daß der junge Wolf aufgetaucht war, um Kraft in mir zu wecken und mir meine pädagogischen Fähigkeiten bewußtzumachen, damit ich die Worte finden würde, um die anderen Mitglieder der Gruppe zusammenzuhalten.

Nachdem David geendet hatte sagte ich: »Also repräsentieren Tiere Aspekte von uns selbst, mit denen wir in Kontakt kommen sollen.«

»Ja, Aspekte von uns, die wir entwickelt haben, als wir im Lauf der Evolution in Gestalt dieser Tiere zur Welt gekommen sind.«

Ich mußte an die Visionen von der Entwicklungsgeschichte denken, wie sie meine Gruppe in der Schlucht erfahren hatte. »Du sprichst von der Entwicklung des Lebens durch alle Stadien hindurch bis zum Menschen?«

»Wir waren da«, sagte David nachdrücklich. »Unser Bewußtsein ist in jede Tierform, die einen Höhepunkt auf dem Entwicklungsweg repräsentiert hat, eingegangen, und dann sind wir auf die jeweils nächsthöhere Stufe gesprungen. Wir haben die Welt aus der Sicht jeder Tierart erfahren, einfach weil dies ein bedeutender Aspekt eines komplett entwickelten Bewußtseins ist. Wenn irgendein Tier heute in unserem Blickfeld erscheint, bedeutet es, daß wir reif sind, ihre Wahrnehmungsweise und Fähigkeiten in unser erwachendes Bewußtsein zu integrieren. Und ich kann dir sagen – es gibt Tierarten, denen wir noch lange nicht die Hand reichen können, so weit sind sie fortgeschritten. Deshalb ist es so wichtig, jede Lebensform auf der Erde zu erhalten. Wir brauchen sie, nicht nur, weil sie Teil eines ökologischen Gleichgewichts auf dem Planeten sind, sondern weil sie Aspekte von uns selbst darstellen, die wir uns verzweifelt in Erinnerung rufen wollen.«

Er schwieg und blickte zum Nachthimmel auf.

»Das gilt auch für die Vielfalt des menschlichen Denkens, wie es von den unterschiedlichen Völkern auf der Erde repräsentiert wird. Keiner von uns weiß mit absoluter Sicherheit, wo der wahre Sinn der menschlichen Evolution liegt. Jede Kultur auf der Welt hat eine eigene Weltanschauung, eine bestimmte Wahrnehmungsweise, und um ein ideales Ganzes zu schaffen, müssen wir das Beste von allen in uns aufnehmen.«

Ich bemerkte einen Anflug von Trauer in seinem Gesicht. »Es ist kaum zu fassen, daß vierhundert Jahre vergehen mußten, um eine echte Integration der europäischen und indianischen Kulturen in Gang zu setzen. Ich meine, überleg dir mal, was passiert ist. Das westliche Bewußtsein hat den Kontakt mit dem Mysterium verloren und den Zauber eines riesigen, unberührten Waldes auf seinen verwertbaren Holzgehalt reduziert, die Wildnis auf ihre Verwertbarkeit als Touristenzoo. Die Städter leben isoliert in ihren Wohnblocks und denken, daß eine Wanderung in die Natur einem Spaziergang auf dem Golfplatz ähneln muß. Hast du eine Vorstellung, wie viele von uns die Mysterien der Wildnis noch selbst erfahren?

Die Nationalparks sind alles, was von den Urwäldern und Tiefebenen und Wüsten auf diesem Kontinent übriggeblieben ist. Es gibt zu viele Menschen, die alles überrennen. Manche Parks haben Wartelisten von bis zu einem Jahr, und trotzdem verkaufen die Politiker ein Stück Land nach dem anderen. Jetzt müssen wir Tierbilder wie Tarotkarten ziehen, um zu sehen, welches Tier unseren Lebensweg kreuzt, anstatt in die wirklich wilden Regionen hinauszuwandern und die echten Erfahrungen zu machen.«

Der Schrei der Eule ertönte plötzlich so nahe an meinem Ohr, daß ich automatisch zurückwich.

David runzelte die Stirn. »Können wir jetzt beten?«

»Wie meinst du das?« sagte ich. »Willst du beten oder visualisieren?«

Er rang um Beherrschung. »Tut mir leid, Ungeduld ist wohl eins der Gefühle, die ich dir gegenüber zurückbehalten habe.« Er atmete tief ein. »Die gesamte Zehnte Erkenntnis: das Aufrechterhalten von Eingebungen, die Erinnerung an unsere Absichten vor der Geburt, die globale Vision halten – all das zusammengenommen ist die *Essenz* des Betens.

Was meinst du, warum jede Religion eine Form des Betens benutzt? Wenn Gott wirklich allwissend, allmächtig und allgegenwärtig ist, brauchen wir ihn doch nicht um Hilfe zu bitten! Dann kann er eingreifen, wann und wie er will, ohne daß wir ihn auf irgendwelche Mißstände aufmerksam machen oder um seine Gnade und Erkenntnis flehen müssen, nicht? Die Sache ist die, daß wir Gott bei einem wahren Gebet nicht zum Handeln auffordern, sondern umgekehrt: *Gott teilt uns mit*, an seiner Statt auf Erden einzugreifen, seinen Willen zu tun. Wir sind die Abgesandten der Gottesmacht auf diesem Planeten. Wahre Gebete und visuelle Vorstellungen sind Methoden, die wir benutzen, um Gottes Willen zu empfangen. ›Sein Reich komme, sein Wille geschehe, wie im Himmel, so auch auf Erden‹.

In dieser Hinsicht ist jeder Gedanke, jede Erwartung, jede Vorstellung, die wir von der Zukunft haben, ein Gebet und hat die potentielle Kraft, diese Zukunft zu schaffen. Und doch ist kein Gedanke, kein Wunsch und keine Befürchtung so einflußreich wie eine Vision, die dem göttlichen Willen entspricht. Deshalb ist es so wichtig, die globale Vision zu erkennen und im Kopf zu behalten – damit wir wissen, welche Zukunft wir durch unsere Gebete und Visualisationen verwirklichen sollen.«

»Ich verstehe«, sagte ich. »Was können wir tun, daß Maya die Eule wahrnimmt?«

»Welche Methode benutzt sie in ihrer eigenen Praxis?«

»Sie konzentriert sich darauf, was die Patienten eigentlich aus ihrem Leben machen wollten, aber bisher noch nicht verwirklicht haben. Sie erklärte mir, daß eine Heilung letztlich dem neuen Lebensgefühl entspringt, das sich einstellt, wenn man weiß, was man tun will, nachdem man gesund geworden ist. Wenn jemand sich an seine ursprünglichen Absichten erinnert, kann man ihm auch aus der Ferne dabei helfen, die Vorstellungen im Kopf zu behalten.«

»Gut, dann machen wir das«, sagte David. »Ich hoffe, es war ihre ursprüngliche Absicht, dem Ruf dieser Eule zu folgen.«

David schloß seine Augen, worauf ich dasselbe tat. Dann visualisierten wir ein Bild von Maya, in dem sie sich daran erinnerte, was sie tun sollte. Nach einigen Minuten öffnete ich die Augen und sah, daß David mich anschaute. Die Eule stieß noch einen Ruf direkt über unseren Köpfen aus.

»Gehen wir«, sagte David.

Zwanzig Minuten später standen wir auf der Hügelkuppe über den Wasserfällen. Die Eule war uns mit regelmäßigen Warnrufen gefolgt und saß jetzt etwa dreißig Meter zu unserer Rechten in einem Baum. Im Mondlicht vor uns lag der See, über dessen schimmernde Oberfläche blasse Nebelschwaden zogen. Wir warteten zehn bis fünfzehn Minuten lang, ohne ein Wort zu sprechen.

»Schau! Dort!« David streckte den Arm aus.

Zwischen den Felsen zur Rechten des Sees konnten wir mehrere Gestalten ausmachen, und eine davon blickte im selben Moment zu uns herüber. Es war Charlene. Ich winkte, worauf sie mich erkannte. Eilends kletterten David und ich den Abhang hinab und liefen halb um den See herum zu den anderen.

Curtis strahlte vor Freude, als er Davids Arm packte und die beiden sich auf die Schulter klopften. »Jetzt ist Schluß mit dem Experiment«, brummte Curtis. Die beiden sahen sich einen Augenblick schweigend an, dann stellte Curtis Maya und Charlene vor.

Ich sah Maya an und fragte: »Habt ihr den Platz hier ohne weiteres gefunden?«

»Zuerst waren wir ziemlich durcheinander, wie du dir vorstellen kannst, und sind in der Dunkelheit herumgeirrt, aber irgendwann habe ich den Ruf einer Eule gehört, und dann wußte ich Bescheid.«

David fing meinen Blick auf und erklärte: »Die Anwesenheit einer Eule bedeutet, daß wir die Chance haben, sämtliche Täuschungsmanöver von anderen zu durchschauen, und wenn wir dabei nicht rachsüchtig werden und gleiches mit gleichem vergelten wollen, dann können wir im Dunkeln sehen, wie eine Eule, und einem höheren Ziel entgegenfliegen.«

Maya suchte nach etwas in Davids Gesichtszügen und sagte: »Du kommst mir bekannt vor. Wer bist du?«

Er zuckte mit den Schultern. »Hat Curtis doch gerade gesagt. Mein Name ist David Lone Eagle.«

Sie ergriff seine Hand und drückte sie leicht. »Nein, ich meine, wer bist du im Zusammenhang mit mir und dieser Gruppe?«

»Ich war bei euch in der Zeit während der Kriege gegen die Indianer, aber ich habe die Weißen zu sehr gehaßt, um sie zu unterstützen. Ich habe euch noch nicht einmal anhören wollen.«

»Jetzt machen wir alles anders«, warf ich ein.

David konnte sich einen irritierten Seitenblick auf mich nicht verkneifen, doch entspannte er sich gleich darauf bewußt und sah mich beinahe liebevoll an. »Damals hatte ich sogar noch weniger Respekt vor dir als die anderen. Du hast dich für nichts und niemanden eingesetzt und dich einfach verdrückt.«

»Angst«, entgegnete ich. »Todesangst.«

»Ich weiß.«

In den nächsten Minuten sprachen wir mit David über die Gefühle, die jeder einzelne zurückbehalten hatte, und brachten zur Sprache, was jetzt noch geklärt werden mußte. Dann erzählte David, daß er einer Seelengruppe von Vermittlern angehörte und diesmal gekommen war, um seinen Zorn auf die europäische Mentalität aufzuarbeiten und sich danach für die Anerkennung und Integration aller völkischen Minderheiten einzusetzen.

Charlene warf mir einen Blick zu und wandte sich dann an David: »Du bist das fünfte Mitglied unserer Gruppe, nicht wahr?«

Bevor er antworten konnte, erzitterte das Felsgestein unter unseren Füßen, und auf dem See waren unregelmäßige Wellenbewegungen zu sehen. Das Beben wurde von einem weiteren, fast melodiösen Sirren begleitet, das die gesamte Umgebung durchdrang. Aus einem Augenwinkel sah ich die Lichtkegel von Taschenlampen, die von dem Hügel dreißig Meter über uns ausgingen.

»Sie sind hier!« flüsterte Curtis.

Beim Umdrehen erkannte ich Feyman am Rande eines Felsvorsprungs schräg über unseren Köpfen; er brachte eine kleine Parabolantenne auf einem Gerät an, das wie ein tragbarer Computer aussah.

Curtis hatte es ebenfalls gesehen. »Sie richten den Fokus auf uns und versuchen, den Richtstrahler des Generators dadurch genau auf die Öffnungen zu halten. Wir müssen hier sofort verschwinden.«

Maya streckte den Arm aus und berührte Curtis. »Nein, bitte bleib ruhig. Vielleicht bewirken wir diesmal wirklich etwas.«

David trat nahe an Curtis heran und raunte: »Jetzt könnte es uns gelingen.«

Curtis starrte ihn einen Augenblick an, dann nickte er, und wir begannen unsere Energie zu steigern. Wie vorher konzentrierte ich mich auf den Wesenskern hinter den Gesichtern meiner Freunde. Unsere Seelengruppen traten recht bald in Erscheinung und verschmolzen auch diesmal miteinander; zum ersten Mal waren auch die Seelen aus Davids Gruppe dabei. Nachdem sie den Kreis um uns geschlossen hatten, stieg die Erinnerung an die globale Vision erneut auf und damit wiederum die Kraft, das Bewußtsein dieser Vision auszustrahlen.

Auch jetzt sahen wir die Polarisierung, die unseren Zeitgeist bestimmte, und die Zukunft, die uns offenstand, wenn es uns und den vielen anderen Gruppen auf der Welt gelang, die positive Zukunftsvision zu *halten*.

Ein ruckhaftes Beben erschütterte plötzlich den Boden mit großer Vehemenz, und Maya schrie: »Bleibt bei der Vision! Haltet das Bild von der Zukunft, die wir erleben wollen.«

Ich hörte das Geräusch von sich lösenden, dann rollenden Felsbrocken neben mir, verlor meine Konzentration jedoch nicht. Ich sah die globale Vision in Form einer enormen Macht, die sich von unserer Gruppe ausgehend in alle Richtungen ausbreitete und Feyman und die Kraft seiner gesamten Schreckensvision von uns fortstieß. Ein riesiger Baum zu meiner Linken war bei dem letzten Beben halb entwurzelt worden und fiel nun mit einem ohrenbetäubenden Getöse den Abhang herunter.

»Es funktioniert noch immer nicht«, schrie Curtis und sprang auf die Beine.

»Nein, warte«, rief David. Er packte Curtis und zerrte ihn auf den Platz neben sich zurück. »Ihr macht es anscheinend nicht richtig. Wir dürfen Feyman und seine Leute nicht zurückstoßen und wie Feinde behandeln. Damit geben wir ihnen nur noch mehr Kraft, weil sie dabei Widerstand gegen etwas leisten können. Wir müssen sie in unsere Vision einschließen, die Energie auf sie projizieren, als gehörten sie zu uns.«

Dabei fiel mir Feymans Geburtsvision wieder ein. Nun machte plötzlich alles einen Sinn.

»Er *ist* einer von uns!« brach es aus mir hervor. »Ich kenne seine ursprünglichen Absichten. Er wollte seinen Machthunger überwinden und die neuen Technologien gefahrlos einsetzen. Er hat ein Treffen mit uns in der Dunkelheit vorausgesehen. Er ist das sechste Mitglied unserer Gruppe.«

Die Erde war nach dem letzten Beben wieder völlig zum Stillstand gekommen, und der Ton war verstummt. Maya lehnte sich vor und sagte: »Wir müssen uns vorstellen, daß er sich daran erinnert!«

Kaum hatten wir uns darauf konzentriert, sprang unsere Energie förmlich in die Höhe. Die Nacht ringsumher begann zu erstrahlen, und wir konnten Feyman und seine beiden Mitarbeiter deutlich auf dem Hügel erkennen. Es kam mir vor, als leuchteten wir inzwischen fast ebenso stark wie die Seelengruppen rings um uns her. Von der linken Seite wurden weitere Seelen in diesen Kreis hineingezogen.

Charlene hatte es ebenfalls wahrgenommen und rief: »Schaut euch das an! Das ist Feymans Seelengruppe, und jetzt kommen die Gruppen der beiden Männer dazu ...«

In der Sekunde tauchte auch das massive Hologramm wieder zu allen Seiten auf.

»Konzentriert euch auf Feyman und seine Leute«, sagte Maya laut und vernehmlich. »Stellt euch vor, daß sie sich hier und jetzt an ihre wahren Absichten erinnern.«

Ich wandte mich ein wenig ab, um die drei Männer sehen zu können. Feyman hämmerte verbissen auf der Tastatur seines Computers herum, während die beiden Männer neben ihm standen und den Bildschirm über seine Schultern hinweg anstarrten. Auch sie waren jetzt völlig in dem Lichtkreis des Hologramms eingeschlossen. Der Wald flimmerte von bernsteinfarbenen Energiefluktuationen, die Feyman und seine Männer durchdrangen. Gleichzeitig erkannte ich die weißlichen Nebel, die Curtis, Maya und mich schon einmal vor dem Schlimmsten bewahrt hatten. Sie hingen in der Nachtluft über den Köpfen der drei Männer, dehnten sich soeben aus, wurden leuchtend weiß und verströmten ihre Kraft in alle Richtungen, bevor sie sich verflüchtigten.

Die Stille, die uns umfing, war von einer Tiefe, daß ich den leisen Windhauch überdeutlich hörte, der die letzten Staubwolken nach Süden trug.

Einer der Mitarbeiter zog sich von Feyman zurück und ging über die Felsplatte, auf die Bäume weiter hinten am Seeufer zu. Feyman drückte noch einige Sekunden lag auf die Tasten seines Computers, dann klappte er den Bildschirmdeckel sichtlich frustriert zu, blickte von oben auf uns herab und hob den Computer mitsamt der kleinen Parabolantenne vorsichtig mit der linken Hand auf. Mit dem Gerät unter dem linken Arm griff er in seine Tasche und zog einen Revolver hervor. Mit vorgehaltener Waffe schritt er langsam auf uns zu. Der zweite Mann folgte ihm mit einem Maschinengewehr.

»Haltet die Vision«, sagte Maya.

Etwa acht Meter vor uns blieb Feyman stehen, setzte seinen Computer ab und richtete die Parabolantenne wieder ein, um gleich darauf erneut auf die Tasten zu drücken und uns dabei mit seiner Waffe zu bedrohen. Erstaunlich war, daß in dem Moment ein loser Felsbrocken auf der gegenüberliegenden Seite laut platschend in den See stürzte und weitere Steine nach sich riß.

»Feyman, du bist hierhergekommen, um dich uns anzuschließen«, sagte Charlene besänftigend. Alle anderen konzentrierten sich unverwandt auf seine Gesichtszüge.

Der Mann mit dem Maschinengewehr trat direkt hinter Feyman und sagte leise: »Wir können hier nichts weiter ausrichten. Laß uns gehen.«

Feyman scheuchte ihn fort und tippte angestrengt weiter.

Nach einer Weile schrie er wutentbrannt: »Was macht ihr?! Hier funktioniert nichts mehr.« Er riß den Kopf zu seinem Gehilfen herum. »Schießen!« befahl er und deutete auf uns. »Los, mach schon!«

Einen Augenblick fixierte der Mann uns mit vorgehaltenem Gewehr. Dann schüttelte er den Kopf, trat zurück und verschwand hinter den Felsen.

Ich wandte mich an Feyman und sagte: »Sie sind hier, um eine Katastrophe zu verhindern. Erinnern Sie sich daran?«

Während er mir ins Gesicht starrte, ließ er seinen Revolver sinken. Einen Moment lang glomm ein Funke in seinen Augen auf, der mir verriet, daß er sich tatsächlich an etwas erinnerte. Kurz darauf kroch die Angst wieder in seine Gesichtszüge und gleichzeitig auch ohnmächtige Wut. Er verzog den Mund, preßte sich die Faust in den Bauch und wandte sich würgend zur Seite.

Dann wischte er sich den Mund mit dem Handrücken ab und hob seine Waffe wieder auf. »Ich weiß nicht, was ihr hier mit mir macht, aber auf jeden Fall funktioniert es nicht.« Er tat mehrere Schritte auf uns zu, verlor jedoch zusehends an Kraft. Der Revolver polterte zu Boden. »Bildet euch bloß nicht zuviel ein! Es gibt auch andere Gegenden, wo ihr nichts ausrichten könnt. Ich mache weiter, darauf könnt ihr euch verlassen. So einfach lasse ich mich nicht ins Bockshorn jagen!«

Er schwankte nach hinten, dann drehte er sich um und stolperte in die Dunkelheit hinein.

Wir erreichten die Hügelkuppe über dem Bunker und spähten vorsichtig nach unten. Dann atmeten wir erleichtert auf. Das Gebiet um den Bunker war von unzähligen Autoscheinwerfern erleuchtet. Kreuz und quer parkten Polizeiautos, Fahrzeuge der Forstwache, auch das FBI schien anwesend zu sein.

Ich kroch bis an den äußersten Rand der Kuppe und streckte den Kopf weit vor, um sehen zu können, ob jemand verhört wurde oder bereits hinten in einem der Wagen saß. Soweit ich sehen konnte, waren alle Fahrzeuge leer. Die Bunkertür stand offen, und Beamte gingen ein und aus, während andere die Umgebung vor dem Eingang untersuchten.

Curtis hatte sich ebenfalls so weit wie möglich vorgebeugt und bemerkte: »Keine Spur von Feymans Leuten da unten.«

Maya setzte sich auf den Boden und murmelte: »Na ja, wenigstens haben wir sie aus dieser Gegend hier vertrieben.«

»Aber Feyman hatte recht«, warf David ein. »Sie können sich woanders niederlassen und weitermachen.« Er stand auf. »Ich gehe und erzähle der Polizei oder dem FBI die ganze Geschichte.«

»Bist du wahnsinnig?« Curtis stand auf und ging auf David zu. »Die Regierungsbehörden könnten an der Sache beteiligt sein!«

»Behörden bestehen auch nur aus einzelnen Menschen«, entgegnete David. »Es werden ja wohl nicht alle in die Sache verwickelt sein.«

Curtis war sehr nahe an David herangetreten. »Nein, so geht es nicht. Das lasse ich nicht zu.«

»Irgend jemand wird uns helfen«, sagte David. »Da bin ich mir ganz sicher.«

Curtis schwieg.

Charlene hatte sich erhoben und wandte sich jetzt an Curtis: »David hat recht. Irgend jemand sitzt bestimmt an genau der richtigen Stelle, um unser Anliegen zu unterstützen.«

Curtis schüttelte den Kopf und rang mit sich. »Das kann schon sein, aber dieser Jemand kommt nicht weit, wenn kein Mensch ihm die technischen Aspekte der Angelegenheit akkurat auseinandersetzen kann.«

»Also mußt du mitkommen«, entgegnete David prompt.

Curtis mußte lächeln. »Na gut, ich gehe mit dir, aber nur, weil wir noch ein kleines As im Ärmel haben.«

»Welches kleine As?« fragte David.

»Einen von Feymans Sicherheitsbeamten. Er liegt hoffentlich noch fest verschnürt in einer Berghöhle da hinten.«

David legte ihm eine Hand auf die Schulter. »Komm, wir gehen jetzt. Die Details kannst du mir auf dem Weg nach unten erklären.«

Nachdem wir uns verabschiedet hatten, wandten sie sich nach rechts, um den Bunkereingang von der Seite anzusteuern.

Plötzlich rief Maya mit gedämpfter Stimme hinter ihnen her: »Wartet! Ich komme mit.« Im Aufstehen erklärte sie: »Ich bin hier in dieser Gegend als Ärztin bekannt. Wahrscheinlich braucht ihr noch einen dritten Zeugen.«

Die fragenden Blicke der drei ruhten jetzt auf Charlene und mir.

»Ich komme nicht mit«, sagte Charlene. »Ich habe das Gefühl, woanders gebraucht zu werden.«

Auch ich lehnte ab und bat die drei, unsere Anwesenheit mit keinem Wort zu erwähnen. Nachdem sie uns dies versprochen hatten, machten sie sich auf den Weg nach unten.

Als sie aus unserem Blickfeld verschwunden waren, wandte ich mich Charlene zu. Die Erinnerung an die Empfindungen, die wir einander in der anderen Dimension entgegengebracht hatten, stieg sofort in mir auf. Sie kam einen Schritt auf mich zu und wollte gerade etwas sagen, als wir zur selben Zeit das entfernte Leuchten einer Taschenlampe etwas weiter rechts von uns wahrnahmen.

Wir zogen uns rasch hinter die Bäume zurück. Das Licht machte einen Schlenker und wanderte dann direkt auf uns zu. Wir hatten uns im Unterholz geduckt und verhielten uns still. Nach einer Weile hörten wir ein rhythmisches Schnaufen und eine Männerstimme, offenbar in eine leise Debatte mit sich selbst vertieft. Ich kannte diese Stimme, sie gehörte unverkennbar zu Joel.

Ich flüsterte in Charlenes Ohr: »Ich weiß, wer das ist. Wir müssen mit ihm reden.«

Sie nickte.

Als er kaum zehn Meter vor uns stand, rief ich seinen Namen.

Er hielt an und richtete den Strahl seiner Taschenlampe auf uns. Wir erhoben uns aus dem Dickicht, und er erkannte erst mich, dann auch Charlene, woraufhin er uns entgegeneilte.

»Was machst du denn hier?« fragte ich ihn.

»Ich war da unten.« Er zeigte in die Richtung des Bunkers. »Leider war nicht mehr viel zu sehen.« Sie hatten das unterirdische Laboratorium schon ausgeräumt, bevor die Polizei und ich hier eingetroffen sind. Dann wollte ich mich auf den Weg zu den Wasserfällen machen, aber im Dunkeln konnte ich mich nicht orientieren, und so bin ich wieder umgekehrt.«

»Ich dachte, du wolltest überhaupt nichts mit der Sache zu tun haben«, warf ich ein. »Du warst doch so skeptisch.«

»Ja, ich weiß. Aber dann hatte ich einen Traum, der mich ganz schön aufgerüttelt hat, muß ich dir sagen. Erst wollte ich wirklich das Weite suchen, aber nach diesem Traum habe ich es mir anders überlegt. Die Forstleute haben mich natürlich für verrückt gehalten, aber dann bin ich einem Stellvertreter des örtlichen Sheriffs über den Weg gelaufen, der bereits einen Hinweis von einer glaubwürdigen Person aus der Stadt erhalten hatte. Also sind wir zusammen hierhergefahren und haben die Überreste des Labors dort unten im Bunker entdeckt.«

Charlene und ich wechselten einen Blick; dann beschrieb ich Joel mit wenigen Sätzen, was wir inzwischen mit Feyman und seinen Mitarbeitern erlebt hatten.

»Soviel Schaden haben sie bereits angerichtet?« entrüstete er sich. »Ist irgend jemand dabei verletzt worden?«

»Nicht daß ich wüßte«, sagte ich. »Unsere Gruppe hatte unwahrscheinliches Glück.«

»Wie lange ist es her, daß deine Freunde zum Bunker da unten gegangen sind?«

»Vor etwa zehn, fünfzehn Minuten haben sie sich auf den Weg gemacht.«

Joel blickte uns beide an. »Ihr zwei wollt euch dort unten wohl nicht blicken lassen, wie? Warum nicht?«

Ich schüttelte den Kopf. »Wir halten es für besser, wenn jemand die Behörden bei ihrem Treiben beobachtet, ohne daß sie es merken.«

Charlenes Gesichtsausdruck bekräftigte, daß auch sie aus gutem Grund zu dieser Ansicht gelangt war.

»Recht habt ihr«, verkündete Joel im Brustton der Überzeugung. Dann blickte er in die Richtung des Bunkers und fügte hinzu: »Ich gehe wohl besser wieder nach unten, um den Beamten zu demonstrieren, daß die Presse bereits von den drei Augenzeugen weiß. Wie kann ich euch beide erreichen, falls es notwendig werden sollte?«

»Wir lassen von uns hören«, sagte Charlene schnell.

Joel reichte mir seine Visitenkarte, nickte Charlene zu und machte sich wieder auf den Weg zum Bunker.

Charlene fing meinen Blick auf. »Er war das siebte Mitglied unserer Gruppe, stimmt's?«

Ich legte beide Hände behutsam auf ihre Schultern. »Ja, das glaube ich auch.«

Wir blieben einen Augenblick schweigend voreinander stehen, dann sagte Charlene: »Komm, laß uns sehen, ob wir irgendwie in die Stadt zurückkommen.«

Wir wanderten fast eine Stunde lang durch die dunklen Wälder, bis wir ganz plötzlich das Zwitschern von Singvögeln in den Wipfeln ringsumher hörten. Die Morgendämmerung wurde begrüßt, und ein kühler Nebel stieg vom Waldboden auf.

Wir blieben stehen und sahen uns um.

»Schau«, sagte ich leise und zeigte auf eine große, alte Pappel, deren fast drei Meter dicker Stamm hinter den anderen Bäumen zu sehen war. Im Zwielicht des Tagesanbruchs wirkte dieser Baumstamm irgendwie heller als alle anderen, als würde er von einem senkrechten Strahl der noch nicht aufgegangenen Sonne in eine schimmernde Lichtbahn getaucht.

Das wohlvertraute Gefühl einer tiefen inneren Wärme stieg in mir auf.

»Was ist das?« raunte Charlene mit einem erstaunten Blick auf diesen Baum.

»Wil«, sagte ich. »Komm.«

Ich nahm sie bei der Hand, und wir näherten uns der Pappel. Als wir sie fast erreicht hatten, kam Wil hinter dem Stamm hervor und lächelte uns entgegen. Er hatte sich verändert. Ich musterte ihn und stellte fest, daß er nach wie vor von einem Leuchten umgeben war, doch klarere Umrisse an den Tag legte.

Wil drückte uns beide an sein Herz.

»Hast du mitbekommen, was uns passiert ist?« fragte ich ihn.

»Ja. Ich war bei den Seelengruppen und habe alles gesehen.«

»Du bist klarer erkennbar, Wil. Was hast du gemacht?«

»Ich habe nichts gemacht«, gab er zurück. »Aber ihr – eure Gruppe – habt gearbeitet. Und du ganz besonders, Charlene.«

»Wie meinst du das?« fragte sie.

»Ihr fünf habt die Schwingungen in diesem Tal angehoben, weil ihr euch bewußt an den größten Teil der Menschheitsvision erinnert habt. Das Schwingungsniveau dieser Gegend wurde der des Jenseits angeglichen, was bedeutet, daß ich euch klarer sehen kann und ihr mich auch. Selbst die Seelengruppen können in diesem Tal jetzt viel besser erkannt werden.«

Ich sah Wil eindringlich an und sagte: »Alles, was wir hier erfahren haben, ist die Zehnte Erkenntnis, nicht wahr?«

Er nickte. »Überall auf der Welt erfahren die Leute ähnliche Dinge. Nachdem man die ersten neun Erkenntnisse begriffen hat, fragt jeder sich, wie man derartige Erkenntnisse im täglichen Leben umsetzt, ohne sich von dem Pessimismus und der Abwehr in der Umgebung anstecken zu lassen. Aber gleichzeitig haben sie eine größere Klarheit im Hinblick auf unser spirituelles Erwachen erlangt, und wissen, daß momentan ein viel größerer Plan für diese Erde verwirklicht werden kann.

Bei der Zehnten geht es darum, wach und optimistisch zu bleiben. Zuerst werden die Eingebungen wahrgenommen und als flüchtige Erinnerungen an die eigenen ursprünglichen Absichten erkannt. Für Leute, die den Eingebungen folgen, fällt alles auf schicksalhafte Weise an seinen rechtmäßigen Platz, und damit können sie ihre Aufgabe hier auf dem Planeten viel eher erfüllen.

Langsam stellen wir fest, daß wir das Erdendasein immer mehr aus der Perspektive des Jenseits betrachten, im Zusammenhang mit der gesamten Entwicklungsgeschichte. Mit dieser Lebensanschauung sind wir nicht länger haltlos und verunsichert, denn jedes Ereignis steht jetzt in einem großen, sehr wunderbaren Zusammenhang, einer Vision, in der es letztlich immer darum geht, die physische Dimension zu vergeistigen.«

Wil hielt einen Augenblick inne und trat näher an uns heran. »Jetzt wird sich herausstellen, ob genügend Gruppen wie eure zusammenkommen. Wir wissen ja, daß es in unserer Hand liegt, entweder die ersehnte oder die allseits gefürchtete Zukunft für diesen Planeten zu schaffen.

Jeder muß sehen, wie er zur Überwindung der Polarisierung beitragen kann, jeder einzelne von uns, ganz persönlich. Wir müssen unsere Gedanken und Erwartungen genau beobachten und aufmerken, wenn wir einem anderen Menschen feindlich entgegentreten. Wir können uns verteidigen und andere Leute in ihre Schranken verweisen, aber wenn wir sie dabei entmenschlichen, erzeugen wir wieder mehr Angst, mehr Abwehr.

Jedes Lebewesen ist eine Seele mit einer ursprünglich guten

Absicht, das muß man sich klarmachen. Unsere Verantwortung liegt darin, dieses Wissen möglichst vielen Menschen zu vermitteln. Das ist die wahre zwischenmenschliche Ethik, mit der wir zu unserer vorherbestimmten Erweckung beitragen. Was auch immer wir für die kommende Zeit erwarten, ist wie ein Gebet, dessen Kraft in irgendeiner Form zu uns zurückträgt, was wir erwartet haben. Jeder Mensch muß sich bewußt für die eine oder die andere Zukunft entscheiden.«

Wil besann sich einen Moment lang, und mein Blick wurde auf die Hügelkette in der Ferne gelenkt, vor deren Hintergrund ich die mysteriösen weißlichen Schwaden wieder ganz deutlich wahrnahm.

»Weißt du, was das Weiße dort hinten ist?« fragte ich Wil und deutete auf die nebligen Formationen hinter ihm.

Anstatt sich umzudrehen, lächelte er versonnen und legte uns die Hände auf die Schultern. »Engel«, sagte er. »Sie reagieren auf unerklärliche Weise auf unser Vertrauen und unsere Erwartungen und vollbringen Wunder. Selbst die Seelen im Jenseits verstehen es nicht ganz.«

In dem Moment hatte ich eine Vision, in der ich eine kleine Stadt in einem Bergtal liegen sah, wo Charlene und viele andere lebten, auch zahlreiche Kinder.

Wil starrte vor sich hin, als hätte er ebenfalls eine Vision. Dann sagte er: »Ich glaube, wir werden uns als nächstes etwas eingehender mit den Engeln beschäftigen ... Ja.« Er nickte, als hätte er eine unsichtbare Bestätigung empfangen. »Kommt ihr mit mir, ihr beide?«

Ich schaute Charlene an, deren Blick mir bestätigte, daß sie dieselbe Vision gesehen hatte wie ich.

»Ich glaube nicht«, antwortete sie langsam.

»Noch nicht«, fügte ich hinzu.

Ohne ein weiteres Wort zog Wil uns an sich, umarmte uns beide und wandte sich dann zum Gehen. Für einen Moment hatte ich das dringende Bedürfnis, ihn aufzuhalten ..., aber ich ließ ihn gehen. Ich wußte, daß diese Reise noch lange nicht zu Ende war und wir ihn irgendwann, irgendwo wiedersehen würden.